锡林郭勒盟草原文化研究系列丛书

草原撷英

史清海 著

内蒙古出版集团
内蒙古科学技术出版社

图书在版编目（CIP）数据

草原撷英 / 史清海著. —赤峰：内蒙古科学技术出版社，2014. 11（2022.1重印）
（锡林郭勒盟草原文化研究系列丛书）
ISBN 978-7-5380-2475-3

Ⅰ. ①草… Ⅱ. ①史… Ⅲ. ①蒙古族—民族文化—中国—元代—文集 Ⅳ. ①K281. 2-53

中国版本图书馆CIP数据核字（2014）第278820号

出版发行：内蒙古出版集团　内蒙古科学技术出版社
地　　址：赤峰市红山区哈达街南一段4号
邮　　编：024000
邮购电话：(0476) 5888903
网　　址：www.nm-kj.cn
责任编辑：张继武
封面设计：李树奎
印　　刷：三河市华东印刷有限公司
字　　数：258千
开　　本：787×1092　1/16
印　　张：17
版　　次：2014年11月第1版
印　　次：2022年1月第3次印刷
定　　价：78.00元

锡林郭勒盟草原文化研究系列丛书

编　委　会

序

著书立说，就吾辈而言，可谓是人生之大事。试想，连孔圣人他老人家尚述而不著，他人又岂能遑论。不过世事也不尽然：不知启于何时，成书的门槛蓦然大跌，宛如这几年的股票一样，令人云山雾罩，莫名所以，随便什么人来几句蓝天白云，道几声天长地久，均可以结集成册；间或收集一些全属陈年老事的经验、总结和宣传稿，居然也可以堂皇成书。究其实，则是名与利在作怪，正所谓天下熙熙，皆为利来。天下攘攘，皆为利往；这或许是人生舞台的一场小闹剧，自可另当别论。

对于真正的耕耘，吾辈始终还是诚惶诚恐的，这不仅源于人们自古及今对学问发自内心的尊崇，更源于人们对推进历史演变的新知识、新信息的无限敬意。清海兄《草原撷英》的成册付梓，当属于后者。

草原者，广袤的蒙古高原也，这是北方各游牧民族千百年来繁衍生息的地方。

撷英者，奉献出岁月孕育的灿然馨香也，含亘古的土地，辽阔的星空，灿烂多姿的草原游牧民族的历史与文化。

草原悠悠，白云悠悠，岁月悠悠。在如此悠悠岁月中纵横骋目，潜心推敲，其撷英也芬芳，当属意料之中。可是当你沉下心来细细品读，仔细把味之后，肃然之念却是油然顿生，令人不得不由衷地击节称叹——独特的角度，广博的视野，丰富的史料，缜密的考证，于无声处探异研岐，辨迷释疑，追本溯源，考真证谬。水滴而石穿，其英也灿然，其英也芬芳，自是水到渠成的了。

把书在手，实实在在地感觉到这是一部才识与智慧、眼界与见地俱佳的力作，是一部深入到草原游牧民族生产生活、文化文明，涉及北方游牧民族发展变迁诸多方面的卓有见地的学术之作。该书或单独成篇，如《蒙古民族与酒文化》、《蒙古“搏克”源流》等；或两至数篇多方位、多角度地对某些课题做深入探讨，如对察哈尔蒙古人西迁新疆的论述，以及对蒙古林丹汗国溃灭前后察哈尔人众去向的考证。纵观全书，既有人物考，又有事件、事物、史实考；既有辨析，又有论述，大至治国方略，小到白翎雀，均足以令人怦然心动，受益颇丰。如果说该书有什么欠缺的话，依我看就是书卷气太浓了些，考据太多了些，阳春白雪与下里巴人不能够兼得。

由于生于斯长于斯，作者与草原有着某种天然的联系，因此，对于草原本身的思考，便自然而然地见诸笔端——《蒙古民族与狩猎》、《蒙古民族与生态环境保护》，从古老又延续相传的“约孙”始，到庄重成文的“札萨大典”，文中通过大量史料，讲到游牧民族对草原的保护，对江河湖泊的保护，对山林树木的保护，以及“地有禁，取有时”的对野生动物的保护；同时把草原游牧民族对大自然的敬畏与热爱、顺应与善待的历史脉络梳理得一清二楚。诚如文中告诉我们的：“广袤无垠的蒙古高原自古以来就是北方游牧民族繁衍生息的地方。草原游牧民族所固有的传统游牧文化的核心理念就是人对自然的高度依赖与无限敬畏，人与自然的高度和谐统一，由此而努力保持的人、草、畜三者的相对平衡。”自汉唐以来，古人便有以铜、以人、以史为鉴之说。回顾我们在保护草原过程中所走过的诸多的路，作为后人的我们难道不是更应该以史为鉴吗？

《草原撷英》给人的第一印象是视野开阔，研讨多维。以《蒙古民族与生态环境保护》一文为例，在三千左右的文字中，引文不仅有恩格斯之说，尚有伊朗志费尼的《世界征服者史》、波斯拉施特的《史集》、俄罗斯班扎诸夫的《黑教或称蒙古人的萨满教》、意大利传教士柏朗嘉宾的《柏朗嘉宾蒙古行纪》、宋代彭大雅的《黑鞑事略》、元代描写丘处机的《长春真人西游记》、意大利旅行家马可·波罗的《马可·波罗游记》、法国格鲁塞的《草原帝国》。同时，还涉及《札萨大典》、《卫拉特法典》、《喀尔喀六旗律令》等前后蒙古时期的各种律令法规，再加上《元史》、《元典章》等正史内容，作者知识面的广度和深度，不能不令人啧啧称奇，叹为观止。

从《蒙古“搏克”源流》的探索，到《蒙古民族与酒文化》的思考；再从《蒙古

“图腾”辨》、《匈奴辨》，到《白翎雀辨》，通观全书，作者的情怀与笔触，遍及草原游牧民族历史与文化的各个方面，并总有其视角及立意的独到之处：或深或新，或独辟一条蹊径，或见人所未见。

其《蒙古林丹汗国溃灭前后察哈尔部众去向辨疑》、《察哈尔蒙古人西迁新疆始末》，于浩如烟海的史料中探知线索，摸索前行，终致云开雾散。尽管其间的甘苦作者自知，但却让读者在这方面有了更深的了解。“撷英”之说，可谓实至名归了吧。

漫步于草原游牧民族历史的瀚海里，作者的研究探索也渐趋成熟，渐趋系统化、专题化。《论蒙元时期蒙古上层的“忽里勒台”制度》、《论忽必烈治国理念及其方略的多元性》、《论忽必烈治国的蒙古情结》，以上浩浩三论，作者对蒙元的研究达到了新高度，作者也似乎摸到了蒙古民族那一脉相承的民族精神与民族意识。

如果说，作者凭以上三论的多维认证，逐层剖析，几成蒙元历史上层建筑领域研究方面的一家之言，那么，作者的《明安图考略》一文，其考证之详细，挖掘之深入，却俨若该方面之大家。品味《明安图考略》，无论是从文章的幅度、广度还是深度，均可以感受到作者的潜心与用心。《明安图考略》近五万字，内容涵盖明安图的出身与籍贯、明安图的姓氏、明安图所在旗分、明安图的求学经历、明安图的简略生平；尚有附记中涉及的明安图后裔的去向、京师八旗与察哈尔游牧八旗的区别、明安图考略中需要澄清的几个问题等。其文洋洋洒洒，史据充分，考略详尽，参详诸家，不乏一得。至于文中个别观点，序者认为尚有进一步参详完善之处，但不管怎么说，该文当可进入明安图研究的前列。

细研《草原撷英》全书，可谓亮点多多。序者与清海兄相交多年，又是从小到大的老同学，可谓缘分匪浅。过去只知其嗜读如命，知道他古汉语、古典文学了得，今日方知他竟如此博览古今。他对北方游牧民族的研究探索，着实令人吃惊不小，究其实，还是因为他少小便生长、学习在锡林郭勒草原，对这一片热土有着深厚情感之故。清海兄搞过经济，从过政，关于史学研究，特别是蒙古史的研究，他应该算是个门外汉。尔今竟能登堂入室，不让大方，这才明了世之磨杵成针、有志竟成的道理。

原锡林郭勒盟日报社编辑、记者阎永明于甲午年初春如是序。

前 言

《草原撷英》一书即将付梓，书中载有本人数年来所著的关于蒙元文化研究文章二十余篇。其中大部分文章曾刊发于《锡林郭勒日报》，这要感谢该报社社长、总编等老友的盛情约稿，更要感谢该报社资深编辑王明中同志对所刊发文章进行的认真校对及编排。

本书所载文章，大多采取记叙体议论文形式，这其中有很大一部分文章的主题与立意，是经作者多年酝酿，并且用历年来积累的读书笔记、资料卡片加工整理而成。从童年开始便来到锡林郭勒草原，在这里已生活、学习、工作了几十年。由于对草原怀有深厚的情感，并且在日常工作和生活中，有相当一部分亲属、朋友、同学、同事也都是北方游牧民族的后裔，所以，对北方游牧民族特别是蒙古民族的历史进程、经济社会的发展、生产生活的状况予以关注乃在情理之中。

上世纪90年代初，有一个阶段在锡林郭勒盟原经济委员会主持编写相关经济方面的史志，当时接触并搜集了大量关于蒙古高原各民族经济社会发展的第一手文史资料，于是这些史料便成为今日编写此书的基本素材。

在旗县工作之际，因所在旗县都是蒙古民族相对集中的地区，工作上也迫切需要熟悉和了解历史上北方游牧民族政治、经济、文化发展变化的方方面面，于是在工作之余、调研之际，也收集整理了大量相关书刊和史料。有一些心得、体会便标记在卡片或书页上，久而久之，竟然有相当的积累。

近年因年龄关系退出了工作岗位，有更充裕的时间读书和学习。在这个过程中，发现自己多年来已经于不经意间搜集到相当多的资料与素材。这些史料与素材大多与北方游牧民族的发展历史有关，其中一大部分涉及历史上锡林郭勒、察哈尔草原各游牧民族生产、生活的方方面面。于是，这些史料与素材便构成了本书的基本内容。

从编入本书这些文章的内容来看，大致有以下几种类型：

第一种类型的文章是考据辨误型。这一类文章包括《蒙古“图腾”辨》、《匈奴辨》、《蒙古林丹汗国溃灭前后察哈尔部众去向辨疑》、《明安图考略》等数篇。例如，先说一下《蒙古“图腾”辨》。前几年有一个在锡林郭勒盟东乌旗下乡的北京知青，由于对草原怀有深厚的眷恋之情，回到北京后写了一本叫《狼图腾》的小说。由于小说立意独特、文笔老到、内容极具感染力，拥有广大的读者群，发行量极大。这几年这部小说还被翻译成多国文字，于海内外发行，据说由法国著名导演让雅克阿诺导演的同名电影也要放映，到那时，一股《狼图腾》旋风又将席卷中国大地。由于小说《狼图腾》这一书名充满着猎奇与怪异，给读者以诸多暗示与遐想的空间，于是读者要问：狼图腾是什么？谁是狼图腾？狼是谁的图腾？

为此，经研究和考证，在《蒙古“图腾”辨》中表明了自己的观点：蒙古民族历史上关于狼的图腾崇拜完全是事出有因，历史上蒙古民族的主体乞颜部落与捏古思等部落绝无狼的图腾崇拜之说。所谓狼的图腾崇拜乃是来自西方的舶来品，它源自欧洲意大利的古罗马，然后沿着地球北方古老的草原游牧带逐渐渗透到西亚以及中亚地区。当然古匈奴人也有狼图腾的影子，但匈奴人不是蒙古人。

还有《明安图考略》一文，撰写这篇文章费时约半年之久，查找、翻阅了能够看到的大量相关文史资料，其中重点查阅了《清史稿》、《清实录》、《满文老档》、《八旗通志》、《八旗氏族通谱》、《大清会典则例》等大量史志资料，半年时间里等于再学习了一遍清史，其中甘苦本人自知。即便这样，仍然感觉诚惶诚恐，生怕所述不当。

第二种类型的文章，便属学术讨论性质型，比如《论蒙元时期蒙古上层的“忽里勒台”制度》、《论忽必烈治国理念及其方略的多元性》、《论忽必烈治国的蒙古情结》等。《论蒙元时期蒙古上层的“忽里勒台”制度》所言之“忽里勒台”，即蒙古语“大聚会”的意思，该制度是蒙古民族历史上最重要的社会制度之一，是一部蒙古史。凡重大事件发生，都可以窥见忽里勒台的影子，可以说，相当一个历史时期

里，忽里勒台制度对蒙古社会形态产生了极其重大的影响。所以，研究蒙古民族的忽里勒台制度的发生、发展乃至衰亡，分析忽里勒台制度的内容、特点、性质，乃是文中固有之意。

《论忽必烈治国理念及其方略的多元性》及《论忽必烈治国的蒙古情结》两篇文章，则完全是有感而发，是在研究忽必烈生平事迹时，开始对他鲜明的性格特点、独特的人格魅力产生了强烈的兴趣，进而得出结论："忽必烈是真正的蒙古人，从来没有丢弃固有的个性与精神。由于没有丢弃这种个性和精神，忽必烈治国理念或治国方略走上了二元或多元的道路。""按忽必烈的说法就是既行汉法又尊国俗，他是想创造一个同时管理草原和农耕两种文化民族的半蒙半汉体制。"（《论忽必烈治国理念及其方略的多元性》）"忽必烈骨子里是一个纯粹的蒙古人，自始至终从来就没有放弃过对游牧民族文化的认同，他内心深处的真实理念是源于草原的游牧理念。""说忽必烈是纯粹的蒙古人，主要基于他与生俱来的蒙古情结。这种情结是受草原朴素而又单纯的游牧文化长期熏陶的结果。"（《论忽必烈治国的蒙古情结》）

第三种类型的文章，则属于文化普及型，其中有《蒙古民族与酒文化》、《蒙古民族与生态环境保护》、《蒙古民族与狩猎》、《蒙古"搏克"源流》等多篇。应该说这类文章是本书的重点之一，目的是宣传、普及蒙古民族丰富多彩的民族文化。古往今来，生活在蒙古高原的北方各游牧民族在这片草原上繁衍生息，在生产、生活的过程中积累了诸多与自然生态环境和谐相处的宝贵经验，天与人之间早已存在着某种微妙的感应。从草原的现实出发，总结和弘扬历史上蒙古民族关于自然生态和谐、草原环境保护方面的种种律令法规，便显得尤为重要和迫切。也是出于这一点，为了弘扬和阐述蒙古民族关于天人合一的自然环保理念，写了上述文章。

除上述几种类型的文章以外，书中还收入作者阅读司马迁《史记》有感而写的几篇文章，应属读后感的性质。因其主要内容涉及"匈奴"等北方游牧民族的事迹，故也收入本书之中。

在成书过程中有几件事情还要于前言里提及：

关于这本书的书名。由于该书出版的初衷就是弘扬北方游牧民族源远流长的草原文化，其中蒙元文化更是重点，于是取此书名为《草原撷英》，即于草原摘取几朵小花献给读者之意。细究作者原意，本是将该书取名为《瀚海撷英》，所谓瀚海者，古代乃是指蒙古高原的大漠南北。《史记·卫将军骠骑列传》有云：“（霍去病）封狼居胥山，禅于姑衍，登临瀚海。”唐高适《燕歌行》诗云：“校尉羽书飞瀚海，单于猎火照狼山。”；岑参于《白雪歌送武判官归京》诗里还有“瀚海阑干百丈冰，愁云惨淡万里凝”的名句。以上可见本人对“瀚海”一词的欣赏与注重。但是仔细考虑后最终还是将此书名放弃了，一是因为文学气太浓，与本书内容不太相符；二是因为不接地气，不大众化，感觉还是《草原撷英》好一点。

为给本书添一些彩，于是请作者老友、锡盟人大工委主任周风臻同志题写了书名。倒不是他的名气有多大，职位有多高，关键是他那笔字，于锋划之间颇见功力。

关于这本书的《序》。书成之际，本来也想请多年来一直支持、鼓励我参与蒙元文化研究创作的一位官员朋友为本书作一个序，出于两个原因没有实现：一是不想让别人以为作者是拉大旗做虎皮，借官员名气来壮自己的门面；二是本书一些篇目中的个别观点和考据结论可能稍具争议性，思来想去还是不要给领导同志添麻烦为好。于是放弃了这个打算，最终还是请作者老同学、老朋友，锡林郭勒日报社原资深编辑、记者阎永明同志作了序。请阎兄作序主要也是出于两种考虑：一是这人身份不高又不低。说他身份不高是戏称他不是官员，说他身份不低乃是因为记者素有“无冕之王”之称；二是这人性格不温又不火，于静寂中偶尔冒出点狂傲气，就是人们常说的一根筋。基于以上两点，请他作序是再合适不过了。

关于这本书的付印。此书在成书过程中，曾得到老同事、老领导，锡盟政协主席其其格同志多方鼓励与帮助，谨此致谢。还要感谢老朋友张金人同志，他为本书的写作提供了相当多的文字史料。另外还要感谢锡盟文体广电局的领导同志，他们对蒙元文化研究的重视与大力推动，直接促成了该书的出版、发行。本书所采用的部分图片系由锡盟蒙元文化博物馆慷慨提供，在此表示衷心感谢。

作者

目 录

本文认为，蒙古民族如乞颜、捏古思等主体部落历史上并无关于狼图腾崇拜。《蒙古秘史》开篇所言“勃儿帖赤那”与“豁埃马兰勒”乃是蒙古两个古老部族的名称而已。“蒙古秘史”的硬译乃是源于明时编修《华夷译语》的需要。文中考证了历史上匈奴、突厥等北方游牧民族关于狼图腾崇拜的史实。文中指出，之所以出现蒙古民族关于狼图腾崇拜的误解，乃是源于历史上北方游牧民族错综复杂的民族大融合。比如前后融入蒙古的乃蛮、别部准噶尔，特别是历代吉尔吉斯之一部的融入，都会带来狼图腾崇拜的传说。

在锡察草原正蓝旗境内黑城子遗址旁，曾有高台被称为“李陵台”，史传为降匈汉将李陵因思念家乡筑台南望处。本文认为，综观李陵的悲剧人生，从侧面反映了两千余年前中华民族在兼并形成过程中错综复杂的大历史。其中汉、匈两个民族的统治者发动的战争，无所谓义与不义，因为不论谁胜谁负，对双方人民来说都是灾难和悲剧。笔者文中考证了李陵台的具体方位，并考证该台为汉匈两界即“欧脱”之北，属于匈人的“烽燧”。

本文依据《口北三厅志》及《察哈尔省通志》等史志资料，对蒙古草原固有鸟类“百灵鸟”的历史由来作了详细考证。蒙元时期，在蒙古人看来百灵鸟是一种神雀，它具有和本民族气息相通的诸多奇异功能，于是在蒙元时期带有神话传奇色彩的白翎雀也成为当时诗词歌赋、音乐舞蹈等艺术表现形式的主角。文中详述了白翎雀在草原民族传说中的种种奇异功能，并详述了元代著名的协奏曲《白翎雀曲》的产生过程。

公元1368年，元顺帝在明军打击下逃出大都奔向草原。史载顺帝逃亡时不忘随身携走传国之玺"制诰之宝"。此玺在蒙古高原蒙古贵族统治者之间若隐若现、辗转流传凡260余年，终于1635年由察哈尔林丹汗之子孔果尔额哲献于后金，标志着后蒙古汗国政权的灭亡。文中以此玉玺为线索，展示了后蒙古贵族统治者（北元）260余年间与明朝、女真的争斗，蒙古统治者内部涉及历史宿怨的血亲复仇，以及蒙古本部（鞑靼）与蒙古瓦剌为争夺统治权而进行的残酷争斗等种种历史事实。

"忽里勒台"制度，是蒙古民族普遍进入封建制之前的部落或部落联盟之间的议事制度。本文就这一制度作了如下论述：论述忽里勒台制度的由来。论述忽里勒台制度的主要议事内容：①推举部落联盟的首领、大汗及中国的皇帝；②颁布国家法律及重要的制度、规章；③决定分封和任命；④决定战争和重大军事行动；⑤举行盛大庆祝活动如祭祀、宴饮和狩猎。论述忽里勒台制度的鲜明特点：①早期忽里勒台大多受神权制约；②重要忽里勒台受军事力量的制约；③成吉思汗之后凡举汗的忽里勒台一般伴以残酷的杀戮；④忽里勒台具有先天性制度上的缺陷。论述忽里勒台制度的衰亡过程及演变。

由元世祖忽必烈创建的空前强大的元帝国竟不及百年便轰然倒塌，究其根本原因是一代开国皇帝忽必烈治国理念及其方略的多元性。文中论述忽必烈在取得中原汉地政权后虽强调所谓的"祖述变通"，但其实质上却是实施着简捷务实、包容多变、讲求兑现、并不富有稳定性的游牧文化的治国理念。今天看来，元统治者无节制的随意而为，朝政的粗俗鄙陋，对广大民众的予取予求，加上没有一个严密、通达、规范的体制支撑，最终造成帝国大厦的轰然倒塌乃在必然之中。忽必烈治国理念及其方略的多元性其实质内涵是"既行汉法，又尊国俗"，是想创造一个同时管理草原和农耕两种文化民族的半蒙半汉体制。这一体制在忽必烈看来是左右逢源，其实是弊端多多。文中对忽必烈创立的国家体制、行政管理制度诸方面进行了剖析，以论证上文之观点。

1256年，忽必烈在桓州东、滦水北兴建开平城，从此他在有生之年就始终纠结于游牧与农耕，草原与城市的争论、质疑之中。忽必烈在采取“祖述变通”政策的过程中经常性地犹疑彷徨、摇摆不定，究其根源说明忽必烈骨子里就是一个纯粹的蒙古人，他自始至终从来就没有放弃过对游牧文化的民族认同，他内心深处真实理念是源于草原的游牧理念。说忽必烈是纯粹的蒙古人，主要基于他与生俱来的蒙古情结，这种情结是草原朴素而又单纯的游牧文化长期熏陶的结果。文中讲道：蒙古情结一个重要内涵是蒙古民族独特的忠诚观念。这种观念来源于游牧民族固有的社会生活形态，如蒙古人古老的“安答”习俗，以及独特的“那可儿”制度。由于忽必烈治国理念中强烈的蒙古情结，造成汉民族对元帝国的统治方式绝无接受的可能，遂使蒙汉两个民族之间的矛盾冲突日益激烈，最终造成帝国大厦的轰然倒塌，此乃历史的必然。

在广袤的蒙古高原，严酷的自然生存环境造就了高原上各游牧民族粗犷、豪迈的性格特征，也与酒结下了不解之缘。其中蒙古民族对酒更是情有独钟，制酒、饮酒的历史源远流长，因此也产生了独具特色的酒文化。本文就蒙古民族制酒的历史及丰富多采的酒文化做了介绍。

1. 蒙古高原上酿制酒的历史

详细介绍了蒙古民族及其他游牧民族酿制奶酒的历史，其中主要是马奶酒与牛奶酒的酿制历史。文中讲到蒙古人用野生植物“东蔷”制酒的过程，蒙兀室韦人“嚼米为酒”的史实。文中也用大量史实说明中原汉地及高丽等国蒸馏白酒的技术乃是由蒙古人由西方引进。

2. 蒙古民族丰富多采的酒文化

此文中引用大量史实，如《蒙古秘史》等相关史书，详细介绍了蒙古人关于饮酒器具、饮酒礼节及其规制，特别是成吉思汗等人对过量饮酒的批判，以及列入蒙古法律集《大扎撒》关于禁止过量饮酒的法律法规。

由于特殊的草原生态环境，从而衍生出草原游牧民族所固有的传统游牧文化，这个文化的核心理念就是人对自然的高度依赖和无限敬畏，人与自然的高度和谐统一，由此而努力保持的人、草、畜三者的相对平衡。蒙古民族在思维观念、图腾与宗教信仰、游牧的方式方法等方面，进而在法律与民俗方面，都形成了与农耕民族截然不同的发展模式。对此，本文从两方面进行了阐述：

1. 蒙古民族在意识形态领域对自然生态环境的理解

崇拜自然，认为“长生天”是天地万物最高的神，进而衍生出敖包崇拜、圣山崇拜、江河崇拜和火的崇拜等。

2. 蒙古民族在保护自然生态环境方面所采取的律令措施。

文中讲到蒙古民族历史上古老的“约孙”对生态环境的保护；成吉思汗时期著名的《扎撒大典》所列的对草原生态环境的保护；其后还有蒙古各部落会盟时制定的草原生态保护措施，如《卫拉特法典》、《喀尔喀六旗律令》等。

在很长一个历史阶段，狩猎是北方游牧民族生产生活中的一件大事，可以说游牧民族除牧放牲畜之外，居第二位的就是狩猎。在长期的狩猎过程中，游牧民族发现狩猎可以用于战争，有时候狩猎的过程就是战争的前奏，狩猎中积累的经验就是战争中克敌制胜的法宝。在这些北方游牧民族中，最重视狩猎，并把狩猎推向极致的就是蒙古人。文中讲到，1206年成吉思汗建立大蒙古国后，对于狩猎极为关注，在过去习惯法“约孙”的基础上，又颁布了成文法律《大扎撒》，其中有很多法律条款涉及狩猎。这些律令法条规定了人与自然应和谐共处，对草原生态环境应加以保护，同时也对狩猎资源即野生动物的保护、管理及有效利用做出了法律界定。之后一个很长时期，在部落或部落会盟中，都会重申或制定关于保护自然环境和野生动物的律令法规，如著名的《喀尔喀律令》和《喀尔喀六旗法典》。

文中考释了蒙古式摔跤即“搏克”的历史源流。蒙古式摔跤，今人呼为搏克，在汉族史书中统称为角抵或角力。据史料记在，此种角抵或角力都是从古代民间舞蹈演变而来。北方游牧民族关于角力的较早记载见于《汉书·乌孙传》，文中所谓“大角抵”，因竞技场面之大、规模之大，应该就是今日蒙古民族“那达幕”等盛事中搏克比赛中的场面。文中介绍了魏晋南北朝时期、辽金宋时期、蒙元时期以及清朝时期，各具特色的角力即摔跤的形式。文中考释今日所称之搏克，在蒙元时期蒙古语言中乃是指“力士”或特指“摔跤手”，《元史》、《蒙古秘史》中皆译为“孛可”、“孛阔”，满语“布库”也是蒙语“孛可”音译而来，但已特指“摔跤”。清中晚期，蒙古搏克与清朝布库似有分流之势，至民国初年，清朝布库已演变为今日中国式摔跤，而蒙古式摔跤仍保留其民族传统，即今日所呼之搏克。

蒙古察哈尔部是一个声名显赫的部落,溯源应属托雷、唆鲁禾帖尼一系，是成吉思汗汗统的传承人。17世纪中叶，察哈尔林丹汗率众抗击后金对蒙古各部的兼并与蚕食，兵败不支，后病逝于青海。其子孔果尔额哲于1635年率众向后金献玺归降。至此，察哈尔林丹汗国灭亡，持续4个多世纪的蒙古成吉思汗汗统也告结束。其后面对林丹汗后裔的不断反抗，清朝政府对察哈尔部采取了一系列分化、瓦解措施：①政治上撤销察哈尔部的扎萨克旗建制，剥夺察哈尔裔扎萨克亲王的封号；②经济上采取剥夺察哈尔部游牧民草场的办法，使察哈尔民众原有的自给自足游牧经济趋于解体；③在意识形态方面，清廷大力扶持喇嘛教，即借宗教麻痹民众，也使青壮丧失了战力；④拆散察哈尔族群，混乱察哈尔血统，彻底清除蒙古汗统企图复辟的土壤。基于以上背景，清廷于18世纪60年代初开始规划察哈尔部众西迁新疆事宜，前后分三次向新疆迁送察哈尔部众。（注：第三次西迁即征买四百二十名察哈尔妇女西迁新疆）文中总结：虽然清廷用心险恶，但客观上察哈尔蒙古人的西迁，有安定新疆局面，繁荣新疆经济，促进各民族团结、融和的进步作用。

1931年的7月26日，即农历六月十一，在锡林郭勒草原阿巴哈纳尔左旗的贝子庙，曾举行过一场盛大的“跳鬼”法会。这一盛况恰被当时前来内蒙古草原考察的几位日本学者巧遇，其中学者江上波夫等人将目击过程著述于《蒙古高原横断记》中。本文根据这几位学者的目击现状，参考了诸多佛教史料，以及藏传佛教的宗教仪轨，对当年贝子庙“跳鬼”场面做了复原和全新的诠释。文中详述了贝子庙（作为蒙古藏传佛教学问寺）的历史和学术地位、寺庙格局以及当时周围的地理生态以及人文环境。文中参考历史史实再现了当时贝子庙跳鬼盛况，并依据藏传佛教的宗教知识，对跳鬼中的情节、场景做了知识性的普及。

明安图考略……………………………………………155

蒙古族科学家明安图是清康雍乾时期著名的数学家、天文学家和地理学家。他一生科技成果累累，著作颇丰，特别是他的遗著《割圆密率捷法》在那一时代影响巨大，在数学方面处于世界领先地位。明安图前后在钦天监任职达五十年之久，是蒙古民族罕有的杰出科技人才。关于明安图生卒的具体年代、时间，史料虽无精准记载，但与研究者推测的差不太多。他应该是出生于1692年左右，卒于1763年或是1765年，享年73岁或是75岁。由于历史记载简单、模糊，关于明安图出生年月、籍贯、世系等问题也成为人们争论的焦点，至今未定论。有人说他是贵族，也有人说他是贫牧；有人说他是满洲人，也有人说他不是蒙古正白旗人而是蒙古镶白旗人，现在人们又说他是八旗察哈尔人。明安图到底属哪个旗分，出身如何，是何姓氏，籍贯哪里，这些都需要我们认真考证，以还原历史的真实。就以上问题，本文从五个方面就明安图身世、生平加以考略：①明安图的出身与籍贯；②明安图的姓氏；③明安图所在旗分；④明安图的官学生身份及求学经历；⑤明安图的简略生平。另有附记一篇，主要对明安图家族后裔去向问题作一些考证与推测。由于涉及明安图出身、籍贯等问题时，人们总是有意无意地将他与口外内蒙古的察哈尔十二旗群联系起来，所以附记中对历史上八旗察哈尔的由来及历史状况也作一些考证。

蒙古林丹汗国溃灭前后察哈尔部众去向辨疑………205

在皇太极天聪八年至九年，蒙古最后一个大汗即林丹汗逝去，余众溃散。其子孔果尔额哲率所部察哈尔投降后金。本文对溃散后的察哈尔人众去向问题作了考

歌》。通过对三首歌的赏析，深刻分析了《史记》中三个英雄人物的悲欢离合和复杂的内心世界——既为他们身上所迸发出来的英雄主义所折服，同时也为他们的境遇与结局而扼腕叹息。

蒙古“图腾”辨

近年来，蒙古民族以其悠久、独特的民族发展历史引起了社会各界人士的关注。关于蒙古民族历史上有无图腾崇拜，其崇拜物到底是什么，也引起了人们的极大兴趣。特别是近两年出现了一本叫《狼图腾》的小说和一些电视剧，或明确或隐晦地说出了蒙古民族历史上一直存在着狼的图腾崇拜，说狼或称苍狼就是蒙古人的图腾。由于小说电视剧这种特殊媒体的推动，加上一些不明就里仅限于猎奇的人们也跟着忽悠，一时间“狼图腾”的呼声一片，一些人还有意无意地把人性、狼性、民族性搅和在一起，极大地误导了广大群众。

当然，笔者在这里还是要说明，写这篇东西，不是说狼图腾崇拜有什么不对头，从北方游牧民族的历史看，无论是匈奴人还是突厥人都有以狼为图腾的明确记载，但绝不是说这两个古老民族品质上比其他民族低下。蒙古民族历史上到底有没有狼的图腾崇拜？为此笔者狠下了一番工夫，翻阅了大量史料书籍，最后得出了一个结论——蒙古民族历史上并没有狼的图腾崇拜，正应了中国一句老话，叫做“事出有因、查无实据”。

蒙古民族关于狼图腾的传说，主要是源于一本书，那就是蒙古民族引以为自豪、赫赫有名的《蒙古秘史》。据记载，此书成书于蒙古帝国窝阔台合罕十二年，即公元1240年，是用畏吾儿文记蒙古语书写的。因卷首标注“忙豁伦，纽察，脱察安”，即“蒙古的，秘密，史书”而被称为《蒙古秘史》。既为秘史，实有实录性质，不可示人，于是蒙古宫廷按照旧例将此“金匮之书，悉入于秘府”。有元一代，人们未得一窥此书全貌。直至明初，约为公元1382年，才出现了第一个汉泽本，并以《元朝秘史》之名收于明《永乐大典》之中。

目前我们能看到的大部分《元朝秘史》译本中，它的开篇都讲了这样一个故事：成吉思合罕之根源是："奉天命而生之孛儿帖赤那，其妻豁埃马阑勒。渡腾汲思水而来，营于斡难河源之不而罕（肯特）山，而生者巴塔赤罕也。"以上见蒙古学者道润梯步先生之新译简注《蒙古秘史》。文中所说的巴塔赤罕就是成吉思汗的始祖，他的父母是孛儿帖赤那和豁埃马阑勒，成吉思汗是他们的第二十二代子孙。有趣的是，在明初那个汉译本《元朝秘史》中，这个故事却不是这样讲的。书中的孛儿帖赤那，在原文旁注有"苍色狼"，豁埃马阑勒原文旁注有"惨白色的鹿"。此译本译为"天生一个苍白色的狼，与一个惨白色的鹿相配了，于是产生了巴塔赤罕"。于是，关于"苍狼配白鹿"的故事就这样流传开来。一些人据此认为"所谓'苍狼'和'白鹿'其实是蒙古民族早期以狼鹿为图腾的民族"。

持"狼图腾"观点的人认为：蒙古民族的这种狼鹿相配的传说和我国古代汉民族这一类图腾传说相似，比如中华民族的人文始祖黄帝称有熊氏，后来建立了周朝的周民族也传说他们的始祖后稷之母姜源氏踩巨熊迹而生后稷，他们都是把熊作为本民族的图腾。既然汉民族能以熊为图腾，蒙古民族为什么不能以狼为图腾呢？这种说法看似合理，然而需要有前提条件，因为图腾本是民族形成的年代标志，凡是富有图腾色彩的祖源传说，其民族形成的年代必在图腾崇拜的社会阶段。图腾的认定，须具备以下基本条件，即出处明白、记载清楚、民族认同、有历史轨迹可寻。反观明初这个《秘史》译本的狼鹿相配传说，我们可以推算一下，《元朝秘史》的文章，从成吉思汗二十二代前的远祖孛儿帖赤那、豁埃马阑勒时起笔，直至窝阔台合罕十二年止，叙述了500多年的历史过程，可能正值汉民族盛唐时代的中期。试问，这个时代还是产生图腾崇拜的时代吗？此时蒙古高原上的各游牧民族，其认知程度也已经远远超出图腾崇拜的蒙昧时期。所以说，明初这个《元朝秘史》译本，说狼鹿相配是假，反映赤那氏（即狼氏）的存在是真，但这证明不了蒙古民族狼图腾崇拜的存在。如果要弄清这件事情的来龙去脉，我们还要看明初这个《元朝秘史》译本出笼的经过。

《明实录·卷一》载："洪武十五年，命翰林侍讲火源洁等编修《华夷译语》。上（注：指朱元璋）以前元素无文字，发号施令，但凭高昌书（注：畏吾儿突厥文），制蒙古字，行天下。乃命原洁与编修马懿赤黑等，以华言译其语。复取《元秘史》参

考，纽切（即声和韵的拼合）其字谐其声音。既成，诏刊布。自是使臣往来溯漠，皆能得其情。"原来，明洪武年间编修《华夷译语》，翻译《元朝秘史》的目的，不是为了别的原因，而是为了解决语言隔阂的问题。《华夷译语》类似于今日所言的蒙汉词典，硬译《元朝秘史》的本意也不是为了研究历史，而是作为蒙汉转译的教材或范本。既为教材和范本，当然语言上必采取直译方为规范。按蒙古语，篇首的丈夫孛儿帖赤那旁译为苍色狼无误，妻子豁埃马阑勒旁译为惨白色鹿也无误。于是，苍狼配白鹿的故事似乎顺理成章地诞生了。

这种直译的后果，不但给后人造成很大误会，就是在元明时代也误人不浅。受《元朝秘史》的影响，忽必烈时代编定的《圣武亲征录》，就曾将扎木合用七十口大锅烹煮赤那氏族（即狼氏）首领及武士的史实演绎成"扎木合烹狼而食"。至于这一观点，蒙古族著名蒙古史学家道润梯步先生早就有过精辟的论述，不知大家注意到没有？

道润梯步先生在"新译校注"《蒙古源流》中点评此事说："按此书之，'布尔特齐诺'与《秘史》云'孛儿帖赤那'之蒙文原文，本为同一辞，汉译用字不同而已。扎木合之烹赤那思大王者，显然指其部人而言。《亲征录》所载，荒唐可笑，亦是意译之误文，未可同类而语。'布呼，补兀，补骨'皆蒙古语鹿之音译词，汉译用字不同而已。'马阑勒'牝鹿也。'孛儿帖赤那'与'豁埃马阑勒'，乃男女二人之名字，皆意译而致误者。足见特定名词不可意译。"

综观整个事件的过程，不论明清或是近现代的主流学者，都认为《元朝秘史》明初译本狼鹿相配传说的产生乃属硬译之过，其实孛儿帖赤那与豁埃马阑勒只是两个姓氏的名字。正如蒙古民族给小孩起名"毛闹海"一样，这是人而不是"坏狗"。

关于赤那氏族，在蒙古高原游牧氏族中一直是一个显赫而又古老的部族，历史早有记载。《魏书·官氏志》记述了鲜卑魏朝北方十部奉旨更改姓氏的历史事实："北方贺兰氏后改为贺氏，郁都甄氏后改为甄氏，纥奚氏后改为嵇氏，越勤氏后改为越氏，叱奴氏（叱奴氏即赤那氏的音变）后改为狼氏……"说起这次姓氏的改革，在中国的历史上也是赫赫有名。那是北魏孝文帝拓跋宏统治中国北方的年代。拓跋宏为了缓和汉民族与北方少数民族的矛盾，于公元5世纪末采取了"改官制、禁胡服、断北语、定族性”等激进的改革措施。其中“定族性”就是将鲜卑多音节的部落名号改为汉语单姓。所谓的“赤那氏后改狼氏”，也是产生于这一历史背景之下。

《魏书·官氏志》这一记载给我们提供了一个基本信息，那就是曾经隶属于鲜卑部落联盟的赤那氏族有过一段改为狼氏的特殊经历，但这一过程只涉及改变姓氏，并没有涉及其他如狼图腾崇拜等。从上述内容也可以看出，蒙古民族中的赤那氏族，与北方草原古老地鲜卑民族应该有血缘上的联系。

综上所述，明初所译《元朝秘史》狼鹿相配的故事纯属误译，并不可信。蒙元时期蒙古民族的主体乞颜部落（注：赤那氏亦属乞颜部落）历史上也没有狼图腾崇拜的可靠记载。

然而，如果进一步看待北方游牧民族狼的图腾崇拜，所谓蒙古民族关于狼图腾的传说也不全是空穴来风，所谓误传也有其误传的道理。想要真正弄清，还要从蒙古高原的大历史说起。首先来看北方游牧民族关于狼图腾崇拜的历史轨迹：

历史上匈奴民族有狼鹿图腾崇拜的记载。《史记·匈奴列传》载：“（周）穆王伐犬戎，得四白狼四白鹿以归。”（注：犬戎即周时匈奴之称谓）。《国语·周语》说得更明白：“穆天子西狩犬戎，获其五王，得四白狼四白鹿以归。”以上两史书记载得是公元前10世纪周穆王西伐匈奴的一场战争。战争的结果是周朝残破了匈奴民族四个以狼为图腾和四个以鹿为图腾的民族，并俘获了这几个部族的五个首领。关于白狼和白鹿，据史学家翦伯赞《中国史纲》考证：“白狼和白鹿是当时的氏族。”可见这些北方匈奴属的氏族所崇拜的图腾即为白狼与白鹿。

魏晋南北朝时期的敕勒民族（注：亦称丁零或高车），起源于蒙古高原西部的叶尼塞河上游，也是一个以狼为图腾的民族。《魏书·高车传》载：“匈奴单于有二女，姿容秀美，乃于国北无人处筑高合，纳女其上，以待天迎。三年后，有老狼来台下，守台呼，经久不去，穿台下为空穴，小女往就之，下为狼妻而产子，后逐滋繁成国，其人好引声长歌。”

历史上突厥民族更是一个以狼为图腾的民族。据《周书·突厥传》：“突厥者，其先居西海之右，独为部落，盖匈奴别种也，姓阿史那氏。后为邻国所灭，有一小

儿，年且十岁，兵人见其小，不忍杀之，刖足断其臂弃草泽中。有母狼以肉饲之。及长，与狼交合，遂有孕焉，遂生十男。十男长，外托妻孕，其后各为一姓，阿史那即其一也，最贤，遂为君长。故牙门前建狼头纛，亦不忘本也。”

以上所述，皆为北方草原游牧民族关于狼图腾崇拜的史书记载。除此之外，突厥民族还有以鹿为图腾的传说。明代王圻著《稗史汇编》载：“突厥之先乃摩舍利海神女（注：萨满教之神）与金角白鹿交而生。”突厥之后，吉尔吉斯人（注：其族源即中国史书记载之黠戛斯人，亦称乞尔吉斯突厥人）继承了狼图腾的传统。据说直至近代，吉尔吉斯人每临战仍高举绘有金色狼头的旗帜冲锋陷阵。此事多见于欧洲、阿拉伯国家史书之记载。

至此，我们基本可以得出一个结论：蒙古高原一些游牧民族关于狼的图腾崇拜从古至今连绵不绝，有一条明显而又清晰的历史轨迹可寻，本与蒙古民族无涉。从族源讲，蒙古人源于东胡、鲜卑、柔然（亦称蠕蠕）、室韦诸民族，并且传承有序，源远流长，属蒙古高原三大种族之一的蒙古种族（注：亦称鞑靼种族）。与具有中亚血统的突厥种族有本质的区别。从古今中外的历史看，还没有见到两个种族共一种图腾的现象。近几年来，一些人竟然莫明其妙地论证出蒙古民族与突厥民族同源同种，于是两个民族共同拥有狼图腾也顺理成章了，甚至一些人还演绎出蒙古人的族源是一个以狼为图腾的白人部族西来与蒙古高原本土以鹿为图腾的部族相结合的产物。当然，这一场历史误会正如上文所说，也不全是空穴来风，其根源就在于蒙古高原错综复杂的民族融合的大历史。

公元12—13世纪，蒙古高原是成吉思汗的时代，也是整个北方游牧民族大兼并大融合的时代。从成吉思汗的崛起到蒙古高原的大统一还不到短短的半个世纪，一个强盛的蒙古帝国就出现在世人面前。军事上的扩张，使蒙古民族与蒙古高原、中亚、西亚各民族在政治、经济、文化诸方面的结合更加紧密。一些突厥种的部族瓦解后逐步融入蒙古民族，如蒙古高原西部乃蛮部落和中国长城北部的汪古部落。这两个部族显然都是蒙古化的突厥人。如果仅从文化看，这两个部族的文化明显地高于蒙古人。以上两个部族特别是乃蛮人由于族源之关系，内部流传着狼图腾的传说也未可知。

在此期间，蒙古高原西部文化最发达的畏吾儿突厥人也很快成为蒙古帝国的附属国。由于畏吾儿人具有源自叙利亚文的独特文字，还有丰富多彩的文学作品，其中很大一部分源于佛教、摩尼教、聂思脱里教派的历史传说，于是在成吉思汗蒙古帝国初期，畏吾儿文化在蒙古宫廷一直占有显著的优势地位。《元史·塔塔统阿传》记载了这样一件史实：当成吉思汗于1204年击破乃蛮部落的时候，俘获了一个供职于乃蛮宫廷的畏吾儿人塔塔统阿，从他身上搜出一枚乃蛮君主的金印，印上的文字是畏吾儿文。当成吉思汗问塔塔统阿此物有何用处时，塔塔统阿答道："出纳钱谷，委任人才，一切事皆用之，以为信验耳"。成吉思汗命他仍掌管这枚金印，从此以后就用国家的名义使用它。成吉思汗还命塔塔统阿教授自己的四个儿子及诸王以畏吾儿文字书写蒙古语言，于是畏吾儿文字遂成为蒙古帝国官方文字。直至1240年编纂《蒙古秘史》的时候，畏吾儿文字仍在继续使用。

由于畏吾儿文化的纽带作用，畏吾儿文化中的中、西亚文化元素不可避免地渗透于蒙古文化之中，其中当然包括那些著名的狼图腾传说。

明白了这一段历史，我们也就明白了有文字记载的蒙古历史为什么经常借鉴突厥民族的历史传说。所谓"狼图腾"的祖源故事也就不难理解，其实全是西突厥等民族的文化被蒙古民族所移植之故。

再说说继承了突厥民族"狼图腾"传统的吉尔吉斯人。位于中亚叶尼塞河上游的吉尔吉斯人自12世纪至13世纪以来一直遭到东来的蒙古人的攻击。成吉思汗之后，16世纪至17世纪又遭卫拉特蒙古人（明史称瓦剌）的攻击，迫使吉斯吉斯人一部向东迁徙，直至今新疆阿克苏地区（注：留居新疆的一部今称克尔克孜族）。19世纪中叶，受清朝回疆动乱的影响，吉尔吉斯人一部又继续东迁至漠北河尔泰山东北麓（今蒙古国科布多地区）。至今已完全融入漠北喀尔喀蒙古人之中。

关于这段历史，19世纪90年代俄罗斯蒙古学学者波兹德涅耶夫曾进行过详细考证。在其所著二卷本《蒙古及蒙古人》中写道：早在19世纪中叶，居住在伊犁和塔尔巴哈台地区的吉尔吉斯人为躲避东干人（注：俄罗斯及突厥文献对中国境内回

族的统称）掀起的战争和混乱，促使一些吉尔吉斯部族向东迁移避乱。这些部族的苏丹们在得到当地漠北蒙古乌梁海部族首领同意后，借用了科布多地区的一些领地。于是吉尔吉斯人的章特克依、卡拉卡斯、莫勒呼及齐勒乌奇四部迁居到这里游牧。直至1882年，这些吉尔吉斯部族为了确保自己所占有的土地，才奏请清朝政府把他们划归科布多管辖。经清朝政府同意后，这部分吉尔吉斯人终于被允许在漠北科布多地区定居，并拥有大清国籍。

就这一段历史，书中作了有趣的记载："在此以前吉尔吉斯的这几个部族似乎尚未划归任何一个辖区。他们甚至都未必认为自己确是中国的臣民。当他们划归科布多辖区后，他们的苏丹们立即就被命令留起发辫，并被赐予与他们每人官职相应的顶珠。这些吉尔吉斯人缀上了顶珠，到处炫耀；但发辫却拒不肯留，因此至今仍都剃着光头，戴着传统的绣花小圆帽。"

从以上记载不难看出，在不同的历史时期确有一部分以狼为图腾的部族融入蒙古民族中间，如属于卫拉特蒙古的极少部分，以及后来的吉尔吉斯蒙古人，这是特定历史时期北方游牧民族大融合的结果，但这绝不意味着蒙古民族的主体存在着狼图腾崇拜。笔者在草原生活数十年，并在一些旗县工作和任职，从来没有听说过锡林郭勒草原的蒙古民族有狼图腾崇拜的传说。

关于小说《狼图腾》：

小说《狼图腾》作者是锡盟东乌旗的北京知青，由于在草原插队多年获得灵感，回京后创作了《狼图腾》。小说文笔老道、故事曲折、内涵丰富，发行伊始便引起极大轰动。也因为"狼图腾"这个书名极为怪异，极易引起读者诸多遐想，也为小说赚足了卖点。

在小说《狼图腾》的开端，作者引史实说历史上犬戎、匈奴民族皆有狼的图腾崇拜，仅就这一点笔者绝无异议，况且前文中也加以引述。但是其中关键一点却被作者引申错了，那就是犬戎、匈奴并不是蒙古民族的族源，这也是蒙古史学界公认的史实，作者不可以把犬戎、匈奴人的狼图腾崇拜强加在蒙古人的头上。

为此小说作者也有过辩解，说小说主题主要是想表达自然生态环境保护的重要意义，以及维持草原生态平衡的迫切性。在这一方面我们绝不怀疑小说作者的良苦用心，但是仍然难消众人心中疑问：归结一点，到底狼是谁的图腾？它是蒙古人的图腾吗？有人或许指责笔者小题大做，有意挑起事端，殊不知由于“狼图腾”的持续发酵，已经严重误导了读者视听，有事实为证：

《狼图腾》英文版的翻译者为葛浩文先生，据说是当前国内公认的翻译大家。网传他在英文书成的庆祝大典上这样做开场白：“大家好。我今天能够在龙图腾的大本营说几句蒙古人的狼图腾，感到非常荣幸……”这样的议论还有：当年十几万蒙古骑兵为什么能够横扫欧亚大陆？难道是靠狼的图腾信仰吗？中华文明从未中断的原因，是否是因为中国还存在着一个从未中断的狼图腾文化？中国汉民族的龙图腾文化是否从“狼图腾”演变而来？我们究竟是龙的传人还是狼的传人？

以上就是《狼图腾》持续发酵的结果，据说法国导演让雅克阿诺执导的同名电影即将上映，到时候一股更大的“狼图腾”旋风又要席卷中国大地，面临这样的一种状况，难道不应该为“蒙古人的狼图腾崇拜”正名吗？

关于狼图腾崇拜的源头：

考察世界所有地方的狼图腾崇拜，史学家一致认为最早的关于狼图腾崇拜的传说起源于意大利的罗马，这源于一个古老的“母狼育婴”故事。故事说公元前很遥远的时候，一对孪生兄弟为篡位之王阿穆留斯所害，被扔进湍急的台伯河。两个孩子顺流而下，却被一只母狼相救，并用乳汁哺育了这对孩子。孩子长大之后，其一罗慕路斯争得王位，以自己的名字命名首都为“罗马”，并于公元前753年成为罗马第一任国王。为了纪念这一古老传说，意大利艺术家于公元6世纪建造了罗马城著名的“母狼育婴”青铜雕像，于是罗马城的城徽便一直保留着母狼的图像。经考证，这个罗马起源的传说形成于公元前5世纪至3世纪，但是其渊源却可以上溯至史前古罗马人的狼图腾崇拜。以上叙述见于法国学者雷蒙·布洛克《罗马的起源》。

除了古罗马人历史最为悠久的狼图腾崇拜传说之外，类似的神话传说还有：斯拉夫民族的两个英雄瓦利果拉和维尔维杜布也是被母狼养大；古波斯的传说中，母狼还奶大了波斯帝国的创始人基拉；沿着波斯再向东，据说土库曼民族和乌

兹别克人也有关于狼图腾崇拜的传说。

至此，一条清晰的线索展现在我们的面前：历史上狼图腾崇拜正是起源于西欧的意大利古罗马，然后沿着地球北方古老的游牧带，缓慢地传播到西亚、中亚地区，以及蒙古高原的中西部地区，这其中当然也包括古代中国的犬戎及匈奴。至于崛起于公元五六世纪的蒙古民族有无狼图腾崇拜，目前没有可靠的证据支撑，大多数蒙古史专家也不这样认为。可以说，真正的狼图腾崇拜乃是西方的舶来品。

图为世纪之交草原上的打狼英雄

"李陵台"考

历史上，在内蒙古草原正蓝旗境内黑城子遗址旁，曾有一座高台被称为"李陵台"。据史志言，此台因汉将李陵困居匈奴二十余载，常思汉地、怀念故乡，于是筑台南望，故称李陵望乡台。至于此台建于何时，确切时间已不可考，但一定是在公元前99年至公元前74年这个时间段内。《史记》、《汉书》俱载：李陵于武帝天汉二年（前99）出居延塞北击匈奴不敌被俘，并于昭帝元平元年（前74）客死匈奴。

李陵是著名的汉飞将军李广的嫡孙，李广为汉廷征战一生，立军功无数，最后却在官场无情倾轧下，选择了自杀身死。李陵的遭遇比其祖父更差，浓重的悲剧色彩伴随其一生，最后终于郁郁而亡。让我们翻开历史，看看李陵的悲剧人生。

李陵字少卿，陇西成纪（今甘肃秦安）人。少为侍中建章监，效其祖父李广，"善骑射，爱人，谦让下士，甚得名誉。"武帝时为骑都尉，武帝天汉二年（前99），率步卒五千北出居延塞（今额吉纳旗境内）寻击匈奴。出塞月余，"至浚稽山，与单于相直，骑可三万围陵军"，"虏见陵军少，直前就营，陵博战攻之，千弩俱发，应弦而倒。虏还走上山，汉军追击，杀数千人"。于是匈奴单于大惊，"召左右地兵八万余骑攻陵"。此时"陵军五千人，兵矢且尽，士死者过半"，李陵率军血战，杀伤匈奴万余人。且战且退，血战八日，在退至距居延塞百余里处被匈奴大军狭路而阻，团团围困。李陵在"食乏而救兵不到"的情况下"遂降匈奴"，余众四百逃归居延塞。以上事见《史记·李将军列传》及《汉书·李广苏建传》。

李陵即降匈奴，在汉廷引起轩然大波，武帝震怒，又听信流言说李陵在北地帮助匈奴训练军阵，（注：此事是汉另一降将李绪所为）于是将李陵母弟妻子一家百余口全部杀戮殆尽。

综观李陵的悲剧人生，从侧面反映了两千余年前中华民族在兼并形成过程中错综复杂的大历史。就当时来讲，所谓汉匈之争，总是围绕着农耕民族的扩张及游牧民族的反扩张，游牧民族的侵扰及农耕民族的反侵扰而展开的。其中汉、匈两个民族的统治者发动的战争，无所谓义与不义，也不能拿"开疆拓土"这个标准来评价义战与不义战。战争只是给两个民族带来无与伦比的深重灾难而已。对此，著名历史学家翦伯赞先生有过极为精当的论述，他在专文《内蒙访古》中说："所有这些矛盾在今天看来，都是一系列民族不幸事件，因为不论谁胜谁负，对双方人民来说都是一种灾难，一种悲剧。"

仅拿汉朝廷来说，汉武帝在位五十四年，却进行了五十年的大小战争，五十年的征战，换来的却是"海内虚耗，百姓流离"，出现了"人相食"的惨相。同时把"文景之治"积累下来的巨大物质财富挥霍得一干二净，也为汉朝的日趋没落埋下了伏笔。反观匈奴，在汉朝军队数十年的扫庭犁穴之下，精壮消失殆尽，老幼尽避于漠北荒芜之地，人民生活无着落，牲畜无法繁衍，随时面临着亡国亡族的危险。匈人民族的一曲悲歌，至今读起来仍令人慨然叹息："失我祁连山，使我六畜不蕃息；失我燕支山，使我嫁妇无颜色。"（注：燕支山在今甘肃山丹县，因此山名与单于之妻"阏氏"及"胭脂"皆谐音，故此歌借音寓意说"使我嫁妇无颜色"）

至于汉匈之争，当时人已有精当评价，王莽朝名将严尤就说："汉武帝选将练兵，约赍轻粮，深入远戍，虽有克获之功，胡辄报之，兵连祸结三十余年，中国罢耗（罢通疲），匈奴亦创艾，而天下称武，是为下策。"

回顾这一段历史，李陵注定成为这一特定历史过程中的悲剧角色，史载李陵降匈后，时任中书令的司马迁在应对武帝质询时曾这样为李陵辩护："且李陵提步卒不满五千，深践戎马之地，足历王廷，垂饵虎口，横桃强胡，仰亿万之师，与单于连战十余日，所杀之当。"据司马迁所言，李陵之败，全系武帝姻亲二师将军李广利增援不力所致。李陵"身虽陷败，彼观其意，且欲得其当而报汉。事已无可奈何，其所摧败，功亦足以报于天下"。由于司马迁力排众议为李陵辩护，武帝大怒，遂令有司判处其宫刑。以上事见《汉书·司马迁传》。

至于李陵个人的态度，时人也多有记载。在后人所传《李陵答苏武书》中说："执事者云云，苟怨陵以不死，罪也，然陵不死，有所为也，故欲如前书所言，报恩于国主耳。诚以虚死不如立节，灭名不如报德也。"然而好大喜功的汉武帝根本不会让李陵的这种想法实现，翌年便族其老母妻子百余口。诚如李陵后来所言："陵虽孤恩，汉亦负德。"依今人看来，李陵降匈，固属不当，但当政者的指挥不利，主将的调度失措，是李陵战败被俘的主要原因。且正是有了李陵的降匈，才换回了余众四百人的性命，安全返归居延塞，此事史书多有记载。反观武帝，却把战事失利的责任全部推在前线浴血奋战的将士身上，败则殉节，以挽回汉王廷的颜面，否则便是不忠，便要灭人一族，如此处置，实属无道。

笔者认为：在民族危亡时刻，必讲求民族大义，以身报国，自不待言。但所谓汉匈之争，本身就是一笔糊涂账，如按中华民族大历史来看，更是兄弟阋墙；况且士大夫阶层一直标榜的"文死谏，武死战"也不是中华文化的要义，反而孔子《论语》所说的"君之视臣为草芥，臣之视君为寇仇"更显示出儒家文化人性的光芒。

两千年来，历代史书对汉匈之争都以为是"正统"与"蛮夷"之争，于是在评价人物时多采取偏颇立场，如南匈奴呼韩邪单于的率众降汉便一直被誉为"深明大义"，而李陵的不敌降匈却被指为"千古罪人"。笔者以为此种态度殊不可取。

李陵即已降匈，"单于壮陵，以女妻之，立为右校王。"以上见《汉书·李广苏建传》。单于之女，史上有名，其名"托跋"。按史书言，此女应极贤惠，《汉书·苏武传》载：苏武出使匈奴被扣，誓死不降，被遣北海（即今贝加尔湖）牧羊。匈奴遣李陵往北海劝降苏武，苏武不为所动，李陵感佩，"其妻赐苏武牛羊数十头。"

李广有后。他中原汉地儿女虽被武帝屠尽，但匈奴之妻托跋却为李陵育下一双儿女。这一枝后人亦繁衍有据，正史《宋书·索虏传》载："索头虏姓托跋（拓跋，姓）氏，其先汉将李陵之后也。陵降匈奴，有数百千种，各立名号，索头变其一也。"

除此还有正史为据。《南齐书·魏虏传》载：“魏虏，匈奴种也，姓托跋氏。初，匈奴女名托跋，妻李陵，胡俗以母名为姓，故虏为李陵之后。”以上因非本题之义，故不多述。

至于李广所封右校王这一头衔应是极为显赫，其管辖范围也是极为广大。据推测，右校王的管辖范围应是今锡林郭勒草原的东西长度，南至秦长城，北抵贝加尔湖这一广大地区。于是便有了李陵在其辖区的南部边界筑高台遥望故乡之说。高台之南，直至长城之间的空旷地带，应是史书所记载之“欧脱”（“欧脱”应为匈奴语，意为两国边界之间的缓冲地带）。

《汉书·苏武传》说：苏武被汉廷解救南归时，李陵为苏武置酒送行。席间李陵拒绝了苏武共同南归的建议，起舞放歌曰：“径万里兮度沙幕，为君将兮奋匈奴，路穷绝兮矢刃摧，士众灭兮名已亏，老母已死，虽欲报恩将安归？”于是洒泪辞别苏武，此后于汉昭帝元平元年客死匈奴。

因为有了李陵的悲剧人生，于是便有了李陵望乡台。千百年来此台高高矗立在金莲川草原，为世人所凭吊。《口北三厅志》这套志书的编撰者，在其《艺文篇》里详细编录了前人登临此台时的所思所想，跃然纸上的便是一首首悲壮诗篇。现节录几首，以飨读者：

较早的诗篇有唐代诗人胡曾的《咏史诗·李陵台》：“北入单于万里疆，五千兵败滞穷荒。英雄不伏蛮夷死，更筑高台望故乡。”

宋人诗篇有姜白石的《李陵台》：“李陵归不得，常筑望乡台。长安一万里，鸿雁隔年回。望望虽不见，时时一上来。”

写得最为感人的是宋人汪元量，他也有一首《李陵台》：“伊昔李少卿，筑台望汉月。月落泪纵横，凄然肠断裂。当时不受死，心怀归汉阙。岂谓壮士身，中道有摧折。我行到寰州，悠然见突石。下马登斯台，台荒草如雪。妖氛霭寞蒙，六合何恍惚。伤彼古豪情，清泪泫不歇。吟君五言诗，朔风更呜咽。”

元时因此台旁已设李陵台驿，驿路上车水马龙，经此驿路的诗人、政治家登临此台时常发怀古之幽思。元诗人周伯琦《李陵台驿》诗曰："汉将荒台下，滦河水北流，岁时何衮衮，风物尚悠悠。"

元著名诗人马祖常更有咏《李陵台》一首："蹛林闻野祭，汉室议门诛。辛苦楼兰将，凄凉太史书。"其中"蹛林"一地颇值得注意。《史记·匈奴列传》载匈奴岁有三祭，其中"秋，马肥，大会蹛林，课校人畜计"。又见李陵逸诗也有"相竞趋蹛林"之语。可见匈奴秋祭之地蹛林即今察哈尔草原金莲川一带（也有研究说蹛林在漠北地方），此事说明，两千余年前的匈奴民族就曾把金莲川草原作为秋祭之圣地。

当然也有诗人对李陵的叛汉降匈有所指责。明人陈恭尹的《明妃怨》就说："生死归殊途，君王命妾来。莫令青冢草，生近李陵台。"此诗指斥李陵不顾民族气节，借和亲之昭君之口，说出妇人女子也不耻与降者为伍。昭君如果泉下有知，不知同意此说否？

清人也有咏李陵台诗传世，但细读这些诗文，大多不是登临之作，可见最晚至清中叶，此台已经倾覆，不复当年胜状。如清屈大均《云川秋望》诗就有"白草黄羊外，空闻觱篥哀。遥寻苏武庙，不上李陵台"之语。

白云悠悠，时光已过二千余载，李陵台早已埋没于荒草之中，但是细读史志，可知元李陵台驿确曾建于汉李陵台之旁，故此驿以李陵台命名。至于李陵台驿是否即今黑城子遗址，今人争议颇多，莫衷一是。

有学者说滦河西岸台地临近金界壕之太平城遗址方为李陵台驿，而黑城遗址乃是元帝巡幸上都之"纳钵"（"纳钵"应为契丹语，意即行宫）所在。笔者以为此说不妥，所谓黑城遗址应该就是李陵台驿所在。有两个理由：

其一，元代实行两都制，即大都与上都。元帝从大都至上都之往返道路一般为专用道路，即史称之"辇路"，然而辇路有时也与驿路重合，所谓"纳钵"即设于驿站之中。今人研究驿路时不明此理，于是经常出现方位、数量上的误判，所谓李陵台驿便为明显例证。究其实，辇路北出大都至牛群头（注：牛群头亦名失八儿秃，今河北沽源界）便与驿路合辙，合辙后北行六十里至明安驿，又北行六十里至李陵台驿，后经桓州、南城至上都。

此中值得一提的是明安驿，史载在明安驿旁便是著名的察罕脑儿纳钵，也就是元代史志中多次提及的“白海行宫”。据记载，此行宫巍峨壮观，极尽奢华，为塞外胜景。由于李陵台驿距此行宫仅半日之遥，元廷不可能也没有必要在李陵台驿再建纳钵一处，因此李陵台驿极有可能同时兼具纳钵功能：平时作为驿站使用，元帝巡辛时，便作为临时行宫。

其二，关于滦河的流向，相关志书描绘得极为精确。如《热河志》云：“滦河自独石口外一百三十里牧厂界之巴颜屯图古尔山发源。初西北流，经独石口厅界内一百五十余里至上都店，入多伦淖尔厅界，北流，复折而东北流。”据此志书描绘，滦河基本是由南至北的流向，其中很长一段还是流向西北，于是我们得出一个结论：出独石口后，不管驿路还是辇路，都是傍着滦河东岸行走，绝不可能有舍近求远涉河向西之理，所以说李陵台驿建于滦河西岸之说更是不能成立。只有滦河改变了流向，即在李陵台驿之北由西折向东北方向时，才于滦河北岸出现桓州驿。

至于滦河西岸的太平城遗址，到底为何年所建，是何用途，今已不可确考。但据笔者推测，此城应该就是金时所建桓州城旧址。从太平城所处地理位置来看，它具有很强的军事功能，该城堡不但前出至滦河西岸台地，而且恰恰处于金界壕内缘的折弯处，对于军事上的攻防转换来讲应该是一个绝佳位置。由于该城址良好的军事地理位置，所以桓州迁址后，它作为一个重要的军事设施应该被使用了很长时间。直至元明，该城堡仍被不断修葺完善，继续发挥着重要的军事作用。如《明太宗实录》卷八记永乐十一年（1413）载：“命开平备御都指挥章安，于威虏、桓州、隰宁、明安诸驿建立城堡，各以军二百守御。”其中威虏（注：明成祖永乐八年北征返回途中，驻跸开平，改开平李陵台驿为威虏驿）便是李陵台驿更名。由于驿站内不可能驻军，也不可能建立城堡，于是在滦河西岸太平城旧址上经修葺后作为驻军守御之所是最佳选择。

明白了李陵台驿之所在，就不难确定李陵台的位置，它应建在李陵台驿（黑城遗址）之南偏东不远处。《元诗选》录著名诗人、政治家马祖常《车簇行》曰："李陵台西车簇簇，行人夜向滦河宿。滦河美酒斗十千，下马饮者不计钱……"由此诗看，李陵台正当驿道之东不远处，此时当是诗人沿驿路行走，将达驿站时驻马东望时的情景。有趣的是，笔者案头《口北三厅志》（清乾隆二十三年影印本）编录此诗时，首句竟然是"李陵台南车簇簇"，这当然又是另一番情景：描写诗人沿驿路北行将至李陵台驿时，抬头望去，首先见到的是高高矗立的李陵台。笔者认为，此诗不管台西、台南也好，只是描绘之情景不同，但皆在情理之中。

从李陵台的形制看，此台应是极高大雄壮，否则不会有马祖常"故国关河远，高台日月荒"之语，也不会有元贡奎"今古李陵悲绝处，夕阳牧野下荒台"之说。

再看元人陈孚《赋李陵台》诗中有"空有台上石，至今尚西向"的描述，可见元时此台之上尚立有石碑一座。据笔者遐想，此碑石上一定镌刻着"汉故将军李陵望乡台"这样的词语。至于李陵台是方是圆、是砖砌还是土筑，于今已不可确考。

史载李陵身陷北地，常思故乡，于是筑台南望，后人称李陵望乡台，此说似乎已成定论，但笔者却对这一说法存在颇多疑惑。李陵是个具有宿命色彩的悲剧英雄，后人登临李陵台的凭吊，是对英雄末路、悲剧结局的同情与慨叹，于是附会成一个筑台南望的传说故事。据笔者猜想，当年李陵绝不会无聊到动用诸多人力筑一座高台来遥望故乡，但史上确有高台存在于金莲川草原，这也是历史事实。于是笔者认为此台应该就是史籍多所提及的"边墩"，史书中它还有多种称呼，如烽墩、烽燧、烽堠等，今人多呼之为"烽火台"。

遥想当年，李陵作为匈人的右校王，当然守土有责，登上汉匈"欧脱"北侧的墩台巡视应该是平常事。由此可见，担负有重要军事任务的墩台（烽火台），并不是汉人的专利，在边境另一侧的游牧民族同样也筑有烽火台，以防备汉民族南来入侵，于是李陵登临之台被后人演绎成"李陵望乡台"也在情理之中。元许有壬《李陵台》诗中说："李陵台下筑分台，红药金莲满地开。斜日一鞭三十里，北山飞雨逐人

来。"诗中讲此台之下尚筑分台，应兼具防御、作战任务，可见它是一座功能齐全的军事设施无疑。

综上所述，李陵台遗址在锡林郭勒盟正蓝旗黑城子无疑。在此高台之上，汉之后立有李陵碑，这也有足够的证据支撑。因此台正当两都驿路要冲，所以最可靠的证据就是元代无数诗人、政治家的登临之作，当然它们也是元代扈从诗的重要组成部分。仅咏叹李陵台的诗句，在塞上著名志书《口北三厅志》中便抄录有数十首之多。

由于李陵人格的极大争议，凄绝的悲剧性结局，况且涉及历史上汉、匈两个民族扯不断、理还乱的恩怨情仇，于是汉代之后很多戏曲与传说中都有了李陵的身影。依据戏剧与传说，历史上一些地方也都传说建有李陵碑与李陵台，以供后人凭吊。其中就有：

（1）今甘肃省嘉峪关市西北20多公里处，草湖边上据说有李陵碑或李陵台一处。其实此台就是一个墩台，传说乃李陵驻戍边关时所亲建，上题有"誉满边关"四字，署名为"骑都尉李少卿"。传说这些字是李陵亲题，之后李陵殒命于此。这一看就是后人附会之说，不值一驳，因为李陵再愚蠢，也不会无聊到如此地步——刻一方石，给自己树碑立传。

（2）依据戏曲故事的传说，今山西省怀仁县境内吴家窑镇两狼山（注：清代两狼山属左云县）地方也有李陵碑和李陵台，这同样为国人所瞩目。传说在这个地方，宋名将杨业与契丹作殊死战，兵败被围，突围无望，于是头触李陵碑而死。宋以后，杨家将故事流传愈加广泛，于是李陵碑与李陵台似乎也成为当地名胜。据此，清代山西《左云县志》载录三首李陵台诗，以示李陵台存在于当地之意。

分析一下《左云县志》所载三首诗：第一首便是元陈孚所作《赋李陵台》，本文也曾引用过其中两句，即"空有台上石，至今尚西向"，用以佐证李陵台上尚立有碑石一方。细察陈孚诗作，方知此诗乃是作者从大都去往上都，途经李陵台驿，登临李陵台凭吊后有感而作。观其所撰《陈刚中诗集》，此次上都之行有诗作数首，较著名的有七言《居庸叠翠》，中有“寒沙茫茫出关道，骆驼夜吼黄云老”之句；抵达上都后，又作《开平纪事二首》，中有“龙岗势绕三千陌，月殿香飘十二楼”等名句。以上可见，陈孚所咏之李陵台，乃元两都之间、位于今正蓝旗黑城子的李陵台。

其余所引两首咏李陵台诗，一为该《左云县志》撰者余卜颐所作，一为该县士人倪铖所作，两诗皆为应景之作，全无文采，不提也罢。

民间所传宋名将杨业被辽兵围困两狼山，突围无望，头撞李陵碑身亡事，倒是应该说个明白：杨业其人，史上有名，他的生前身后事，史书有清楚记载。《宋史·杨业传》载：“（业）身被数十创，士卒殆尽，业犹手刃数十百人，马重伤不能进，遂为契丹所擒。……乃不食，三日死。”又见《辽史·耶律斜珍传》：“业为流矢所中，被擒。……既擒，三日死。”以上记载，不管宋史也好，辽史也好，所记虽略有差异，结局却是相同，即伤重被擒，不屈而死。所以，杨令公头撞李陵碑身亡事就是一个戏曲故事，不得当真。

至于历史上山西怀仁县两狼山地方有无李陵台及李陵碑，在清代修撰之《怀仁县新志》中已交代得清楚明白：“桥东百武，有透陵碑，俗讹为李陵碑。”关于此“透陵碑”，山西古籍出版社所印《三晋石刻总目》考证说：“此碑原立于吴家窑南两狼山古栈道边，民间讹传为李陵碑，为宋代杨业以头撞碑殉国之处。”以上两史料实事求是地说明，怀仁县两狼山地方所指李陵碑乃属“讹传”。

（3）相传内蒙古临河县《临河县志》中也记录了此地有李陵碑的传说，县志所载咏李陵诗中曾有“残碑沉沙满，夕照野花红”之句。诗中说有“残碑”，却未见实物，可见也是传说而已。

真正见到实物，还是在正蓝旗黑城子，有史为证。《明史·王英传》：“（永乐）二年，扈从北征。师旋，过李陵城。帝闻城中有石碑，招英往视。既至，不识碑所。而城北门有石出土尺余。发之，乃元时李陵台驿令谢某德政碑也，碑阴刻达鲁花赤等名氏。”可见元时因为当地存在李陵台，于是在其旁建驿站，故称李陵台驿。

另一可靠证据见于元人王恽所著《秋涧集·中堂事记》，其中讲道：“次桓州故城，西南四十里，有李陵故台，道陵敕建祠宇，故址尚在。”此地为元时王恽亲莅，可见当时当地不但有李陵台的存在，附近还有前代为李陵所建之祠宇故址。

再一个可靠证据，即《大清一统志·御马厂古迹》载：“威虏废驿，今牧场地，土人呼为博罗城，亦名李陵台。故址即今多伦西南，滦河东岸老黑城。”其中所提威虏驿即元时李陵台驿，明成祖时改称威虏驿；同时文中也验证了作者所考李陵台矗立于滦河东岸的观点。

此文结束时笔者遐想，什么时候美丽的金莲川上不光有元上都的残垣断壁，还有高高矗立的李陵台，到时众多游客凭吊历史遗迹时，多一份豪情，多一份悲壮，感受到“重走古驿道，再登李陵台”的大气情怀。

再补充一句：黑城子遗址即李陵台驿，为元时上都至大都之帖里干驿道与上都至和林格尔木怜驿道之交汇处。两路自李陵台驿分道，南行至大都即为本线，西行经兴和、丰州、净州达岭北行省之哈拉和林。所以该李陵台驿是漠南、漠北蒙古草原最为重要的驿站之一。

图为蓝旗黑城子李陵台驿遗址

鸡鸣驿城墙一角

"白翎雀"辨

近日翻查《口北三厅志》，在其《风俗物产篇》中看到编撰者用很大篇幅记述了"乌桓"地的一种野生鸟类，即"白翎雀"。又查《察哈尔省通志》等相关史料，方知元、明、清三代不绝于史的白翎雀，即今所称的百灵鸟。然而，是何种原因使"白翎"更名为"百灵"？此种演变又起源于何时？蒙元时期缘何又将"白翎雀"奉为神鸟而传颂不绝？凡此种种，今人虽有涉猎，或语焉不详，或曲解其意，皆不甚了了。因史载"白翎雀"的故乡是"乌桓"地，即今锡林郭勒草原之大部，所以，把"白翎雀"饶有趣味的历史传说和诸般典故清楚明白地告诉大家，也是文中应有之义。

"白翎雀"之名大量出现于史书及诗词歌赋之中首现于元代，在此之前史书虽有涉猎皆不得要领。近见台湾周镇著《鸟与史料》载："白翎：科别，百灵；现称，百灵（白字），伯灵。"方知"白翎"即今称之"百灵"，百灵是白翎的白字。据此线索，颇费气力查找到民国初年出版之《辞海》，其"百灵"条载："百灵，即鹨，以其能效百鸟鸣声，故名。"又查《尔雅·释鸟》篇："鹨，天鸙。"晋郭璞撰《尔雅>注云："天鸙，大如鹌雀，色似鹑，好高飞作声。"至此我们才明白，原来百灵鸟的渊源即史籍所称的"鹨"鸟，因其发声如天籁之音亦称"天鸙"（注：鸙为古代一种乐器），至元以降称为白翎雀，今人所称的百灵实乃白翎的谐音白字。

至于此种演变源发于何时，于今已不可确考，查阅史书及相关资料，我们基本可以得出一个大概的时间段，当是清朝中晚期至民国初年。久负盛名的志书《口北三厅志》编定于清乾隆二十三年，即公元1758年，其中《风俗物产篇》载："白翎雀：形似鹌鹑，长身短足，善学百鸟之音，性驯可畜。"

通过以上记载我们可以得到两条信息：其一，至清代乾隆时期，白翎雀之名仍是当时普遍称呼，百灵之称，并未见于史书当中；其二，从记载看，当时民间已经把该鸟作为观赏鸟类予以少量驯养。

再看编定于民国二十三年，即公元1934年的《察哈尔省通志·物产编》卷之八：“‘百灵’，又名白翎。体较雀大，黄土色，黑脖白翅。舌尖而巧，能学百鸟及猫狗之音。……每年小满即可捕，视孵卵后不出七日即寻巢而捕其雏，至八日即飞去。”通过这一记载，我们也获得两条信息：其一，至民国初年起，白翎之称已由百灵取而代之，民间已普遍呼之为“百灵鸟”；其次，从清中叶至民国初年，长城以南之中原汉地饲养百灵已蔚然成风，百灵鸟被大量捕捉后源源不断地运往内地供人赏玩。综观此种演变，我们却能从一只小小百灵鸟的背后窥见清中晚期至民国初年间这一段错综复杂的社会历史变革过程。

从经济社会层面看，有清一代，从康熙始，通过对北疆地区的连续用兵，以及怀柔政策的日益奏效，北方疆域版图日渐巩固，草原民族对中原内地已经形不成较大威胁，与整个明代边警森严的情形相比，长城已不是阻隔南北交通的屏障。

康乾年间，为了加强与北方游牧民族的联系，进一步巩固北疆边防，又在前元明时代各路站赤、驿道的基础上，通过扩充、改造，在内蒙古地区新建驿路五条（喜峰口路、古北口路、独石口路、张家口路、杀虎口路），五条驿路全长六千余里，设台站七十余座，从北京经此五路驿站可达内蒙古各盟旗。在漠北喀尔喀蒙古，清廷又设阿尔泰军台及库伦、乌里雅苏台、恰克图卡伦（注：卡伦为当时具有边境防卫性质的台站）道路，从而使漠北蒙古也不是遥不可及。

由于清廷向北开放的政策，中原汉地大量的旅蒙商人傍依着口外四通八达的驿路，又开辟了便捷的商道，从而为本是草原留鸟的百灵鸟大量输入到内地创造了有利条件。

另外，有清一代，特别是乾隆年间始，边禁愈松，“移民实边”的政策已允许内地农民出边务垦，大量汉族移民涌入蒙古草原，建立起诸多村屯从事垦务。《口北三厅志》也转载说：“口外沿边地方，自康熙年间，已有内地民众在彼耕种居住，百年来流寓渐多，生齿日众。”此种状况的出现，客观上也为百灵鸟输入内地提供了充沛的人力资源。

从政治文化层面看，清初康乾盛世的出现，为社会积累了大量物质财富，使南北文化交流也出现空前繁荣。富庶江南的戏剧文化、消闲文化、侈靡文化已逐渐融入北方，而北京清朝政权荒唐的“八旗政策”也培养造就了一批有闲阶级和游离于社会的纨绔子弟，一时间提笼架鸟成为社会风尚。而百灵鸟因其叫声鸣啼婉转、形象清丽也成为观赏鸟类的首选。

在清末民初，北京坊间就有“南画北灵”之称。说得是百鸟中最善歌者为南方的画眉和北方草原的百灵鸟。此时从蒙古草原携往内地的百灵鸟已有诸多种类，据记载，清末民国初年北京坊间就有米汤胶、玉白翎、角白翎、凤头白翎等品种，其中玉白翎因其鸣啼清亮、形色俏丽，购求不易，市价最为昂贵；而角白翎却以体形矫健、英勇善斗为世间所称道。

至于此时为何逐渐将白翎呼为百灵？这大约是由汉族文化中“百灵百俐”、“百灵百验”等诸多成语演化而来，因这些成语中都带有聪明灵巧、百试不爽之意，因百灵鸟的特质与这些成语所述之意相合，于是民间逐渐将白翎雀白字呼为百灵。

由于民俗的力量如此强大，不但使白翎雀的称呼改变，就连蒙古地区的一些地方、寺名也随之改变。如达茂旗的“百灵庙”始建于康熙四十二年即1702年，康熙皇帝赐名为“广福寺”。此庙因系达尔罕贝勒所建，故俗称“贝勒庙”。时至民国初年，由于大量输入内地的白翎雀已被广泛地呼为“百灵”，于是地处驿路要冲并盛产百灵的贝勒庙也被谐音称为“百灵庙”。然而此种称呼的演变又是一个渐进的过程。著名历史学家徐炳旭于民国十六年（1927）初率西北考察团对中国西部作科学考察时尚把贝勒庙记为“白灵庙”（见徐炳旭著《西游日记》），可见这个时间段百灵有时也被人们呼为“白灵”。直至民国二十三年（1934）《察哈尔省通志·蒙古编》转录德王等人《蒙古地方自治政务委员会暂行组织大纲》第三条时还说：“本会会址设于贝勒庙。”可见如果作为正式的官方语言“百灵庙”还不为当时的人们所承认。

有元一代，白翎雀作为神鸟绝不许携玩，所以传入内地数量不多，以至于到明代王伟诗《白翎雀图》还说：“白翎雀，雪作翎，群呼旅食啁晰鸣。何人翻作弦上声，传与江南女士听。南人听声不识形，画师更与图丹青。”可见直至明代，江南地区对白翎雀形象仍不甚了了，还要借画师之笔来认识此种鸟类。

蒙元时期，在蒙古人看来，白翎雀具有和本民族气息相通的诸多优秀品质，于是带有神话传奇色彩的白翎雀也成为诗词歌赋、音乐舞蹈等艺术表现形式的主角，在学者、诗人、艺术家和民间广为渲染和传颂。

由于白翎雀是蒙古草原留鸟，不管夏日炎炎还是冬季严寒肃杀，都不会像其他候鸟一样随气候变化而迁徙，始终坚守在蒙古草原，与草原同生死、共枯荣。而这一点却与蒙古人的民族共性像极了，即热爱家乡、热爱草原，不管走到哪里，内心深处却永远眷恋着家乡、眷恋着草原。

关于这一点，著名的史诗巨著《蒙古秘史》卷之五讲述了这么一段有趣的故事：“时扎木合与王罕同行也，扎木合谓王罕日：我铁木真安答，向已有使于乃蛮焉，今已不来，罕乎！罕乎！与（君）共之者白翎雀我也。离散而去者告天雀安答也。”故事讲述了扎木合为了离间王罕与铁木真的关系，把自己比做对王罕忠贞不移的白翎雀，而把铁木真比做投机取巧、随遇而安的告天雀。

同样的故事还见于《元史》卷一《太祖本记》：“初，帝（成吉思汗）与汪罕合军攻乃蛮，约明日战。扎木合言于王罕曰：我与君是白翎雀，他人是鸿雁耳。白翎雀寒暑常在北方，鸿雁遇寒则南飞就暖耳。意为帝心不可保也。王罕闻之疑，遂移部众于别所。”故事虽大同小异，却间接地歌颂了白翎雀即蒙古人忠贞不移的优秀品质。

白翎雀还是人世间坚贞爱情的象征。元代著名诗人萨都剌《咏百翎》诗云：“凄凄幽雀双白翎，飞飞只傍乌桓域。平沙无树巢弗营，雌雄为乐相和鸣。”此诗句惟妙惟肖地描述了白翎雀终生雌雄和鸣，不离不弃，生死相依的天性特质。

元代另一著名诗人乃贤也在其《塞上曲》中赞颂白翎雀说：“乌桓域下雨初晴，紫菊金莲漫地生，最爱多情白翎雀，一双飞近马边鸣。”时至当代，蒙古民族仍指百灵鸟为坚贞爱情的象征。

元人推崇白翎，还发现了白翎雀又一特异功能，即能够以小胜大、以弱搏强的本领。成吉思汗立国之初，蒙古人口也不过接近二百万，其披甲兵不超二十万，然而就凭如此人口与兵力却纵横驰骋、所向披靡，征服了大半个世界，堪称以少胜多、以弱胜强的典范。

有鉴于此，元人推崇白翎，将其神化，也是事出有因。元学者张翼在其所著《农田余话》中曾记载："白翎雀，大能制猛禽，犹海东青善擒天鹅。"元著名诗人杨维祯也在其《铁崖古乐府》卷七《白翎雀辞》序中说："（白翎）雀能制猛禽，尤善擒贺鹅（即天鹅）者也。"杨维祯在《白翎雀辞》中又写道："白翎雀，西极来，金为冠，玉为衣。百鸟见之不敢飞，雄狐猛虎愁神机。"

以上记载今人看来似乎是奇谈，但前人言之凿凿，令人不得不信。此种能擒贺鹅、制猛禽的百灵可能就是上文所提到的角白翎吧。然而笔者少年时确曾在草原亲见一双白灵在空中鸣啼凄厉，上下翻飞，屡屡做俯冲状，将一只企图侵犯其巢穴的硕大牧羊犬追赶得落荒而逃。当时情景，至今历历在目。

有元一代，在艺术上有一曲一舞可谓音乐舞蹈领域的巅峰之作，其中曲为《白翎雀曲》，舞即《十六天魔舞》。时至当代，此一曲一舞已湮没于历史当中，无法窥其全貌，只能从零星史料中见证她们昔日的辉煌。

关于《十六天魔舞》，《元史·顺帝本纪》记述甚详。元著名诗人萨都剌诗云："红帘高卷香风起，十六天魔舞袖长。"因此诗收于《上都杂咏五首》之内，故作于上都无疑，可见此舞不但大都出演，就是帝王巡幸上都时也不忘随时携来欣赏。十六天魔舞至今虽已失传，然而透过史书记载，其优美舞姿仿佛就在眼前：该舞以盛饰美女十六人，扮天魔（佛经云：天魔即菩萨之化身）相，着艳丽"合袖天衣"服装，手执法器"加巴剌班"，边歌边舞，展万千姿态。时而天女散花，时而落英缤纷，使观者如临仙境，似醉似痴。元亡后，此舞可惜失传，但是当代某军旅导演编创的舞蹈《千手观音》，在笔者看来其实就有《十六天魔舞》的影子。

关于《白翎雀曲》的创作产生，史料有诸多记载。元代诗人杨维祯在叙述白翎雀辞曲产生过程时曾讲到这样一段故事："按国史《脱必禅》曰：世皇（忽必烈）猎于林柳，闻妇哭甚哀。明日，白翎雀飞集斡尔朵上，其声类哭妇，上感之，因令侍臣

制白翎雀辞。”（文见《铁崖古乐府》卷七《白翎雀辞》二章并序）

至于《白翎雀曲》，元代学者陶宗仪在其所著《南村辍耕录》卷二十中所述甚详：“‘白翎雀’者，国朝教坊大曲也……陈云峤先生云：白翎雀生于乌桓朔漠之地，雌雄和鸣，自得其乐。世皇因命伶人硕德闾制曲以名之。”以上记述给我们提供了两条信息：

其一，《白翎雀曲》为教坊大曲。何谓教坊？查阅相关资料始知元之教坊司乃是管理宫廷中演出音乐舞蹈及戏剧的职能官署，也是管理演出排练的机构。既为教坊大曲，可知此曲分量之重，乃国家级，是用于宫廷演出的重要音乐曲目，曾被列为《太平乐》曲之一。

其二，此曲作者为伶人硕德闾。也是查阅资料，始知硕德闾者乃世祖忽必烈一朝“西域伶官”。所谓西域，按当时的地理概念应为西亚阿拉伯或波斯地区；所谓伶官，正是在教坊司任职的有级别和职称的官员。硕德闾即为伶官，想必艺术造诣极高。由于硕德闾为西域人，他所做《白翎雀曲》应该具有浓郁的西域风格。

时至今日，我们已无法窥见此恢宏大曲之全貌，只能依据相关史料，试图还原一下《白翎雀曲》的历史真相。据说，硕德闾是模仿白翎雀优美动听的鸣叫声而创作此曲，主题是表现蒙古人像草原留鸟白翎雀一样热爱家乡、热爱草原，又像白翎雀一样矫捷善斗、所向无敌。陶宗仪在《南村辍耕录》中评价此曲时说：“始甚雍容和缓，终则急躁繁促，殊无有余不尽之意。”

元诗人张宪在其《玉笥集》卷三《白翎雀》诗中写出了他在闻听此曲时的感受：“真人一统开正朔，马上提楼手亲作。教坊国手硕德闾，传得开基太平乐。檀槽含牙凤凰乐，十四银环挂冰索。摩诃不作兜勒声，听奏筵前白翎雀……”分析此诗上阕，我们得到两条信息：

其一，此曲与其他宫廷大曲太平乐一样，应为一宏大的协奏曲，有多种乐器参与演奏。照其“十四银环挂冰索”之说，其中一件主要乐器应为十四弦琴。按十四弦琴，宋孟珙《蒙鞑备录》有所记载：“国王（当指蒙元时期大将木华黎）出师，亦

以女乐随行，率十七八美女，极慧黠，多以十四弦弹大官乐等。"宋人也在《鬼董·周宝》一书中说："十四弦，胡乐也，江南旧无之。"可见此协奏曲所用乐器也包含了西洋、西域乐器无疑。

其二，就其曲调言，诗中有"摩诃不作兜勒声"之语。何谓"摩诃"、"兜勒"？郝经《续后汉书·礼乐志》言："张骞入西域，传其法于西京，唯得摩诃兜勒一曲。李延年因胡曲更造新声二十八解，乘舆以为武乐。"直至明初，诗人释妙声还在《赠骆自然》诗中诠释《白翎雀曲》等太平乐时还说："忆昔太平开乐府，新声传得宫中谱。摩诃兜勒西域来，子夜吴歌自风土。"由此可见，有元一代真是一个包容的社会，仅仅一曲《白翎雀》，就侧面反映了蒙元时期在政治、经济、文化方面兼容并蓄的社会实质。

有元一代，《白翎雀曲》作为教坊大曲在宫廷、民间广为传唱，直至元亡，此曲仍在长江南北流传了二三百年。如此恢宏的协奏曲，还在元末明初被陆续改编为适合民间演奏的独奏曲。

直至明朝洪武年间，此曲还曾被改编为"筝"曲弹奏。事见贝琼《清江集》卷九《闻筝》："白发潘郎工锦筝，江南江北尽知名。双手重弹白翎雀，犹是黄龙塞下声。"

《白翎雀曲》尚被改编为"箜篌"曲。明诗人王彝《癸酉岁徐枢密第赏雪》诗中描绘："色压秦娥河济娇，十四冰弦杂雅咬。白翎雀起声声高，鼓簧间以姣竹巢。"（注：十四冰弦即箜篌）

更适合弹奏《白翎雀曲》的乐器尚有琵琶。明初张羽《静居集》卷六《听老人弹琵琶》："老来弦索久相违，心事虽存指力微。莫更重弹白翎雀，如今座上北人稀。"

本文为了一只小小百灵，费了颇多笔墨，似乎多有不值。然而笔者认为百灵既为锡林郭勒草原颇有灵异的鸟类，并有如此之多的优美传说，我们在宣传锡林郭勒丰富旅游资源的时候也应给百灵一席之地，相信一定能够打开众多游客的心扉，获得他们的共鸣。同时也希望我们的文艺工作者，围绕着这小小百灵做些文章，创作出更多优美动听的文艺作品来。

锡林郭勒草原出土的元歌舞陶俑

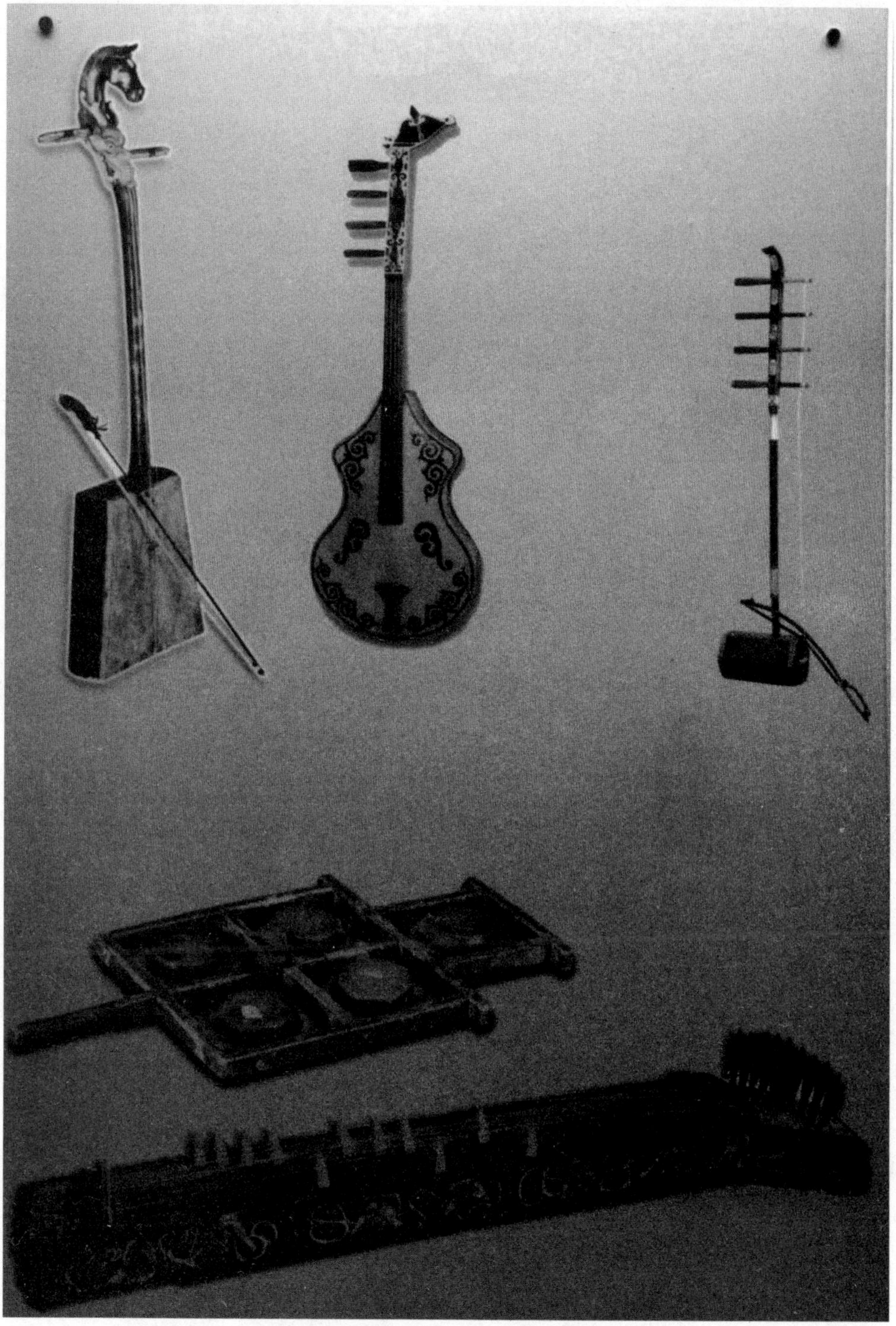

锡林郭勒草原传统乐器

锡林郭勒草原上蒙古民族的传统歌舞

元廷玉玺今何在

统观中国1635年的大历史，对雄峙于长城南北达260余年之久的明王朝与蒙古汗国来说，可谓是风雨飘摇的一年。这一年，以崇祯为帝的明王朝，既有举义反明农民武装之内忧，又有山海关外后金政权时时扣关、虎视眈眈之外患，政权早已处于岌岌可危、土崩瓦解之中。五年后清军便大举入关，直破北京，崇祯自缢煤山，明廷覆亡；也是这个时间，因不甘后金吞并，率兵与后金对抗，兵败不支西退青海的蒙古察哈尔林丹汗业已逝去一年。其子孔果尔额哲率残众向后金政权投降，并献出了蒙元王朝视为至宝的传国玺——“制诰之宝”。至此，以成吉思汗汗统为政权基础的蒙古汗国也告覆亡。

关于孔果尔额哲献玺投降这一段史实，《清实录》、《八旗通志》都记载甚详。后金政权为宣扬得玺乃“天命所归”之意，记载中却把此玺的由来归属赋予诸多神话色彩。据《八旗通志·肃亲王豪格列传》记载：后金天聪九年（1635），皇太极遣豪格与多尔衮等四贝勒往征察哈尔林丹汗之子孔果尔额哲，此间“获历代传国玉玺，其玺初传自元朝诸帝，至顺帝为明朱元璋所败，遂弃都城，携玺逃至沙漠。后崩于应昌府，玺遂失。越二百余年，有牧羊者于山冈下见一山羊，三日不食草，但以蹄掘地。牧者发之，遂得此玺，归于大元后裔博硕克图汗。后为察哈尔林丹汗所侵，国破，玺复归于林丹汗，亦元裔也。豪格与诸贝勒闻玺在苏泰太后福晋所，遂索之，即得。视其文，乃汉篆‘制诰之宝’四字，以二交龙为纽，实至宝也。”

据上文记载，剔除传说及不失之辞，可以到如下信息：其一，此玺就是元帝国历代皇帝倍加珍视的传国之宝，顺帝北奔蒙古草原时必是随身携走此玺无疑。其二，观此玺形制，乃汉篆“制诰之宝”四字。查相关史料，前元时期如成吉思汗时期，汗廷公务皆为“符牌”，至蒙哥、忽必烈时方使用玺印。有元一朝所隽玺印多为畏兀蒙古文或八思巴文，或蒙汉合璧制式，镌刻汉篆“制诰之宝”事蒙元史上绝无记载 。然而根据上文《八旗通志》说此玺为“二交龙为纽”，这又是元初制式，据叶其峰著《古玺印通论》考证：“史载宋宝为盘龙纽，未记交龙纽，交龙纽应是元新创之纽式。”既然纽式有别，可见此印玺元史中虽无记载，想是刻自元初。也不排除此玺原为宋朝所有，史书未记而已。

据《八旗通志》记载，此玺印“乃璠玙为质，龙为纽，光气焕灿，洵至宝也”。这枚“制诰之宝”不仅是皇帝颁行政令的凭证，也是历代帝王宣示皇权的象征，曾被元、清两朝帝王珍藏或用于施政。

由于特殊的历史原因，蒙元王朝成为历史上收藏历代玺印最多的朝代。史载公元1276年，时为元帝国忽必烈朝至元十三年。伐宋之蒙古大军由元名将伯颜统帅，兵围南宋首都临安，宋皇室率众倾城出降。南宋所有玺印宝册尽为蒙古军所得。《元史·世祖本纪》载，蒙古军兵临城下时，“宋主遣其宗室保康军承宣使尹甫、和州防御使吉甫等，赍传国玺及降表、玉玺献于京师”。至此，历代各朝玺印，历经北宋、金、南宋共三百余年后，全部归于蒙元。此时的蒙元政权，自成吉思汗始，止于世祖忽必烈，已掠获战败国玺印无数。玺印专家杜奎生在其所著《中华宝玺探秘》中说此时“辽、金、北宋、南宋、西夏、西辽、大理及乃蛮、钦察诸国之宝全部落入大元之都”。

由于掠获玺印如此之多，堆积府库中无法处置，于是于元朝晚期由权相伯颜下令，将缴获的历代玺印大部磨平，分发给诸王大臣刻制私章，此举遂使多年来汇聚于元廷的各国玺印大多毁于一旦。由于这枚“制诰之宝”乃属颁发诏敕随时取用之物，于是被顺帝随身袖中携往草原。

另据史料说，被顺帝打包运往草原的尚有一枚所谓传自秦代的“传国玺”。据《蒙古世系谱》记：“世祖崩，亲王、诸大臣遣使告哀军中，汗（忽必烈之孙，故太子真金之子铁穆耳）还上都即位。始得玉玺，诏中外。”关于文中此玺钤刻内容，该《蒙古世系谱》说：“御史中丞崔彧得玉玺于宋故臣之家，其文曰：‘受命于天，既寿永昌。’上之。”当然这一枚玺印一定是秦之后世伪刻之物，铁穆耳信手拈来，只

不过是烘托祥瑞气氛而已。

这些玺印由顺帝携往草原之后，历经260余年，虽若隐若现，却一直辗转流传于蒙古汗廷及贵族领主之间，并传承有序，有清晰的脉络可循。尤其是元廷视为至宝的这方“制诰之宝”，不但见证了260年来蒙古汗廷与明朝及后金政权的激烈抗争，同时也见证了成吉思汗汗统内部、各部落贵族之间近乎疯狂的血亲复仇和残酷杀戮。本文欲遵循此“制诰之宝”的线索，来探查当年发生在蒙古高原那一段鲜为人知的历史真相。

公元1368年8月，也就是元至正二十八年。在明军强大军事攻势下，元朝末代皇帝惠宗妥懽帖睦尔率众仓皇逃出大都，奔向北方老家莽莽的草原。由于临行仓促，珍玩细软及国之重器皆另行打包北运，其中当然也包括数量不详、历年缴获的诸多印玺。由于是轻装出行，一行人没有携带太多的物件，然而忙于奔命地妥懽帖睦尔却没有忘记袖里携走一件东西，就是元廷视为至宝的历朝传国玉玺——“制诰之宝”。

关于这件史实，17世纪初叶蒙古历史专著《阿拉坦·脱卜赤》，即汉译《黄金史纲》，及萨囊彻辰《蒙古源流》皆有明确记载。黄金史纲》说：妥懽帖睦尔在逃出大都期间，于仓皇奔波之际，却陷入深深的反思与自责之中。于是赋蒙古诗文一首，以此来表达他悔恨与懊恼之情。诗中有一处写道：“把可汗国主的玉宝之印褪在袖里出走了，从全部敌人当中冲杀出去了。……因不慎而沦陷了可爱的大都，当离开宫殿时遗落了经法宝卷，愿光明众菩萨垂鉴于后世，回转过来着落于成吉思汗的黄金家族。”诗中妥懽帖睦尔对失掉大都后深深自责的同时，还特意提到两件事，这两件事一件涉及元廷皇权，一件涉及与元廷联系紧密的神权。诗中说他在紧急撤退之际，还是没有忘记把元廷的皇权标志玉宝之印褪在袖里带走了；仓皇之中却把象征神权的经法宝卷丢失一空。由于印玺是国家权力的象征，有“天命所归”之意，所以妥懽帖睦尔把这枚玺印视作至宝，须臾不得分离。

妥懽帖睦尔逃出大都后，第一站就奔向夏都开平。据亲随顺帝北上的元臣刘佶所撰《北巡私记》记载：帝于七月二十八日夜出大都，二十九日宿居庸关，“是日，诏也速率本部兵趋行在”。其后，又在同年九月十九日于上都开平“诏高丽王发兵至上都，听候调遣”。以上两通诏书必定钤印，所钤之印必是妥懽帖睦尔携出之“制诰之宝”无疑。

驻上都及应昌期间，妥懽帖睦尔一直坚持元朝国号，常存复辟中原的念头。他拒绝北上哈剌和林，一直徘徊在漠南上都及应昌城一带。1370年阴历四月，即明洪武三年，顺帝病殁于应昌（注：应昌故城在原阿巴哈纳尔部达里泊附近），其太子爱猷识里达腊嗣位，称昭宗，建年号“宣光”。

史载此时明名将李文忠早已伺伏于应昌附近。据《明史·李文中传》记：“（文忠）谍知之，兼程趋应昌。元嗣君北走，获其嫡子买的里八剌及后妃诸王将相属数百人，及宋元玉玺、金宝十五，玉册二，镇圭、大圭、玉带、玉斧各一。”《明实录》洪武三年五月辛丑条亦载：此役“俘惠宗嫡子买的里八剌，后妃宫人、暨诸王、省院达官、士卒等并获宋元玉玺、金宝及驼马牛羊无算。”据上述记载，此役乃元帝国北上草原后遭遇得首次惨败。令明廷失望的是，此役虽获玉玺、金宝十五，却只是一些“受命宝”、“镇国宝”之类，并无国之重宝“制诰之宝”等玺印在内。此应昌之役，因战事紧迫，爱猷识里达腊仅率数十骑仓皇出逃，紧急中仍不忘随身携走重要玺印十数方，史载“每骑一方绑在身上”，其中肯定包括“制诰之宝”在内。清《八旗通志》说此役该“玺遂失”，乃附会之说，与史实不符。

因未获此重要玺印，洪武帝朱元璋始终耿耿于怀，明陈建《皇明通纪》卷三记洪武五年事：“（上）议征沙漠。谓众将曰：‘今天下一家，尚有三事未了，其一，历代传国玺在胡未获；其二，统兵王保保（元末重臣扩廓帖木儿）未擒；其三，前元太子不知音问。今遣汝等，分道征之。’”遂遣名将徐达统兵十五万分三路北征蒙古，北征结果，明军遭遇惨败。《明史·徐达传》记此役：“达遣都督蓝玉，击败扩廓于土剌河。扩廓与贺宗哲合兵力拒，达战不利，死者数万人。帝以达功大，弗问也”。

1378年，爱猷识里达腊逝去，其弟脱古思帖木儿继位,建年号“天元”。天元帝在位十年，其间一直坚持元朝帝统，图谋复辟，被明廷视为隐患。经十余年的苦心

经营，明对蒙古的围堵包抄战略已大见成效。1387年，即洪武二十年，明军大举进入辽东地区即蒙古的辽阳行省，以木华黎后裔纳哈出为首的东路贵族、宗王率众二十余万降明，为明军奔袭元廷斡儿朵创造了有利条件。

《明太祖实录》二十一年三月条记："是月，大将军永昌侯蓝玉等率师十五万，由大宁进至庆州，闻虏主脱古思帖木在捕鱼儿海（注：捕鱼儿海即今呼伦贝尔之贝尔湖），从间道，兼程而进。"战事大胜，俘获甚多。《明太祖实录》四月条又载："（蓝玉军）得宝玺，图书牌面一百四十九，宣敕照会三千三百九十道，金印一，银印三。"

关于战事及脱古思帖木儿的结局，《明太祖实录》也记载甚详："初，虏主脱古思帖木儿在捕鱼儿海为我师所败，率其余众欲还和林依丞相咬住。行至土剌河，为也速迭儿所袭击，其众溃散，独与捏怯来等十六人遁去。适遇丞相咬住、太尉马儿哈咱领三千人来迎，又以阔阔帖木儿人马众多，欲往依之。会天大雪，三日不得发。也速迭儿遣大王火儿忽答孙王府官孛罗追袭之，获脱古思帖木儿，以弓弦缢杀之，并杀其大太子天保奴。"

读史至此，令人疑问重重，文中也速迭儿何许人？有何深仇大恨，竟将脱古思帖木儿及其子一并缢杀？再查史书，方见明本《华夷译语》所载《捏怯来书》，此书即上文所载，随脱古思帖木儿逃往哈拉和林的枢密院知院捏怯来写给明廷的降书。书中写道："阿里不哥之子孙也速迭儿等人与卫拉特人一起做反，毒害了我们的汗，夺去了大印，尽将百姓杀掉。为此，我们捏怯来、大臣等和军士、百姓相率，众人同意前来投降。"

根据以上史料，于是我们明白三点：

其一，也速迭儿竟然是蒙元历史中消失近120余年的阿里不哥之后裔！通过百十年的苦苦等待，也速迭儿终于等来了为其家族复仇的绝好时机，使当年忽必烈杀害其先祖阿里不哥所结世仇终于得报。再看《蒙古世族谱系》，方知也速迭儿与脱古思帖木儿二人原为堂兄弟，二人之争乃兄弟相残。

其二，上述史料中首次出现了卫拉特部族之记载，此卫拉特便是《蒙古秘史》

经常提到的林木中百姓“斡亦剌惕”。此时重新崛起，使阿里不哥家族的也速迭儿在卫拉特的强力支持下，取代了忽必烈家族得到蒙古的汗位。回想一百二十多年前忽必烈与阿里不哥的汗位之争，卫拉特便是阿里不哥的强力支持者。自此后，卫拉特部遂作为蒙元历史的一支重要力量登上历史舞台。

其三，捏怯来降书中说也速迭儿夺去了脱古思帖木儿的大印，这枚大印想是元历代帝王随身携带之“制诰之宝”无疑。至此，这枚玉宝之印遂落于阿里不哥后裔之手。

偏激的也速迭儿即蒙古汗位后，并未承认忽必烈后裔脱古思帖木儿元裔汗统的身份，宣布废止元朝年号，称自己为“大蒙古国”的可汗。于是一些蒙古学学者便称这一年度为“北元”朝代的终结。因此争论非本题之义，故不多述。

这之后的一些岁月，有二十余年时间蒙古草原陷于无序的混乱状态。按中国史书《明实录》、《明史》的说法是：“顺帝后爱猷识里达腊至坤帖木儿凡六传，瞬息之间未闻一人善终者。”又言：“敌自脱古思帖木儿，部帅纷拏，五代至坤帖木儿，咸被杀，不复知帝号。”自此之后，蒙古帝国便陷入部族仇杀、内乱频频的黑暗时期。这其间，不但有阿里不哥后裔与忽必烈家族的仇杀，也有窝阔台后裔对忽必烈、阿里不哥家族的血腥复仇。

关于这一段历史，由于明朝内部有永乐与建文间的帝位之争，暂时无暇顾及草原，对蒙古汗国的内乱记载不详。但是据中亚帖木儿王朝所著《帖木儿武功记》及《突厥系谱》对蒙古的汗位传承却有明确记载：蒙古的第六位汗坤帖木儿于1402年死去，继他为汗的是兀鲁克帖木儿，《明实录》称其为鬼力赤。《突厥系谱》说他来自叶尼塞河上游乞儿吉思部落，乃是窝阔台合罕的后裔。1408年鬼力赤为部下弑杀，继承其汗位的是本雅失里。据《突厥系谱》说本雅失里也是阿里不哥的子孙，在蒙古史书中被称为完者帖木儿。

在这个时间段，“制诰之宝”这枚大印却神龙见首不见尾，反复易手于夺位地诸汗之间，玉玺充分见证了蒙古草原上的部族仇杀和汗位之争的血腥与残酷。

因“不复知帝号”，明朝此时已不承认蒙古诸汗的“残元”身份，在外交及史书

上都把蒙古汗国人为地一分为二，分别称为“鞑靼”及“瓦剌”。《明史·鞑靼传》开篇即说：“鞑靼即蒙古，为故元之后裔。”然而在《明史·瓦剌传》中却又说：“瓦剌，蒙古部落也，在鞑靼西。”

自脱欢帖木儿退出中原之后，因不甘失败，常怀复辟之念，于是在行政体制上仍保留元朝的职官制度，管理上也沿袭前元手段。殊不知此时蒙古之经济结构及中原汉地已发生了本质上的变化。蒙古高原上分散的游牧经济全不似中原的传统农耕方式，此时中央集权式的中国帝王统治，在分散游牧、领地由领主管理的模式面前，已显得极为不适应和无能为力。随着也速迭儿的弑汗自立以及瓦剌之崛起，蒙古汗国开始进入一段相当长的封建领主分裂割据时期。那枚“制诰之宝”便见证了蒙古高原这一段历史。

自15世纪初叶卫拉特重新登上蒙古汗国的政治舞台后，汗国内部传统的成吉思汗血统理论屡屡遭到破坏，血亲复仇与部族纷争使汗位如走马灯般的转换，于是这枚“制诰之宝”便也频繁地更换主人。蒙古历史学家称这一段历史为“四十蒙古”与“四卫拉特”之争。（注：蒙古人称之为“都沁、都尔本”）

此时四部卫拉特的首领分别是马哈木、太平、把秃孛罗，其中马哈木最强。1412年，蒙古本雅失里汗被明成祖永乐帝的亲征所击败，逃往卫拉特时被马哈木杀掉，夺得了这枚“制诰之宝”。《明实录》成祖十年载：“会马哈木使来，，言灭本雅失里，得传国玺，欲进献。”《明史·瓦剌传》也记此事：“（成祖）十年，马哈木遂攻杀本雅失里，复上言欲献故元传国玺，虑阿鲁台来邀，请中国除之。”据上述史料，可知瓦剌已夺得故元传国玺无疑，并以献出此玺为条件，请求明廷出兵助瓦剌消灭忽必烈家族重臣阿鲁台。明廷从平衡、制约角度考虑，并未应允马哈木所请。

1416年，卫拉特的马哈木逝去，其子脱欢继位。1434年，大约是明宣德九年，脱欢攻杀阿鲁台。此时卫拉特势力已笼罩整个蒙古高原。《明史·瓦剌传》又记了一件事：“宣德九年，脱欢袭杀阿鲁台，遣使来告，且请献玉玺。帝赐敕曰：‘王杀阿鲁台，见王克复世仇，甚善。故王言玉玺传世久近，殊不在此。王得之，王用之可也。'"通过明廷却玺这一段史实，我们得出一个结论：此时的明王朝，已不似明初朱元璋的洪武时代，对这枚前元的传国玺开始持冷淡态度，也显示出这时候的明王朝已具有颇为稳定的大国心态。

1439年脱欢逝去，其子也先成为卫拉特的首领。经过数年的征伐，也先几乎统一了整个蒙古高原，其势力遍及整个东北亚。就是这个也先，在中国的北方地区曾歼灭明王朝的五十万大军，还活捉了明王朝的英宗皇帝，这一事件在中国史书中称为"土木之变"。

史载此时的也先为了征服草原上的全体蒙古人，几乎杀光了具有成吉思汗血统的所有皇族，其中包括母亲是卫拉特人的男孩儿。蒙古史书在记述这一段历史的时候，都不约而同地讲述了一个感人至深的故事：蒙古中兴之主达延汗的父亲巴颜蒙克，是成吉思汗汗统的唯一遗孤，在降生之初便遭到舅家也先的无情追杀，在其卫拉特母亲的舍命保护下方幸免于难，在历尽千辛万苦后终于得报世仇。这个故事源于蒙古的真实历史，堪称北方蒙古版的《赵氏孤儿》。

1453年，也先自立为蒙古可汗。《明实录》景泰四年条记：也先遣使贡，其书首称大元田盛可汗，田盛犹言天圣也，末称添元元年，中略言："往者元受天命，今已得其位，尽有其国土人民，传国玉玺，宜顺天道，遣使臣和好，遮两家共享太平，且致殷勤意于太上皇帝。帝命赐使臣及赐彩币表里有差。"经廷议，明廷认为其"名实不正"。廷议后决定回书称"瓦剌可汗"。分析这一段史实：

其一，也先自称"大元天圣可汗"，似乎是意欲恢复大元国号，一些研究蒙古历史的学者即据此认为北元国号未绝，此时蒙古仍是前元的继续。殊不知此时也先自称"大元天盛可汗"，乃是向成吉思汗汗统的公开挑战，也是四部卫拉特向四十部蒙古的挑战。也先认为在蒙古各部落之间谁最有实力谁就可以称汗，可以不顾及什么血统。所谓"大元天盛可汗"，乃是长生天正在帮助强盛的卫拉特部落取代大元汗统，成为蒙古草原的统治者之意，而不是希望恢复什么"大元王朝"，他也不想当元朝的皇帝。此时也先终于完成了其父脱欢的未竟之志。至于之后的忽必烈后裔巴图蒙克所称"达延"汗（即大元汗），乃是强调他汗位的正统性，是向世人昭示

他是成吉思汗唯一嫡系子孙之意，也不是想恢复什么“大元政权”。所以以此两例即判定“北元尚存”极为不妥。

其二，也先致明廷书言“尽有其国土人民，传国玉玺”，可见这枚“制诰之宝”已落入也先之手，虽历经五十余年仍留卫拉特无疑。两年之后，《明实录》景泰六年条又记：“阿剌知院攻也先，发之。鞑靼部孛来复杀阿剌，夺也先母妻并其玉玺。……自也先死，瓦剌衰，部署分散，其承袭代次不可考。”《明实录》这一条记载十分重要，它告诉我们从这一年开始，四十蒙古即明史所称鞑靼又重新夺回蒙古草原的统治权。卫拉特随之衰败，其重新崛起，乃是准噶尔部的葛尔丹汗时代。这一记载也告诉我们，鞑靼部又重新夺回了那枚传国玉玺“制诰之宝”，但《明史·鞑靼传》却说：“景泰六年，鞑靼遣使入贡。英宗复辟。孛来遣使入贺，欲献玺。帝（英宗）敕之曰：‘玺已非真，即真，亦秦不祥物耳，献否从尔便。’”这里又出现一个疑问，英宗所指之玺，当是顺帝携往草原的另一枚伪玺，即刻有“受命于天，既寿永昌”的所谓秦传国玺。分析这一过程，一个可能是英宗皇帝弄错了，把这枚“制诰之宝”当做了所谓的“秦传国玺”；另有一个可能就是这枚“制诰之宝”仍在瓦剌手里，鞑靼得到的就是那一枚伪玺，即所谓“秦传国玺”。但湮灭的历史已无从发掘，其表相便是这枚“制诰之宝”不见踪迹近百余年。

1480年，顺帝八世孙巴图蒙克即著名的达延汗击败瓦剌，打击蒙古分裂势力，再次统一了蒙古高原各部。达延的“中兴”，对蒙古各部族来讲意义重大，经其整顿、组建的蒙古六万户成为蒙古高原最重要的政治、军事力量。作为成吉思汗的嫡系汗统，其直属察哈尔万户对蒙古各部的统治权也一直延续到察哈尔林丹汗。

直至1593年，达延汗四世孙布延彻辰汗即汗位，那枚在蒙古历史中消失了近百年的“制诰之宝”突然又出现在人们的眼界中。蒙古佛教及历史专著《金轮千辐》载：“布延彻辰汗蛇年（1593）即大可汗位，持掌元传国玺，操持大国和平之政，普国安定隆昌，弘扬宗教宝经，以大元布延彻辰汗之名，誉满天下。”关于此玺重出之由来，罗密著《蒙古世系谱》这样说：“布延彻辰汗安抚部众，治理平康，威勒忒

（注：即卫拉特）送玉玺至，先世所失物也”。通过以上资料看，似乎又是卫拉特人藏匿了这枚“制诰之宝”，最终献于布延彻辰汗。但不管真相如何，这枚玺印历经百年后，终于复归成吉思汗汗统后裔之手。彻辰汗之后便是察哈尔林丹汗的即位，他死后由其子孔果尔额哲将此玺献于后金。正如前文所言，此举象征着蒙古汗国的灭亡，这是1635年的事。

关于后金得元传国玺之事，如前文所述。清廷所留《满文老档》及《清实录》记载颇详。文中记清太宗天聪九年事：皇太极获蒙古汗国“制诰之宝”时，仪式极为隆重，破例出行百里外，于辽河之滨亲迎此玺。文载“汗设香案于皇帏前，亲受玉玺，其率群臣行三跪九叩之礼”。又传喻“此玺乃历代帝王所用之宝，（今后）书于敕喻，缄用此宝，颁行满汉蒙古，咸知天命之攸归也”。

皇太极得元传国玺后，为表“天命归金”之意，于第二年称帝，建国号“大清”，改年号为“崇德”元年。建元登基后，皇太极一直使用此宝诏敕天下，中国第一档案馆现存《崇德元年七月初十日封庄妃册文》，文尾便钤用这枚“制诰之宝”。

此“制诰之宝”沿用至乾隆朝时，清王朝已达到强盛的顶点。对玺印制度极为重视的乾隆，却对得自蒙古汗国的这枚“制诰之宝”表现出极大的冷淡。乾隆十一年春，他对历代所藏数十枚宝玺“爰加考证排次，定为二十有五，以符天数”。经乾隆考证的二十五枚宝玺中，“制诰之宝”仍在数内，定为“以喻臣僚”之用。然而这一枚“制诰之宝”，却非当日孔果尔额哲所献之元传国玺了，它已被另一枚满汉合璧的“制诰之宝”所替代。

究其缘由，有史为证：乾隆十三年《内务府宫中活计档》记载：“五月二十二日，七品首领萨木哈来说，太监胡世杰交白玉制诰之宝一方（随锦盒一件，磁青纸金道册页一册，黑漆描金宝匣一件），传旨交启祥宫将宝上字磨去，钦此。于本月二十三日交司库郎正培持去讫。”原来，这枚“制诰之宝”就这样被乾隆皇帝销毁了。至于他销毁此宝的动机，今人不得而知。揣想当年乾隆心态，那时的他已经完成了从小国心态到大国心态的转变，从不自信到自信的转变。他已经不需要像皇太极那样，用得自另一个朝代的玺印来装点大清的门面。也许他还认为此玺为前朝“不祥之

物”，将其毁去，或许是一劳永逸的办法，于是这枚“制诰之宝”便从历史上永远消失了。

大元帝师统领诸国僧尼中兴释教之印

论蒙元时期蒙古上层的“忽里勒台”制度

“忽里勒台”制度，是蒙古民族普遍进入封建制之前的一种部落或部落联盟之间的议事制度。在一些史书中，它也被称为“忽邻勒塔”或“忽里台”，在蒙古语中它是“大聚会”的意思。公元1206年，蒙古各部落在斡难河畔举行盛大忽里勒台，一致推举孛尔只斤氏的铁木真为全蒙古的大汗即成吉思汗，同时竖九脚白旄大纛，标志着大蒙古国的正式建立。由于这一次具有特别历史意义的忽里勒台，使蒙古民族古老的忽里勒台议事制度焕发了生机与活力，也使其在蒙古民族历史上占有特殊的重要地位。所以，研究忽里勒台制度发生、发展乃至消亡的实质内容，也就是深入了解蒙古民族历史进程的一个重要方面。

一、忽里勒台制度的由来

类似于忽里勒台这样的议事制度，在北方游牧民族之间应该是古已有之。由于草原的广袤无垠，游牧群落居住的分散，氏族部落之间集聚也属不宜，所以在有限的集聚时间之内，同时开展议事、校课、祭祀和游戏宴饮等活动也不奇怪。据司马迁《史记·匈奴列传》记载：匈奴每岁春正月，各部落之长小会单于庭，举行春祭；五月，大会茏城，祭祀祖先、天地、鬼神；秋，马肥，大会蹛林，课校人畜计。这其中春秋两季的聚会，特别是秋季的蹛林大聚会应该就是游牧人传统忽里勒台的雏形。

类似的聚会，蒙古民族由来已久。较早的记载见于《蒙古秘史》卷一：蒙古族早期的领袖俺巴孩汗被塔塔尔人所出卖，缚送于中国北部的金朝，金帝下令将俺巴孩汗残酷地钉死在木驴之上。为给俺巴孩汗复仇，反抗金人的压迫，蒙古各部族

公推勇士忽图剌（成吉思汗的叔祖父）为合罕。《元朝秘史》用诗一样的语言赞颂勇士忽图剌，说他的声音洪亮，就像山中的雷鸣；两手就像熊爪，可以像折一支箭一样把人折为两段；冬夜他赤身睡在燃烧的巨木旁边，火星炭屑落在身上却浑然不觉，醒来后以为烫伤的地方是虫螯。《元朝秘史》还赞叹了他惊人的食量，说他每餐要吃一只三岁汤羊，用巨大的盆子来喝马奶。为推举这样一位英雄为汗，蒙古人在斡难河源举行了一次隆重的忽里勒台。《元朝秘史》说：“……全蒙古，泰亦赤兀惕聚会于斡难之豁儿豁纳黑川，立忽图剌为合罕焉。蒙古之庆典，则舞蹈筵宴以庆也，即举忽图剌为合罕，于豁儿豁纳黑川，绕篷松茂树而舞蹈，直踏出没肋之蹊，没膝之尘矣。”

从以上记述蒙古人的大聚会来看，初期蒙古人的忽里勒台已具备下述特点：一是推举部落联盟的首领或是大汗，应该一定要通过忽里勒台这种部落议事会的形式；二是举汗为主的忽里勒台，其聚会地大多应该在蒙古人的发祥地斡难河之源或称“三河（古称斡难、怯绿连、土兀剌河，今称鄂嫩、克鲁伦、图拉河）之源”；三是举行忽里勒台之际，一般都会伴以盛大的歌舞和宴饮，这种歌舞宴饮往往持续数天或数十天。

二、忽里勒台的主要议事内容

由于在不同历史时期，因不同事由而举行的忽里勒台在蒙古民族历史上皆为大事，所以各类史书对此类事件都有记述，仅详略不同而已。根据相关史书记载，蒙古民族见于史册的忽里勒台主要包含以下几项内容：

（一）推举部落联盟首领、大汗以及中国元朝的皇帝

通过忽里勒台的形式推举部落联盟首领或大汗在蒙古人之间历史悠久。据相关史书不完全的记载统计，蒙元时期蒙古民族举行各类忽里勒台不下数十次之多，其中以举汗为内容的忽里勒台就占一半以上。史书记载，成吉思汗的两次称汗

都举行了盛大的忽里勒台。据《蒙古秘史》卷三记载，在古连勒古山阔阔纳兀儿地方，蒙古乞颜部落诸贵族阿勒坛、忽察儿和撒察别乞会商后决定推举铁木真为蒙古部落的大汗，以结束蒙古诸部落自忽图剌汗死后汗位一直空缺的乱象。在举行立汗仪式时，诸部落首领和众贵族对铁木真盟誓说：我们决定立你为汗。打仗时我们冲锋在前。掳来的美女妇人，我们奉献给你。如果在战斗中违犯号令坏了你的事，你就夺去我们的妻子和财产，将我们抛弃在荒野。盟誓后，《蒙古秘史》说："共议此语，盟誓若是，立铁木真为罕，号成吉思合罕焉"。这是铁木真第一次在忽里勒台大会上被推举为蒙古乞颜部落联盟的汗或"合罕"。这里《蒙古秘史》传唱不确，这一次忽里勒台上铁木真并没有被称为"成吉思合罕"，这是后人追加的，他的身份应该是以乞颜诸部落为主建立起来的"大兀鲁思"之主。

关于此次忽里勒台举行的时间，《蒙古秘史》未载，记载蒙古历史的权威史书，如波斯拉施特《史集》和伊朗志费尼《世界征服者史》也语焉不详；据17世纪中叶蒙古贵族、史学家萨囊彻辰所著《蒙古源流》讲，铁木真的首次忽里勒台称汗是在蒙古的鸡年（1189年），这肯定是时间过早。近现代蒙古史学家根据成吉思汗活动编年推断是1194年当属可信，如法国著名蒙古史学家勒内·格鲁塞所著《草原帝国》和《蒙古帝国史》即持此种观点。

1206年春，蒙古人在斡难河源又举行盛大忽里勒台，公推铁木真为"成吉思汗"，并树九脚白旄大旗，宣布建立大蒙古国。这一次的建国，当然也包括西部的突厥蒙古人和东部的通古思一些部落。1206年的忽里勒台，标志着忽里勒台选汗制度在国家法律形式上得以确认，它作为"大扎撒"的主要内容写入"青册"，并颁布于蒙古本土及诸汗国。1206年之后，按照蒙古汗国的法律，凡举汗必须通过忽里勒台仪式。中国元朝的皇帝忽必烈及后世帝王也遵循这一律法，只要是帝位的更替，都要举行忽里勒台仪式。中文史书中已改称此种仪式为"大朝会"。

（二）颁布国家法律及重要的制度、规章

1203年底或1204年春，成吉思汗在剿灭强敌克烈部之后，又于帖麦该川召开盛

大忽里勒台，会上颁布了严格的军纪；将军队按千户制进行整编，设统兵官；成立护卫军，首建亲军制度，之后此种制度称“怯薛”制度，在蒙古各汗国及元帝王中一直延续。以上军纪和军事制度的建立，大大提高了蒙古军队的战斗力，为成吉思汗今后建国提供了坚实基础。

1206年，宣布建立大蒙古国的忽里勒台上，成吉思汗同时宣布了两件大事：一件事是大蒙古国实行札尔忽赤制度。大会上任命塔塔尔人、成吉思汗母亲的养子失吉忽秃忽为札尔忽赤，即蒙古国的最高断事官。其职责为：掌管刑罚词讼及家财分配诸事；凡是分与诸王、贵戚、勋臣的民户及领地，所审定案件以及经他奏准的各项规定，都应写在青册之上，后人不许改动。1234年，蒙古灭金后，继汗窝阔台又命失吉忽秃忽为中州断事官，即管理汉地的最高行政长官，统领中原诸路政务、刑罚以及财赋。

另一件事是在大会上颁布了法律结集——大札撒。伊朗历史学家志费尼所著《世界征服者史》记载说：“成吉思汗统治初期，当蒙古各部归并于他的时候，他废除了那些蒙古各族一直奉行、在他们当中得到承认的陋俗；然后他制定从理性观点看值得称赞的法规。”该书又说：“依据自己的想法，他（成吉思汗）给每个场合制定一条法令，给每个情况制定一条律文，而对每种罪行，他也制定一条刑罚。因为鞑靼人没有自己的文字，他便下令蒙古儿童习写畏兀文，并把有关的札撒和律令记在卷秩上。这些卷秩，称为《札撒大典》，保存在为首宗王的库藏中。每逢新汗登基，大军调动，或诸王会集（共商）国事和朝政，他们就把这些卷秩拿出来，仿照上面的话行事，并根据其中规定的方式去部署军队，毁灭州郡、城镇。”

（三）决定分封、任命和重大军事行动

在1206年的忽里勒台大会上，成吉思汗隆重地宣布了对宗亲、贵戚和勋臣的分封和任命。他在逐一追溯每个人的功勋之后，同时宣布了对这些人的分封和任命。《蒙古秘史》说：“授同开国有功者九十五人为千户。”随后《蒙古秘史》便公布了这些人的详细名单；成吉思汗还将其精锐部队分为左中右三翼，称万户，东方的

左翼万户被分封给札剌亦儿人木华黎统领，中军万户的统领为八邻部人纳牙阿，右翼万户是成吉思汗幼年“安答”孛斡儿出。这次大会上，成吉思汗还任命塔塔尔人失吉忽秃忽为大蒙古国的最高断事官，即蒙古语所称之“札尔忽赤”。

《蒙古秘史》记：1200年春，成吉思汗率乞颜蒙古诸部，王罕率客列亦惕部，于萨里河原野举行忽里勒台，商讨征伐宿敌泰亦赤兀惕人。随后成吉思汗与王罕率部向泰亦赤兀惕人发起进攻，并征服了他们。

《蒙古秘史》又记：1204年春，在帖蔑延客额儿河附近（《元史》称在“帖麦该”地方），成吉思汗召开忽里勒台大会，宣布征讨驻牧于阿尔泰山的乃蛮部。会上多数将领认为春季马瘦，不利于作战，应将作战时间推迟到秋季。此议却遭到成吉思汗叔父斡惕赤斤那颜和异母弟别勒古台的反对，他们认为此时进军可趁敌不备，取得出人意料的胜利。成吉思汗同意他们的观点，下令向乃蛮进军，并最终征服了他们。

在成吉思汗之后的窝阔台合罕与蒙哥汗也都在忽里勒台大会上决定了重大军事行动。据波斯历史学家拉施特《史集》记载：“马年（1234）征服了乞台地区回来后，合罕（窝阔台）在答兰——答巴地方举行聚会，召开了一次忽里勒台。”紧接着《史集》又说：在蒙古的羊年（1235），窝阔台又举行了一次忽里勒台，主要商讨和决定军事事宜。《史集》说：“于是，（窝阔台）合罕英明地决定，让宗王拔都、蒙哥合罕、贵由汗和其他宗王们率领一支大军前往钦察人、斡罗思人、不剌儿人（波兰人）、马扎尔人、巴失乞儿人、阿速人的地区，前往速答黑和那边的边远地区，将那些地区全部征服。他们便开始准备（这次远征）。”这就是蒙古历史上著名的“长子西征”。《史集》又说：“同年，窝阔台在阿昔昌草原指派自己的儿子阔出和拙赤——合撒儿的儿子宗王忽秃忽前往被称为南家思的摩至那（指中国的江南地区）。他们进向（那里），夺取了襄阳府和江陵府，并在途中洗劫了吐蕃地区。”

（四）举行盛大庆祝活动（如祭祀、宴饮和狩猎）

《史集》记载：“兔年（1219），成吉思汗对诸子及万户长、千户长、百户长进行了任命和分派。他召集了会议，举行了忽里勒台，在他们中间对（自己的）领导规则、律令和古代习惯重新作了规定后，便向花剌子模王国出征了。”经过六年的残酷征战，成吉思汗大获全胜，凯旋。在返程途中，成吉思汗召开了一个庆祝的忽里勒台。伊朗历史学家志费尼的《世界征服者史》这样说：“（1223年春）在费纳客忒河畔诸王子团聚在父王身边，召开一次忽邻勒塔，然后，他们由此启程，直抵豁兰巴失。术赤从另一方赶到，与其父会师。（据大部分史书记载，术赤未到）术赤携来的贡礼中，有一千头灰马。遵从父命，他从钦察草原赶来大群野驴，据说野驴的蹄子在途中磨损，因此给它们安装上马掌。一行人到达一个叫兀秃合之地，成吉思汗和儿子们、军士们上马游乐，猎取野驴。他们放马追逐，但野驴因疲劳过度，简直可以用手捉住。他们猎厌了，余下的仅是些瘦瘠的动物，他们便在猎得的野兽身上打上自己的印记，把它们放掉。”

《世界征服者史》还说：“察合台和窝阔台则赴哈剌库耳，猎取天鹅为乐，每一周，作为他们狩猎的样本，他们用五十头骆驼把天鹅送给成吉思汗。”关于庆祝性质的忽里勒台，史书记窝阔台、贵由、蒙哥和忽必烈都举行过。《元史宪宗纪》记蒙哥汗说：“六年丙辰（1256）春，帝会诸王百官于欲儿陌哥都之地，设宴六十余日”。关于这次忽里勒台，拉施特的《史集》也有记载：“其后，蒙哥合罕在蒙古地区中部的豁儿豁纳黑主不儿地方（就是忽图剌合罕有一次打了胜仗之后和自己的那可儿们在一棵树下跳舞，把地面跳出了一个坑的那个地方）举行了忽里勒台。”

二、“忽里勒台”制度的鲜明特点

蒙古民族的忽里勒台制度，于蒙元时期经历了一个发生、发展和衰亡的历史过程。在不同过程中间，该制度均显现了极其鲜明的特点，深入研究这些特点，也就掌握了忽里勒台制度实质性的内涵。归纳起来，忽里勒台制度具有如下鲜明特点：

（一）早期忽里勒台大多受神权制约

蒙古民族古老的宗教是萨满教。萨满即中国历史所称之“巫”，蒙古语呼之为“博额”。巫本是东北亚地区各民族在没有进入封建制之前普遍信奉的一种原始宗教。当时人们认为巫能够沟通天地神灵，给人类带来福祉。巫在中国的商周时期大行其是，给中国政治、经济和文化的历史进程带来巨大影响。据历史记载，与中国毗邻且长期对峙的匈奴民族对巫推崇备至，凡国中重大事件皆由巫来参与决断，当时中国史书称其为“胡巫”，这些胡巫长期遍布于草原游牧民族之间，作为沟通人与天地神灵之间的使者，享有崇高的威望，对北方游牧民的生产生活，乃至政治、军事都产生了巨大影响。翻阅记载蒙古历史的史书，处处可见巫（即萨满宗教）对蒙古民族历史进程的干扰。围绕着铁木真的两次称汗，萨满宗教的影响更是若隐若现，在其中曾经起过重大作用。

1194年前后，在古连勒古山阔阔纳兀儿地方，铁木真被推举为蒙古乞颜部落联盟的大汗。据《蒙古秘史》讲，这一次铁木真被推举，完全是“神意”的体现。《蒙古秘史》卷三记载了这样一个故事：铁木真与札木合因各自部族的利益分裂之后，与札木合所属扎剌亦儿部血缘关系更近一些的巴阿邻部首领豁儿赤，却率众来投铁木真。他对铁木真说：“俺乃圣祖孛端察儿掳来之妇所生者，俺与扎木合一腹而异胞者也。俺本不离札木合者。然神来告余，使目睹之矣。草黄母牛来，绕札木合而行，触其房车，触札木合而折其一角，化为斜角者，向札木合吼之，吼之，将土扬之，扬之：‘还我角来。’云云。”这里豁儿赤用形象的语言告诉铁木真，天神已经不喜欢札木合，他的统治根基正在动摇。然后话锋一转，对铁木真说：“无角黄犍牛，高擎大房下桩，驾之，拽之，自铁木真后，依大车路吼之，吼之来也，此天地相商，令铁木真为国主之意，载国而来者也。神使我目睹而告焉。”

以上就是蒙古历史上著名的“豁儿赤的预言”。这个预言在蒙古诸史书中被

反复提及，波斯、伊朗同时代史书也常常提到此事。探究豁儿赤的来历，我们才恍然大悟，原来豁儿赤不但是巴阿邻部的首领，而且还是该部的首席萨满，他是蒙古诸部落为数不多的集政权与神权为一身的部落首领。对于豁儿赤的预言和祝福，铁木真给予高度重视，并当面许以颇为丰厚的回报。铁木真建国称汗之后，立刻履行了他对豁儿赤的诺言：先是封其为万户，又赠其美妇，并且赋予他参政议政的权力。

《蒙古秘史》在铁木真首次称汗期间还记载了一个札剌亦儿人首领木华黎的预言：当铁木真下营在豁儿豁纳主不儿的时候，有一天，在一棵巨大老树的影子下面，他的忠实伙伴木华黎对他提到，就在这棵大树之下，蒙古人的首领忽图剌曾被推举为大汗，并在这棵大树下面宴饮和舞蹈。在忽图剌之后蒙古人再没有汗王，蒙古人一直过着艰苦的日子。但是长生天并没有忘记他们的子民即忽图剌家族，在蒙古人中间将要出现一个英雄，这个英雄将要成为一个强大的汗替他们复仇，这个人就是你铁木真。于是，神的力量真的起了作用，铁木真最终被推举为蒙古乞颜部落的大汗。

同样的事情还发生在1206年，铁木真建国称成吉思汗的前夕。与蒙古人建国几乎同一时代的伊朗的历史学家志费尼在其所著《世界征服者史》中说："我从可靠的蒙古人那里听说，这时出现了一个人，他在那一带地区流行的严寒中，常赤身露体走进荒野和深山，回来称：天神跟我谈过话，他说：'我已把整个地面赐给铁木真及其子孙，名他为成吉思汗，教他如此这般实施仁政。'他们叫此人为帖卜·腾格里，他说什么，成吉思汗就办什么。"查阅史书，此人叫阔阔出，是蒙古晃豁坛部蒙力克老人的第四子。（关于蒙力克，拉施特《史集》说："成吉思汗让自己的母亲月伦·额客嫁给了他；他与成吉思汗并排坐，坐在他的右边，高出于一切异密之上。"）

阔阔出是那一时代著名的萨满。帖卜·腾格里即"通天巫"之意，相传他经常骑着青白相间的马到天上去和腾格里交谈，从而接受和传达神的指令。波斯历史学家拉施特在《史集》中也证实了这件事，说他在1206年的忽里勒台大会上扮演了重要角色，在这个建立蒙古帝国的大会上，正是阔阔出证实并且授予铁木真成吉思汗的伟大称号。

（二）重要忽里勒台完全受军事力量的制约

1206年的春天，成吉思汗在取得巨大军事成就后召开了忽里勒台。在此之前，他凭借军事力量战胜塔塔儿、泰亦赤兀、客列亦惕及乃蛮诸部，又战胜他的劲敌札只剌惕部的札木合，从而统一了蒙古各部落。成吉思汗的建国及举汗，完全是因于他的军功与战绩。可以说，没有如此辉煌的军事成就，也就没有1206年的忽里勒台。成吉思汗之后，忽里勒台制度开始趋于没落。古老的议事制度开始让位于强权，只有强大的军事力量才能决定忽里勒台话语权的归属。

《元史》记，成吉思汗卒于“太祖二十二年丁亥，七月，己丑日”，即公元1227年8月18日。逝前他作了两件大事：一件是他沿袭蒙古的古老习俗，完成了对诸子、宗王疆土的分封；第二件事是将蒙古帝国既有军事力量分封给诸子与宗王。

拉施德《史集》说：“成吉思汗死后，由其号称也可那颜的第四子拖雷汗继承属于中军、左右翼的军队，分给其余诸子、侄儿、兄弟、母亲专门隶属于他们的军队，按照经过研究后的可靠（材料）查明的结果，以及《阿勒坛·迭卜帖儿（金册）》上的记载，除由于年代久远，疆域辽远不得而详者外，军队总计十二万九千人。”当然这些军队全部是精锐的骑兵，即蒙古史书所谓的“披甲兵”，应该不包括配属于每个披甲兵名下的二至三名“附兵”。

史书记载，十二万九千人分配结果如下（这是《史集》等大部分史书记述结果，《蒙古秘史》与此记载有异）：按照突厥、鞑靼等游牧民族“幼子守灶”的古老习俗，成吉思汗将自己大部资产、封地及军队留给正妻所生之幼子拖雷。拖雷计分得：中军千人，此即成吉思汗之卫队，由唐兀人那颜察罕统领；左手军（东方）六万二千人，由札剌亦儿部木华黎统领；右手军（西方）三万八千人，由阿鲁剌惕部孛斡儿出统领。以上三部计有军队十万一千人。

其所余者二万八千人，成吉思汗分给术赤、察合台、窝阔台三子各四千人。其

第五子阔列坚也分得四千人，成吉思汗幼弟斡赤斤分得五千人，其弟合赤温之子分得三千人，其母月伦·额客分得三千人，其弟拙赤哈撒儿之子分得一千人。以上合计十二万九千人。

按照蒙古帝国颁布的札撒法令，这些军队连同其亲属世代隶属受封的长系宗王，任何人不得随意变更。历史证明，这一次军队的分封产生了极其可怕地后果，为蒙古帝国内部武装夺取政权开了先河。

遵照成吉思汗遗嘱登上汗位的窝阔台，与他的二位兄长一样，仅仅分得军队四千人，而作为窝阔台幼弟的拖雷，却拥有庞大的军队十万一千人。为了扭转这种局面，窝阔台也尝试采取了一些措施，来扼制拖雷系一家独大。波斯史家拉施特的《史集》记载了这样一件事：“窝阔台合罕在位时，在拖雷汗死后，未与宗亲商议，擅自把属于拖雷汗及其儿子们的全部军队之中的速勒都思（部落中）的两千人给了自己的儿子阔端（注：同书还记另有雪你惕部一千人也拨归阔端）。当被列为也可那颜（注：也可那颜即大那颜，专指拖雷）部属的万夫长和千夫长们知道了（此事）后，当着唆儿忽黑塔尼·别吉（客列亦惕部扎合敢布之女，拖雷正妻）、蒙哥合罕以及他们的宗亲之面，禀告道：‘这两千速勒都思人军队，按照成吉思汗的诏敕是属于我们的，而合罕（把他们）给了阔端，我们怎能允许（此事）并违背成吉思汗的诏令呢？我们要（把此事）禀告于合罕陛下！’”《史集》又记：在群情激愤的情况下，聪明的唆儿忽黑塔尼·别吉妥善处理了此事，使事件得以迅速平息，并未让窝阔台找到借机整肃拖雷系军队的借口。

窝阔台逝世之后，其子贵由几经周折，于1246年的夏天在哈剌和林附近召开的忽里勒台上被推举为合罕。就在忽里勒台大会之前，发生了一次企图以武力夺取汗位的事件，志费尼《世界征服者史》详细记载了这个事件：“这时，由于竞争场地还是空着的，贵由汗尚未回来，成吉思汗的兄弟斡惕赤斤那颜就想用武力和勇敢夺取大位。他抱着这个目的带着大军前往合罕大帐。在此情况下，（所有的军队和兀鲁思）都骚动起来。脱列哥那哈敦派遣急使去（对他）说：‘我是你的侄媳，对你存有期望。你这次带着军队和粮食、装备出动有何用意？所有的军队和兀鲁思都被惊动了。’……斡惕赤斤对自己的意图很后悔，便托词参加某人的追悼会进行辩解。这时，传来消息说，贵由汗已从远征中回到了叶密立河畔他的大帐里。斡惕赤斤更加懊悔自己所为，便返回自己的营地去了。”

《史集》又记：这次武力夺权事件并未了结，贵由登上汗位之后，立即组织宗王对斡惕赤斤进行了秘密审讯。“审讯结束后，一些异密们把（斡惕赤斤）处死了。”《史集》又说：事件发生后，贵由心有余悸，为杜绝宗王们企图凭武力夺取汗位的做法，在推举他为汗的大忽里勒台上提出了一个条件：“在我之后，合罕之位要归于我的家族。”于是“全体一致立下了如下誓书：‘只要你的家族中还留下哪怕是裹在油脂和草中，牛狗都不会吃的一块肉，我们都不会把汗位给别人。’”

两年以后，约在1248年4月间贵由汗病逝，终年仅四十三岁。贵由逝后，他生前预料的不幸事件终于来临，以拔都为代表的术赤系和以蒙哥为代表的拖雷系，并未受忽里勒台所发誓言的约束，以双方强大的军力为后盾，强行剥夺了窝阔台系的汗位继承权，在两系操控的忽里勒台上强推拖雷系的蒙哥为全蒙古的大汗。

这件事情刚刚过去不久，另一场武装夺权的悲剧就再一次上演，而这场悲剧竟然发生在两兄弟之间。1259年8月，大汗蒙哥攻宋时死于合州城下。其两弟忽必烈和阿里不哥分别于1260年的5月至6月间举行了忽里勒台，几乎同时宣布自己是汗位的合法继承人。于是一场汗位争夺战就在两兄弟间展开。这场战争一打就是数年，最后以忽必烈的胜利而告终。旅行家马可·波罗在他的著名《游记》中评价这件事情说：“忽必烈得到大位是由于他的见识、他的武功和他的伟大才能，而且这是合乎法律，理所应得，虽然他的兄弟和亲属们根本不同意他。”以上马可·波罗的见解非常精妙，当时的汗位之争，已完全陷于强者为王的局面。

（三）成吉思汗之后凡举汗的忽里勒台一般伴以残酷的杀戮

成吉思汗之后，凡是推举大汗的忽里勒台，已经出现诸多不正常现象，到拖雷系的蒙哥称汗为止，此种不正常达到极致，忽里勒台上下频频出现残酷的杀戮事件。这些杀戮，大多发生于成吉思汗的诸子、诸弟、宗王与勋臣之间。杀戮地结果，

使成吉思汗黄金家族精英消失殆尽，同时也陷入族系间冤冤相报，相互仇杀的怪圈。

1251年7月，蒙哥在拖雷封地客鲁伦河源头举行的忽里勒台上夺得合罕之位。夺位之后，即借窝阔台及察合台后裔诸宗王企图反叛为由，对两系的宗王、勋戚、大臣展开无情的整肃，其杀人之众，手段之残酷，均达到无以复加的地步。《元史·宪宗本纪》为尊者讳，敷衍不记此事，但同时期史书如波斯的《史集》，伊朗的《世界征服者史》却详细载了这次杀戮。

《史集》记蒙哥：“他降旨用惩罚之剑杀掉那些曾经谋叛并唆使宗王们抗命，从而把他们抛入罪恶深渊的已被囚禁起来的异密们（总共有七十七人）。其中额勒只带的两个儿子被用石头塞进嘴里杀死，他们的父亲在巴忒吉思被捉住后，带到了拔都处，在那里被处死后与他的儿子们相会了。”至于察合台一系，《世界征服者史》说：“也速（察合台之子）、他的妻子脱合失和不里（察合台之孙，与拔都有隙）也到来，许多高位的异密、必者赤，如密兰必者赤、速蛮火儿赤、阿巴赤等人和其他指挥土绵的那颜均到来。凡属异密马上被处决，也速和不里被送往拔都的宫廷被杀。至于脱合失哈敦，她被合剌旭烈当着也速的面审问：命令把她踢成肉泥，以此来消心头的旧恨。”

此时，杀戮仍在进行。因贵由正妻斡兀立海迷失仍未归案，蒙哥下令逮捕了她，把她的双手缝在一张软的生皮中押送回来，断事官忙哥撒儿不顾她的强烈抗议，让她裸体出庭受审。结果她和失烈门（窝阔台之孙）的母亲同时被判决为有厌禳行为，企图以此诅咒蒙哥死亡，于是被裹在毛毡里，溺死水中。

在此期间，蒙哥还下令杀死长期辅佐窝阔台和贵由汗的名臣镇海与合答；窝阔台之爱孙失烈门当时虽然免死，但是蒙哥为斩草除根还是伺机将他抛入水中溺死。至此，杀戮仍未停止，《史集》记载：“由于若干叛逆还残留在各个角落里，而把他们叫来颇有困难，得拖延很长时间。蒙哥合罕便派出八剌札鲁忽赤带着一队那可儿前往（也速·蒙哥）的军队中，让他对那些人进行审查，凡是参加过阴谋活动的人一律处死。另一个异密，被他派到了汉地。”

通过这次整肃，窝阔台、察合台两系后裔几乎被杀戮殆尽，仅存的几位宗王也陷入冤冤相报的怪圈，最后大多不得善终。蒙哥之后，因忽里勒台举汗而发生的杀戮惨剧不仅愈演愈烈，最后竟然发展到兄弟手足之间。蒙哥于1259年8月攻宋时死于合州城下，汗位虚悬之际，兄弟相残的一幕即将上演：忽必烈与其幼弟阿里不哥，于1260年春夏之交几乎相同的时间分别举行了忽里勒台，都对外宣称自己是汗位的合法继承人。各不相让的结果便是兵戎相见，这场因争夺汗位引起的战争一打就是四年，最后以阿里不哥的失败而告终。公元1264年7月，阿里不哥携重臣及将领赴忽必烈大帐投降。忽必烈并未因此而饶恕自己的幼弟，史载第一日宴饮，第二日忽必烈便下令械系阿里不哥及诸将，遂即处死重臣十人。阿里不哥虽得赦免，但一月后便“暴病”死去。

（四）忽里勒台具有先天性制度上的缺陷

在1206年春季于斡难河源举行的大忽里勒台上，完成了推举大汗和建立蒙古帝国两件大事，标志着忽里勒台制度在这个时期创造了空前的辉煌，其制度上的潜力也得到充分的发掘。从此，忽里勒台制度在法律的层面得以确立，这其中与成吉思汗本人的强力推动是分不开的 。

研究忽里勒台的本质特征，它是氏族部落制的产物，即部落或部落联盟的议事大会，带有早期军事民主的性质。这种制度来源于蒙古民族古老的“约孙”。约孙即蒙古民族沿袭多年、约定俗成的习惯法。由于蒙古民族建立蒙古帝国之前没有文字，人们便用口口相传的方式，将一些游牧民广泛认可又必须遵守的、长期以来约定俗成的律令法规用约孙的形式保存下来，这些古老的约孙对当时的社会形态起着重要的调整和规范作用，而忽里勒台制度就是约孙的重要组成部分。直至13世纪初叶蒙古建国后，成吉思汗对流传于部族间的古老约孙进行系统的挖掘整理，将其中具有普遍性、实用性的内容，纳入蒙古民族第一部成文法典《大札撒》之中，其中忽里勒台制度也作为《大札撒》重要内容被保存并延续下来。可以说，忽里勒台制度的发展与巩固，完全得益于成吉思汗的强力推动。

13世纪初，意大利传教士柏朗嘉宾受当时欧洲教皇的派遣，不远万里于1246年8月抵达蒙古大斡尔朵哈剌和林，有幸参加了为贵由登基而举行的大忽里勒台。于是他对蒙古人的忽里勒台制度有了深刻的印象，特别是对凡推举大汗必须经过忽里勒台这一律令记忆尤深。他在《柏朗嘉宾蒙古行纪》中写道：“成吉思汗回到本土之后，在那里制定了鞑靼人所必须严格遵守各种各样的法律和敕令。我们仅仅引证其中的两条。据其中一条规定，无论任何人，如他骄傲自大，以致未经宗王们的推选而主动提出想成为皇帝，就应该毫不留情地处决之。正是由于这一原因，在推举贵由汗之前，一位宗王，即成吉思汗本人的侄子（其实是成吉思汗的幼弟斡惕赤斤）就被斩了。实际上，他希望不经被推举而执掌社稷大权。”

无独有偶，与柏朗嘉宾同时代的法国鲁不鲁克地方的旅行家教士威廉，在他的《鲁布鲁克东行纪》中也记录了同样的事情。他在书中说：“在蒙古人那里，皇帝是由成吉思汗家族的各支成员、大将和廷臣组成的一种议会形式进行推选的。”

从以上两位亲历者的描述来看，成吉思汗肯定是把通过忽里勒台推选大汗这种形式作为基本律条列入《大札撒》之中。这些律条在成吉思汗之后的诸汗王之间都能得到遵守，即便忽必烈在中原汉地建立元朝政权，这些蒙古律条也没有被放弃。于是问题便随之而来，由于蒙古民族的忽里勒台制度和幼子守产制度等都是源于氏族部落的游牧形式，在当时社会状态下这种形式当然有其合理性。但是从蒙古帝国建立那一刻起，成吉思汗便率领众部民迈过封建领主制这道门槛。在社会形态产生巨大变化的情况下，仍然坚持这些氏族部落的旧制度，显然是历史的倒退。成吉思汗生前这些制度得以顺利实施，乃是源于他本人的崇高威望和巨大的人格魅力。

成吉思汗逝后，这些制度上的弊病便暴露无遗。成吉思汗生前，将全部军队十二万九千人中的十万一千人，按幼子守产的规则分给了正妻所出的幼子拖雷；却又按忽里勒台的规则，遗命推举三子窝阔台为汗。这样的分配，无疑给拖雷系创造了极大的军事优势，忽里勒台制度又给了拖雷系发挥这一优势的机会。最后的结果是拖雷系后裔蒙哥终于推翻了窝阔台系的汗位继承权，登上了蒙古大汗的宝座。

之后的元世祖忽必烈，虽然当了中国的皇帝，却又固守古老的蒙古旧制，规定凡是新帝即位都要经过忽里勒台的推举，不过名称更改为“大朝会”而已。于是，汗位或帝位的纷争就成为成吉思汗、忽必烈留给蒙古帝国的巨大隐患。

元世祖忽必烈于1294年离世，在末帝妥懽帖睦尔即位之前的39年里，共有9个皇帝即位。帝位的频繁转换，也造成了官员和利益集团的不断变更，使国家大政方针也随之经常变化，造成朝政屡屡出现云谲波诡的险恶局面，也为元帝国的加速灭亡埋下了伏笔。

出现这一局面，显然是由于成吉思汗的家族分封制与中原汉地的天子中央集权制的激烈碰撞所致，其根源在于蒙古大汗们古老的家族共有财产观念和中国封建的君主专制观念的不相通。忽必烈为保持皇帝的权位，晚年时也试图用中国方式即长子嫡传制来解决皇位的纷争，不幸的是其指定的太子真金比他早九年即已去世，使他的企望成空。于是在忽必烈之后的忽里勒台即大朝会上，会经常性地演出一幕幕残酷、血腥的夺位闹剧。当蒙古人古老的忽里勒台制度落后性暴露无遗的时候，元帝国的末日也已经来临了。

（五）忽里勒台制度并不是成吉思汗黄金家族独家把持的制度形式

从忽里勒台制度的适用性与普遍性来看，往前推可以上溯至早期蒙古各部落的初始阶段，按照古老约孙的规则，任何部落或部落联盟都可以不受约束地举行忽里勒台，从而决定部落或部落联盟内部的重大事宜。即便是成吉思汗之后，已经于北方广大草原建立众多汗国的诸宗王，也可以独立自主地举行忽里勒台。

蒙古历史上，扎只剌惕部首领札木合是成吉思汗最可敬畏的对手。成吉思汗少年时曾与他结为“安答”。最早记载蒙古历史的史书如《蒙古秘史》和拉施特《史集》都说札木合性情浮滑、诡计多端且毫无信义。《蒙古秘史》和《史集》都记载了蒙古的鸡年即1201年，由札木合主持在客鲁伦河下游阿勒灰泉地方举行了一次大聚会，与会阵容空前强大，包括了蒙古四境各主要的蒙古部落。在这次聚会上，各蒙古部落一致推举札木合为“古儿汗”，并宣誓效忠于他。这次大聚会，

无疑属于一次标准的忽里勒台。可见忽里勒台并不是成吉思汗黄金家族独有的议事形式。

1269年春，中亚、西北诸宗王海都、八剌与忙哥帖木儿等人就在塔拉斯河附近召开忽里勒台，会上宣誓要永远保持蒙古传统的游牧习惯，同时谴责了忽必烈采取的汉化政策。

上文所述，直至13世纪初叶，成吉思汗以《大札撒》的形式对忽里勒台制度做了法律层面的规范。由于《大札撒》的成文版已经失传，散见于其他史书之中，关于忽里勒台制度法律界定也是只言片语，现已难窥这一制度的全貌。但从历史发展的角度来看，忽里勒台的脉络始终是清晰的，其发展、演变也都一目了然。

附记：蒙元之后忽里勒台制度的发展演变

北方草原进入后蒙古时期，即有些人所说的后元时期，忽里勒台这种形式依然存在。17世纪初成书的蒙古史书《黄金史纲》（蒙古名为《阿拉坦·脱卜赤》），以及由蒙古贵族萨囊彻辰于康熙元年（1662）所著的《蒙古源流》，都是有关忽里勒台的记载，但是称呼却发生了微妙的变化，有的称“大聚会”，有的却称“会盟”。著名的事件有：

1640年9月，漠北蒙古喀尔喀诸部，与西北蒙古卫拉特诸部，于喀尔喀札萨克图部某地（注：也有说在塔尔巴哈台）举行大聚会，经会商后颁布了《蒙古·卫拉特法典》。该法典共150条，是后蒙古时期著名地成文法。这次的大聚会，从内容与形式看肯定是一次名副其实的忽里勒台。

康熙四十八年（1709），由喀尔喀蒙古土谢图汗部、札萨克图汗部、车臣汗部僧俗封建主及诺颜举行“会盟”，协商制定了入清以来首部法律结集《喀尔喀律令》。除颁布律令外，此次会盟还推举右翼素班为札萨克图汗，同时任命了喀尔喀各部执政大臣。但“会盟”已不是忽里勒台性质，它召开的前提完全是在清朝政府授意和默许的情况下。以此次会盟为分水岭，在清朝政府盟旗制度的制约下，蒙古各部主权已失，从此再无真正意义上的忽里勒台。再以后，忽里勒台包含的“大聚会”词义似乎被移植于蒙古的喇嘛寺庙，大漠南北的喇嘛们把聚众颂辩经文呼为“呼拉尔”。所谓呼拉尔，应该就是蒙古忽里勒台的音转。直至现代，蒙古国仍将该国的议会形式称为呼拉尔，这里面还是有“大聚会”的词义在里面，不知是否由忽里勒台演变而来？

论忽必烈治国理念及其方略的多元性

公元1368年，被后人称为顺帝的元朝末代皇帝妥懽帖睦尔在汉族起义军强大攻势下仓皇逃出大都，奔向草原。据蒙古史书《黄金史纲》记载，他于途中曾赋蒙古诗文一首，尽诉胸中之哀怨，诗中写道："……亡国之君恶名声，留于乌哈图汗朕之身。我似弃营之幼驼，独自哭泣无人怜。"老实说此人蒙汉兼备，诗作的不错，据说大字也写得挺好，算是个有才华的皇帝。然而冥冥中似有轮回，他和南唐后主李煜、北宋徽宗赵佶那些文采斐然的皇帝一样，都走了一条亡国之君的不归路，在出逃第二年后便郁郁死于应昌故城。面对元末风起云涌的民众大起义，成吉思汗的子孙竟然一筹莫展。帝王在彷徨哭泣，昔日战无不胜攻无不克的蒙古大军也变得不堪一击，举世瞩目的大元帝国顷刻间冰消瓦解。是什么原因使弯弓射雕的成吉思汗子孙如此不堪？

分析这其中的原因，当然有社会的、政治的、经济的诸多因素在里面。然而笔者却认为：放眼当时世界的大格局，元帝国建立之初，凭借军功夺取天下的大汗忽必烈就和他的前辈以及兄弟宗王一样，无论是术赤钦察汗国、察合台汗国、窝阔台汗国还是旭烈兀建立的伊儿汗国，都面临着一道迈不过去的坎儿，那就是采取何种治国理念或者何种治国方略来治理那些被占领地区及国家——事实上这些国家当时大多已沦为跨地域跨种族的殖民地区，如何面对不同国家的国情，不同的民族理念，不同的宗教习俗，游牧与农耕、草原与城邦两种文化理念的激烈碰撞。今天看来，这种观念上的激烈交锋，某种程度上比大规模的军事对抗还要可怕，稍有不慎便会亡族灭国。

一、忽必烈“祖述变通”政策的多元性

面对此种形势，忽必烈最后选择了“变通”，按现在的话讲就是走上了一条改良主义道路。关于“变通”，《元史·世祖纪》记载如下：“辛丑，以即位诏天下。诏曰：……奚当临御之始，宜新弘远之规。祖述变通，正在今日。务施实德，不尚虚文。”这就是忽必烈即位时施政纲领的精华所在。认真解读这一段文字，起码包含两层意思在里面：其一，今日所谓的改良和变通，乃是在“祖制”基础上的变通，所以称“祖述变通”，祖宗之法是前提和根本；其二，这种改良和变通，注重实效，注重技术，不要理论，反对繁冗。说实话，这和当时那些主张以儒学治天下的儒士幕僚们的美好意愿并不太相通，因为传统的汉民族儒学精髓是：博大精深、雍容高雅、主张中庸、和而不同，讲究长治而久安。显然初登大位的忽必烈这位“儒学大宗师”并没有满足那些汉族儒士的胃口，却似是而非地另搞了一套，即给所谓的“祖述变通”披上了一件儒学的外衣，其实质却是简捷务实、包容多变、讲求兑现，不富有稳定性的游牧文化的治国理念。（注：“儒学大宗师”是北地汉族无聊文人早年忽悠忽必烈给他上的尊号）

关于这一点，美国学者莫里斯·若沙必在其所著《忽必烈和他的世界帝国》中讲：“我们无法否定忽必烈大汗的历史功绩，其有生之年的功绩足可为他带来无上的荣耀和名誉。忽必烈是真正的蒙古人，从来没有丢弃固有的个性和精神。”由于没有丢弃这种个性和精神，忽必烈治国理念或治国方略走上了二元或多元的道路。今天看来，他是攀上了一条政治的钢丝，只能在上面杂耍式地游走，忽左忽右、忽前忽后，努力保持着游牧与农耕二者间的平衡。

纵观当年的大历史，今人很难用对错与否来评价忽必烈治国理念及方略的多元性，所谓“变通”，也是那一时代社会发展的大趋势。毕竟忽必烈是一位伟大的历史人物，他凭借着自身独特的人格魅力，过人的文韬武略，诡谲而又巧妙的权术制衡，就领土、科技、商贸而言，开拓了中华帝国前所未有的大元盛世。在他统治其

间，把“北逾阴山，西极流沙，东尽辽左，南越海表”的广大疆域全部统一在大元帝国的版图，出现了“适千里者如在户庭，之万里者如出邻家”这种前所未有的大好局面。仅此一点，他的功勋就应彪炳中华之史册，怎么褒扬都不过分。

在忽必烈的治理下，终其一生，元帝国保持着相对的繁荣和稳定，尽管晚年他的多元性治国方略终究还是露出了破绽。至于忽必烈的子孙，长生天似乎就不那么眷顾他们了。忽必烈去世以后，这种多元性体制上的弊端逐渐暴露出来，元帝国开始走上穷途末路。煌煌大元，从立国到灭亡仅仅经历了九十七年（1271—1368），历史上只是瞬间而已，正如中国古语而言：“其兴也勃焉，其亡也忽焉。”也就是这短短的九十开年，元帝国却孕育了十一位皇帝。其中除忽必烈及末代皇帝妥懽帖睦尔在位时间较长以外，仅忽必烈之孙铁穆耳承袭祖业，守成十三年，其余就是八位短命皇帝走马灯似的上场亮相，前后仅二十六年，平均三年多点就换一个皇帝。

分析其中原因，一是大多数帝王和宗亲贵族在努力保留蒙古汗国古老民族习惯、传统礼仪和风土人情的同时，却又因承袭了那些粗鄙的陈规陋习，纵欲与酗酒那些家族式的习惯得到传承且愈演愈烈，半数帝王死于这种遗传的陋习。二是如同哈姆雷特悲剧般的一幕幕宫廷谋杀和骨肉相残，更加速了元帝国的灭亡。其中发生于上都南坡驿的弑君血案以及兄终弟及、弟又传子的闹剧，更凸显了蒙古民族古老的“忽里勒台”制度在中原汉地的不适应性和腐朽性。

今天看来，元统治者无节制的随意而为、朝政的粗俗鄙陋、对广大民众的予取予求，加上没有一个严密、通达、规范的体制支撑，最终造成帝国大厦的轰然倒塌乃在必然之中。凡此种种，可以说都与忽必烈治国理念以及方略的多元性所造成的后果有关。

二、忽必烈治国理念反映在国家管理体制方面的多元性

评价蒙元帝国的开国诸汗，应该说就数忽必烈智慧第一，所以他被后人冠以“薛禅”汗（注：“薛禅”汗即智慧的汗）的美号。据说他的过人智慧在少年时就被

其祖父成吉思汗所发现。17世纪蒙古历史学家所著《黄金史纲》及《蒙古源流》都记载了这样一件事：成吉思汗临终前曾评价11岁的忽必烈说："留心听少年忽必烈的话。他有一天要继承我，你们对他和对我生时一样!"以上记载虽然只是一个传说，但是从一个侧面说明忽必烈少年时就以聪明睿智而崭露头角。

《黄金史纲》说他"在潜邸时，即思大有为于天下，延四方文学之士及藩府旧臣，问以治道"。1251年，在蒙古帝国内部蒙哥夺得汗位之后，对忽必烈"尽属以漠南汉地军国庶事"。自此以后，忽必烈开府于金莲川，并组建金莲川幕府，开始实现他既定的宏图伟业。

1260年，他利用一个不太合规则的"忽里勒台"战胜其幼弟阿里不哥，终于登上了蒙古大汗的宝座。前后又经过了11个年头，就在负隅顽抗的南宋王朝已经处于穷途末路之时，忽必烈为获取中国皇帝的合法地位，终于"法春秋之正始，体大《易》之乾元"，取《易经》中"大哉乾元"之意，立国号为"元"。以中国年号为朝代的"大元皇朝"一经产生，从法理意义讲，忽必烈蒙古可汗地位即已自行消亡，他不可能一边当着中国的皇帝，一边再兼着蒙古的大汗，其蒙古旧地只能作为一个行省并入元帝国的版图，事实上忽必烈也这样做了。

于是问题也随之而出现：漠北的阿里不哥的旧部，漠南的成吉思汗诸弟后裔，西北的陆续建立蒙古各汗国的诸宗王，与忽必烈分庭抗礼，在他们看来，忽必烈在中原汉地的建元称帝，采用汉法，直接动摇了成吉思汗亲手创建的蒙古帝国的统治基础，是对蒙古民族观念和制度的颠覆。于是以海都（窝阔台后裔）、八剌（察合台后裔）、忙哥帖木儿(术赤后裔）为首的中亚、西北地区的诸宗王于1269年春季于塔拉斯河地方召开忽里勒台大会。与会者质疑忽必烈蒙古大汗的正统地位，发誓要坚持蒙古民族的古老传统和游牧的风俗习惯，并且遣使来朝，质问忽必烈："本朝旧序，与汉法异，今留汉地，建都邑城郭，仪文制度，尊用汉法，其故何如？"（上述引文皆见于《元史》）

对这一段历史，以往的蒙古史研究中大多认为忽必烈与漠北、西北、东北诸宗王的斗争乃是汗位之争，是反叛与平叛之战。今天看来这种评价显然有失公允，忽

必烈与诸王之间的斗争更多的是意识形态之争，是游牧与农耕、草原与城市两种观念的激烈交锋，争论的焦点是在蒙古和汉地遵行何种体制和制度的问题。

这场争论不能说忽必烈就一定代表蒙古人中先进的“革新派”，也不能说海都等人就一定代表落后的“保守派”。就当时的历史背景来看，只是双方所处的环境有异，出发点不同而已，无所谓对错。

争论的结果是忽必烈采取了部分妥协措施，对蒙古宗王贵族作出了一定的让步。反映在治国理念上就是国家体制与相关行政制度的二元或多元性。忽必烈为了加强对蒙汉两地的治理，缓和蒙汉之间的民族矛盾，采用了历史上著名的“两都巡幸制”，即今日所言大都与上都之间的轮流坐庄。其用意无非是在维护对中原汉地的统治的同时，又加强了对蒙古故地的羁縻。此种体制的雏形，在忽必烈之前已由中国北宋其间契丹人所建立的辽国首创，当时称“五都纳钵”（注：“纳钵”为契丹语，行宫之意）。辽帝五都巡行，采取南北两府分治，维护国内汉与契丹的一国两制，当时看来，颇有成效，所以辽能够在中国辽阔的北方地区建国二百余年。然而忽必烈的“两都巡幸”制却不太理想，忽必烈率领庞大的官僚队伍北巡上都，其实对漠北及西北蒙古地方掌控意义不大，近半年的时间主要用来避暑、宴饮、狩猎和祭祀，却忽略了对中原汉地繁杂政务的有效管理。

此外，他在“两都巡幸”的基础上又构架了一个更为繁复的管理体制，今天看来，这种体制在古今中外历史上也属罕见，完全是忽必烈的首创。分析这种体制的构架，既有汉地体制，又有蒙古体制，还有政教合一的吐蕃体制，按忽必烈的说法就是“既行汉法，又尊国俗”。他是想创造一个同时管理草原和农耕两种文化民族的半蒙半汉体制，即采用汉族仪文制度的同时，又保留相当多的蒙古旧俗。这种骑墙的体制，在忽必烈看来是左右逢源，其实是弊端多多，蒙古人认为他不尊旧俗，汉化过度，汉人认为他不遵承诺，汉化不够。忽必烈两头不落好，陷入两难境地，所以施政措施举步维艰。

三、忽必烈在中原汉地采取的多元体制下的中央集权

忽必烈在中原汉地实行高度的中央集权体制，然而这种集权制却带有多元的性质，其内涵是"内立部省，以总宏纲；外设总司，以平庶政"。在中国传统的中书省领导的郡县制之外又首创"行中书省"，即所谓的行省制度。行省之下又有路府州县各级政权，在这些政权之下，再设"里"、"坊"、"社"等更基层的辅助政权。这样的政权构架，就像一张编织严密的大网一样把汉族百姓笼罩其中，可见统治之酷烈。

除此之外，又有一张大网再次笼罩在汉族百姓的头上，那就是蒙古帝国自创建以来对占领地普遍实施的"达鲁花赤"制度。所谓达鲁花赤，蒙古语意为"镇守者"或"掌印官"，相当于现今所说的特派员。这就意味着派驻各路府州县的达鲁花赤才是各级政权的真正决策者和最高长官，然而各级达鲁花赤一职，按元朝定制只能由蒙古人担任，有时也可由色目人担任。《元史·世祖本纪》曾记忽必烈诏令："以蒙古人充各路达鲁花赤，汉人充总管，回族人充同知，永为定制。"由于以上两种职官制度同时作用于同一级政权，除达到牵制的目的外，其后果只能是政令的极不畅通。

以上二元制度的叠加，本已使汉地百姓苦不堪言。忽必烈又沿袭蒙古旧制，在中原汉地大行领土分封制度，即将中原纳税人户分封给皇室宗亲、贵族和功臣，此所谓"封禄"或"投下"。据文献记载，忽必烈在汉地共分封了约150位宗王及勋戚权贵，这些"投下"最大有10万户，小的还有几十户不等，封地的领主除领有军队外还有权直接到封地向百姓征收赋税，因而免不了的是横征暴敛事件的屡屡发生。

中原汉地的百姓在以上三种制度的重复压迫下只能选择逃亡与反抗。《元史》记：河北邢州地区原为蒙古勋贵答剌罕之封地。由于地方官和封地领主对户民的横征暴敛、勒索无度，至使百姓不堪忍受纷纷逃亡，数年间封地人户由万户锐减至六百余户；弊政所致，忽必烈统治下晚年仅有记载之民众起义便达五百余起。

四、忽必烈在蒙古地方及其他少数民族地方采取的多元管理体制

忽必烈在蒙古地方特别是漠北地区所推行的行政管理制度，则更凸显了他治国理念上的多元性。忽必烈极力根据中原汉地模式来改造名存实亡的蒙古帝国，在蒙古地方试图建立起强大的中央集权体制，事实上其后果却是建立了一个管理界限不清，既混乱笨重又不成系统的官僚行政体制。由于漠北蒙古地方为“祖宗根本之地”，自成吉思汗始即已实行领地分封制，至忽必烈时，其宗王后裔仍统治各自世袭封地。为牵制诸王，进一步清除蒙古宗王贵族的政治影响，忽必烈在战胜其弟阿里不哥之后，便在和林大斡尔朵设立了和林等处都元帅府，以此加强对漠北诸王的监控。沿袭忽必烈的政策，武宗海山首设和林等处行中书省，其后仁宗爱育黎拔力八达又于北方设置岭北、辽阳、甘肃行省。

至此，在漠北及漠南蒙古地区已形成一个领地分封与行省管理并行的二元管理体制。为适应蒙古旧制，路之下不设州县而依旧以千户、百户作为基层行政单位，诸王贵族的领地和民户即所谓“投下”，仍由领主管理。由于领主权力很大，故经常形成与中央王朝的分庭抗礼，忽必烈不得不于现有二元体制之外再派亲王出镇漠北，终其一朝，先后派四子那木罕，其孙甘麻剌、铁穆耳至漠北总理军国大事。于是形成亲王出镇与行省并行，再加领土分封的三重管理体制，政令之不通，可见一斑。

为了安抚吐蕃地方，忽必烈极力扶持藏传佛教萨迦派宗教势力，即位之初便敕封萨迦派首领八思巴为国师，不久又尊其为“帝师大宝法王”，连忽必烈本人也只能“屈万乘之尊，尽师敬之节”。终元一朝，前后敕封帝师十三人。帝师不仅是全国最高宗教领袖，也是吐蕃地方的实际统治者，于是在吐蕃地方就形成了“帝师之命与诏敕并行于西土”的政教合一的双重管理体制。在这种体制之外，忽必烈又于1264年设总制院（后改为宣政院），“掌释教僧徒及吐蕃之境而隶治之”，国师八思巴虽总领院事，但真正掌握实权的却是朝廷指派的院使（注：以上见《元史·世祖纪》）。忽必烈又沿袭蒙古旧制，派七子奥鲁赤为西平王出镇吐蕃地方。于是，在吐蕃地方就出现了领主、帝师、宣政院及亲王出镇四方共治的多元局面。

以上从几个方面论述了忽必烈治国理念中的多元性，这种多元性的结果表现为蒙古人开创的元帝国寿命的短暂，其根源还是在于元统治者治国方面的混乱与无序。和后来的清朝帝国相比，元帝国缺乏一个长治久安的治国理念。特别是在中国传统儒学治国理念方面，最终遭到忽必烈的抛弃，也是帝国大厦轰然倒塌的一个主要原因。

论忽必烈治国的蒙古情结

1256年，忽必烈命其幕僚、佛教徒刘秉忠按照中国传统的《易经》中的风水理论，相地于桓州东、滦水北的龙岗，兴建开平城，即今所称之上都。开平城作为都城，北联溯漠、南临华夏，进退有据，地理位置绝佳。从这一刻起，忽必烈就等于站在开平的龙岗之上向世人宣示了一个讯号，那就是：他将“大有为于天下”，今后的战略目标必定是繁荣富庶的中原汉地。

他的驻幕金莲川，无疑是在挑战哈剌和林蒙古帝国的中心地位，也是向传统的蒙古游牧文化理念的挑战。忽必烈在有生之年就始终纠结于游牧与农耕、草原与城市的争论、置疑之中。位于哈剌和林统治中心的蒙古贵族集团以及西北诸宗王汗国，都与忽必烈产生观念上的冲突，他们置疑忽必烈：留汉地、建都邑、行汉法，是何居心？

对忽必烈的“异志”，当时的蒙古大汗蒙哥洞若观火，于是先有对忽必烈辖区及属下幕僚的“整肃”，然后再有严令忽必烈于老家哈剌和林的“闭门思过”之举，之后虽有对忽必烈的重新起用，那也是蒙哥汗需要他戴罪立功并就近监视而已，但是信任已经不在，如果不是蒙哥于汉地合州的猝死，历史肯定将是另一种写法。

此后忽必烈虽然夺取了蒙古大汗之位，但一直处于尴尬的境地。一方面，他要顺利地征服和统治中原汉地，就必须依靠起源于农耕文明的汉文化，以及熟练掌握这种文化的儒家知识阶层，同时还要对被占领地百姓作出“仁治”的承诺；另一方面，蒙古诸部的宗王贵族对此又不予认可，认为对中原汉族地方应加大高压统治，还有一些宗王贵族甚至提出尽除汉人，变耕地为草场的荒谬主张。

在这样的态势下，具有双重身份的忽必烈必然处于两难境地，他既想尽快夺取中原汉地的皇帝之位，但其又是蒙古各部落诸王的宗主。作为成吉思汗的继承者，作为少数游牧民族统治多数农耕民族的君王，忽必烈需要汉族地方百姓的绝对服从和财富的供给，也需要农耕文明即汉文明对其执政的认可和支持，在中原汉地采取代表汉文明的政治制度和管理方式又势在必行。基于上述历史现实，忽必烈治国理念及其方略表现出来的矛盾性及其犹疑彷徨也就可想而知了，这也是忽必烈治国理念及其方略产生多元性的根源所在。

忽必烈骨子里却是一个纯粹的蒙古人，自始至终从来就没有放弃过对游牧文化的民族认同，他内心深处真实理念是源于草原的游牧理念。他为了蒙古人的最终利益，主动融和不同族群的多种文化，比如对待各种宗教信仰的包容和多元，以及政治制度与文化制度的多元，其目的就是抵制和避免过度汉化。

一、忽必烈蒙古情结产生的根源

说忽必烈是纯粹的蒙古人，主要基于他与生俱来的蒙古情结，这种情结源于草原，是受朴素而又单纯的游牧文化长期熏陶的结果。这种说法的证据在于他在思维观念以及日常行为上长期坚持的蒙古方式。忽必烈对这种蒙古方式的沿袭和认可，既有主动因素也有被动因素，被动因素当然来自蒙古宗王贵族施加予他的强大压力，使他在施政与日常行为规范中不能不有所顾忌；主动因素就是上文所说他的根深蒂固的蒙古情结，这种情结来源于他蒙古孛尔只斤氏黄金家族的血统优越感，以及作为成吉思汗嫡系子孙的强烈荣誉感。

1206年成吉思汗统一蒙古各部，建立蒙古帝国，忽必烈时代，蒙古帝国的对外扩张已达登峰造极的地步。在蒙古帝国内部，由成吉思汗首创，又经几代汗王不断完善的以“大扎撒”为基础的各项律令法规已经深入人心，整个蒙古民族内部各阶层此时都充满着强烈的自豪感和满足感，大多数人以征服者的身份富足地生活在

被占领的各个地区。忽必烈虽然身处汉地，但上述的优越感、荣誉感及自豪感丝毫没有减退，表现在行为方式和思维方式上独特、多元的治国理念及其方略。忽必烈传奇式的一生，始终纠结着他那挥之不去、与生俱来的蒙古情结。

在行为方式上，忽必烈在衣食住行方面始终坚守蒙古旧俗及蒙古生活习惯；终生着蒙古服饰；终生偏好蒙古饮食，即便是一直忍受着痛风折磨，仍然坚持蒙古饮食习惯；无论是大都还是上都，全部建有斡尔朵形式的大殿以供官员的朝拜，其朝觐礼仪也颇具鲜明的蒙古色彩；在一些建筑物中，蒙古风格也比比皆是，史书记载忽必烈就寝的宫室中经常悬挂着貂皮的帐帘，以此表示他念念不忘的是蒙古人传统的游牧和狩猎生活。忽必烈还指示在宫廷的花园中设立蒙古人日常居住的帐篷，要他的子女们经常居住在帐篷里而不是宫殿中；每逢后妃临产，宫中也必遵从蒙古旧俗，将产妇移送到帐篷中生产。忽必烈还特意命人从遥远的蒙古草原运来牧草移植在大都的庭院之中，称为“誓俭草”，以警示后世子孙永远不忘游牧的祖先。

忽必烈还严格遵守以“大扎撒”为基础的传统的律令制度，如怯薛制度、斡尔朵制度、投下分封制度、忽里勒台议事制度及传统的祭祀制度等。这些制度实施于中原汉地虽然有些不伦不类，但对于蒙古地方来说无疑具有极大的感召力和宣传效应。特别是忽必烈创立的“两都巡幸”制度，更把他的蒙古情结推向极致。一年中的大半时间消磨于遥远道路的迁徙，上都草原悠然的宴饮、祭祀和狩猎，全不顾广大国土南北政务的精雕细琢，充分体现了游牧民族慢节奏、耽于嬉戏、慵懒的民族习性。

在思维方式上，强烈的蒙古情结始终左右着忽必烈的世界观。忽必烈用其独特的视角看待身边事物，在评价、使用人物方面尤其如此。这种视角上的独特性，当然是源于蒙古民族古老、悠长的“忠诚”理念。这种“忠诚”理念在蒙古民族内部具有广泛的社会基础和文化基础，其突出表现则反映在蒙古民族古老的“安答”习俗和从属于社会结构层面的“那可儿”制度。

(一)蒙古民族古老的"安答"习俗

众所周知,蒙古民族和诸多北方游牧民族一样,自古以来就生活、繁衍在环境极为恶劣的蒙古高原之上,传统的畜牧业生产完全受严酷的自然生态环境的制约,生产、生活资料全都极为困乏,除牲畜数量及草场占有的差异之外,人与人之间的生活质量并无太大的区别。由于物质的极为贫乏,各部落及氏族之间还要为争夺草场和有限的生活资料发动频繁的抢掠和争斗。据13世纪波斯著名历史学家志费尼所著《世界征服者史》一书,记载成吉思汗兴起前蒙古人的情况时说:"成吉思汗出现前,他们没有首领或君王。每一部落或两部落分散生活,彼此没有联合起来,时时发生战斗和冲突,他们有些人把抢劫、暴行、淫猥和酒色看成豪勇和高尚的行为。契丹汗(中国北方的金朝)经常向他们强征硬索财物。他们穿的是狗皮和鼠皮,吃的是这些动物的肉和其他死去的东西。他们的酒是马奶,甜食是一种形状似松的树木所结的果实,他们称之为'忽速黑'。在当地,除这种树外,其他结果的树不能生长,它甚至长在一些山上。由于气候极冷,那里找不到别的东西。他们当中大异密('异密'应为突厥语,即大贵族之意,蒙语可对译为'那颜')的标志是:他们的马镫是铁制的。人们可以想象他们的其他奢侈品是什么样了。"

正如上文所述,那一时期生活在蒙古高原的蒙古民族,完全不同于中原汉地封闭的自然经济中自给自足的自耕农,可以老死不相往来。他们既面临严酷自然生态环境的挑战,又经常置身于部落及氏族间的血腥内斗,所以人与人之间结为同盟、结为守望相助的战友及伙伴关系就显得极为重要,于是蒙古民族独特的"安答"习俗便应运而生。安答在蒙古语中应是"伙伴"的译意,也有"结盟者"或"盟友"的意思在里边,相当于中原汉地的"结拜兄弟"。蒙古人认为:一旦结为安答,相互间便应亲如兄弟姐妹,短缺时互通有无,危难时互相帮助,必要时可以为对方牺牲性命,其中最显著的特点就是彼此间的无限忠诚。

一部《蒙古秘史》,多处记载了成吉思汗及其诸多安答在创业之初休戚与共、

生死相随的动人故事。如《蒙古秘史》卷二讲成吉思汗少年时营于古连勒古山中，生活困苦，只能靠猎取野鼠等物为食，一日贼来，又将全家仅有的八匹马全部盗走。少年铁木真在追赶盗贼途中偶遇纳忽伯颜之子孛斡尔出（有译为“博尔术”），孛斡尔出奋不顾身地追随铁木真夺回被盗马匹。从此后，年龄相仿的二人遂结为亲密的安答，生死相伴，终生相随。孛斡尔出也因其卓越军功成为蒙古民族历史上伟大地军事家和政治家。

相同的例子还有幼年时便与铁木真结为安答的扎只剌惕部首领扎木合。《蒙古秘史》在多处篇章生动传神地讲述了铁木真与扎木合幼年即结为安答，二人朝夕相伴、形影不离，彼此都非常珍视对方友谊的故事。成年之后，双方因各自部族的利益、政见不同而相互争斗，但旧日的友爱却一直埋藏在二人的心中，虽经历政治上的严重分歧而相互不忘。《蒙古秘史》用动人的笔触描绘了二人斗争中的友谊，因友谊而产生的种种矛盾心态，进而由此心态所产生的略显扭曲的行为。史书力图使人相信，即便是在尖锐、对立的政治斗争和军事斗争面前，蒙古民族一直遵循的忠信誓言在精神的层面仍始终被坚守。死者与生者同样被当做英雄来颂扬，所以成吉思汗与扎木合之间的“安答”友谊也一直为蒙古人所推崇和尊奉。

（二）蒙古民族内部独特的“那可儿”制度

与此相伴生的还有蒙古人独特的“那可儿”制度。上世纪50年代原蒙古人民共和国编著的《蒙古人民共和国通史》中将“那颜”与“那可儿”的关系界定为尖锐对立的压迫与被压迫、剥削与被剥削的阶级关系。这从马克思主义阶级分析的角度讲当然无可厚非，但是如果认真分析蒙古民族的那可儿制度，却又发现其中具有鲜明地独特性和不可复制性。

那可儿制度产生于蒙古民族固有的草原游牧形式。13世纪初期是蒙古民族为建立一个完整独立的国家而剧烈纷争的时代。成吉思汗伟大之处就在于他能够顺应历史潮流，团结大多数散漫的氏族部落成为一个统一的蒙古部族。统一的蒙古国家的形成，也标志着蒙古人的社会形态已经进入初始的封建时期。

分析初始的蒙古封建时期，那可儿制度是其社会结构的主要表现形式，它脱胎于蒙古氏族以部落为基础的宗法制度，带有明显的半封建半宗法形式，"以人为本"的人身依附关系其实远大于"那颜"与"那可儿"的阶级对立关系。"患难与共"，"一损俱损、一荣俱荣"似乎才是两者的真实写照。社会现实需要"那颜"善待他的一众"那可儿"，祈望危难时刻他们与自己同心一体共度时艰；社会现实同样也要求"那可儿"阶层对自己的"那颜"付出所有的忠诚，必要时可以献出自己的生命。所以蒙古语中一般把"那可儿"译为"亲兵"或者"伴当"，其本身固有的"奴仆"、"扈从"之意却反而淡薄了。"那可儿"大部出自蒙语，称为"兀纳罕孛斡勒"的"附庸"部落，而这些部落与主体部落之间也不存在明显的压迫与被压迫、剥削与被剥削的阶级关系。

历史史诗《蒙古秘史》就用大量篇幅来宣扬蒙古民族的"忠诚"理念，其落脚点就在于"那颜"与"那可儿"的关系上。《蒙古秘史》第188节讲：汪罕之子桑昆的马夫阔阔出（注：当然是"那可儿"），困境中盗走主人马匹和食物转投成吉思汗，至使主人桑昆因冻饿死于荒野。成吉思汗不能原谅他对主人的背叛，于是当众将其处死；《蒙古秘史》第200节又讲：作为成吉思汗幼年时的安答，成年却是劲敌的扎木合，因兵败陷于穷途末路，被其五个"那可儿"缚来献于成吉思汗，企图以此邀功请赏。成吉思汗独特的处理方式却是将此五人"族斩"于军前，并传喻全军说："怎么可以容忍如此背叛自己主人的人？这样的人，今后还有谁能和他们做朋友呢？"这段话的含意后来又被成吉思汗列入不久颁布的《大扎撒》之中，作为蒙古人持之不逾的"忠诚"理念，列入所有人须世代遵循的永恒律条。

与此理念相对应，《蒙古秘史》还记载了成吉思汗处理此类事件的另一种方式。《蒙古秘史》第149节讲：在一次战役中，成吉思汗击败宿敌泰亦赤兀惕部落，部落首领塔儿忽台逃脱，被其附属部落巴阿邻部擒获，准备献给成吉思汗请赏。此时巴阿邻部的纳牙阿却劝其父兄放掉成吉思汗的死敌塔儿忽台，以避免成吉思汗

对卖主求荣者的惩罚。纳牙阿投诚后又将事情原委径告成吉思汗，成吉思汗对此举却大加赞赏："成吉思合罕闻而曰：若系手执乃罕塔儿忽台来者，则当族斩汝等此手执本罕者耳。既不能弃其本罕，汝等此心是也！遂恩遇纳牙阿矣。"

以上就是蒙古人约定俗成、又经成吉思汗大力倡导的忠诚理念。这种忠诚理念一直延及成吉思汗的子孙，表现在忽必烈身上尤为激烈，终其一生，他一直在用蒙古人这一独特理念来判断人和事的优劣，这也是上文所述他的蒙古情结的核心所在。

二、忽必烈统治中原汉地后挥之不去的蒙古情结

1262年，即忽必烈于开平建极的中统三年，在蒙元历史上发生了一件大事：这一年的春天，被忽必烈倚为心腹重臣的汉族官僚，蒙古益都行省长官、江淮大都督李璮趁忽必烈与其弟阿里不哥争战之际，结南宋为外援，起兵反叛蒙元。李璮占据济南及沿黄河一带大片地区，与北方的阿里不哥对忽必烈形成南北夹击之势。此举使忽必烈面临政治上军事上的巨大压力。应对危机，忽必烈迅速起兵平叛，兵围济南，七月城破，杀李璮，又杀时任行中书省平章政事的李璮岳父王文统，此举当然也波及了一大批汉族官员。

以此事件作为分水岭，忽必烈一反金莲川幕府时期对汉族儒士的态度，开始对汉族官僚对蒙元政权的忠诚程度产生置疑。此时一个巨大的心理阴影始终萦绕于忽必烈的胸怀，他开始用蒙古民族的忠诚理念来评价汉族官员。在他看来，一些汉族官僚的贪生怕死、反复无常、卖主求荣行为乃是来源于懦弱的民族共性。儒家文化不可信，汉法可行但绝不可以汉化。自此后，他对汉族官员的戒备、猜忌心理与日俱增。一个用人理念和用人层次也在他的脑海里逐渐形成，那就是：蒙古人、色目人、北人（契丹、女真、吐蕃等）、北方汉人、新附汉人。事实证明，忽必烈终其一生都在朝着这个既定目标努力。

1273年，蒙元帝国的至元十年，忽必烈已经完全战胜其幼弟阿里不哥，基本稳定了北方蒙古，开始将战略重点指向南宋。此时忽必烈对南宋政权存在的最大弊端已经了如指掌，他认为：长时期的高度腐败和骄奢淫逸已经造成南宋统治集团内部忠信理念的严重缺失，汉民族儒家一直标榜的孝义、气节在大部分官僚身上已经荡然无存，奴性、懦弱以及醉生梦死才是南宋上层统治集团的主流。

基于以上判断，忽必烈晓谕征南将帅慎用军事力量，对南宋各级官员主要许以高官厚禄、以招降纳叛为主。《元史·世祖本纪》记：至元十一年秋，七月，主帅伯颜帅军伐宋，"伯颜等陛辞，帝谕之曰：'古之善取江南者，唯曹彬一人，汝能不杀，是吾曹彬也。'"八月，又谕行中书省言："江汉未下之州，请令吕文焕率其麾下临城喻之，令彼知我宽仁，善遇降将，亦策之善者也。"事实证明，忽必烈这一谋略对灭亡南宋效果极其显著，沿途所过州郡大部为兵不血刃、不战而降。

《元史·世祖本纪》还用很大篇幅记了一笔流水账，颇有用意地详细记载了从1273年元廷遣军伐宋，至1276年春南宋皇室于临安出降期间所有叛臣降将，以及所献州郡的名细录。其中仅《元史·世祖本纪》明文记载这些叛臣降将"望风款附"，"以军降"或"以城降"之处便达百余起。《元史·世祖本纪》又记：至至元十三年九月，仅仅三年时间，蒙元已获南宋"江淮及浙东西、湖南北等路，得府三十七、州一百二十八、关一、监一、县七百三十三，户九百三十七万四百七十二"。以上元军所过之处，除少数地方遇有激烈抵抗之外，绝大多数州郡皆未使用大规模武力。

翻阅《元史》，深究南宋败亡的主因：除有代表当时社会新兴军事力量的蒙元军队的强大冲击力之外，当然还有一代英主忽必烈的雄才伟略和顺应历史潮流的"明主"效应，然而最主要因素还在于南宋朝廷内部之腐败，用现在的话说就是：汉人自己打败了南宋朝廷。查阅相关史料，当时蒙古社会总人口不会超过一百五十万，且分散于亚欧之间的广大地区。忽必烈亲自统帅的蒙古军队也不会超过二十万人，其中部分精锐骑兵还需部署北方防御西北地方的蒙古诸宗王。据《多桑蒙古史》记瓦撒夫书载："六七一年（应属回历，即1273年）忽必烈欲完成中国之

侵略，遣军十五万南伐。”以上军队当属蒙古军无疑，如再加上所征调的西域等外籍军团，其军队总人数绝不会超过二十万。

为弥补军队数量的不足，忽必烈使用了大量汉军充当征宋的主力，其中包括早先就已归顺忽必烈的北方汉军，忽必烈在已占领的汉族地方所征召的“签军”，另外就是南宋那些叛臣降将投元后所率“新附军”。据《元史》等相关史料不完全记载，以上三部分伐宋汉军便达七八十万。

因南宋地理形势多江河湖泊及沼泽港汊，非水军不可以制胜，而蒙古军恰恰不习水战，于是汉人“伪军”便成为伐宋主力。这些“伪军”作为蒙元伐宋的急先锋，为虎作伥，所过之处残破百姓尤甚。《元史》记：至元十三年春，蒙元兵围潭州，城破，潭州官民死节者不计其数，以致“城无虚井，林间悬尸相望”。《元史》又记：至元十六年正月，降元之汉族悍将张弘范亲率大军追歼南宋二王及余部于海上厓山，宋军败亡之日，余众皆蹈海赴死，“越七日，尸浮海上者十余万人”。

再看看南宋：按北元伐宋时计，南宋军力应超过一百万，且装备亦属精良；此外尚有大小战船约两万余艘，号称当世最强之水军。按经济状况来看，南宋是当时世界经济最为发达的地区之一，其繁荣富庶程度为世人称羡。又据史书记载，南宋时文武大小官僚待遇最为优厚，其薪俸之高，为史上历朝历代无可比拟。再从文化来讲，有宋一朝儒学尤胜，南宋以来更是标榜“存天理，灭人欲”的程朱理学最为繁盛时期。然而就是这样一个朝廷，这样一群官僚，这样一支军队，面对异族入侵，仅仅三年时间，便如滚汤泼雪，顷刻间冰消瓦解。其中保持民族气节，遇敌顽强抵抗，不屈就死的文臣武将却成为少数，如史可法、陆秀夫、张世杰等人。

面对这一现实，忽必烈再一次陷于彷徨沉思之中，他无法理解这些汉族叛臣降将此时真实的心理状态，他认为这些人的所作所为与蒙古民族传统的忠诚理念格格不入。于是他更加坚定了自己的一个看法，那就是：在这些叛臣降将身上绝无诚信可言，在今后的执政中对这些人绝不能给以信任。史书记载，就在元廷上下都在喜气洋洋地筹备灭宋后的献俘大典之际，忽必烈却做出了一个令人难以置信的举动,《元史·世祖本纪》卷九记:“帝即平宋,召宋诸将问曰:‘尔等何降之易耶?’对曰:‘宋有强臣贾似道擅国柄,每优礼文士,而独轻武官。臣等久积不平,心离体解,所以望风而送款也。’帝命董文中答之曰:‘借使似道实轻汝曹,特似道一人之过尔,且汝主何负焉。正如所言,则似道之轻汝也固宜。’”以上忽必烈借大都朝会之际,当庭对这些汉族叛臣降将的刻意羞辱,着重体现了他与乃祖成吉思汗一脉相承的蒙古情结,也深刻昭示了忽必烈自身强烈的诚信理念。

自此后,忽必烈在执政过程中开始有意识地远离、清理汉族官员。《元史·世祖本纪》记至元十五年六月,忽必烈借蒙籍、色目籍官员入觐“言江南官吏太冗”之际,先是当众训斥姚枢等汉族官员:“江南官吏太冗,此卿辈所知,而皆未尝言,昂吉尔乃为朕言之”。当即下诏免去汉族官吏张鼎参知政事之职;“遂命平章政事哈伯等谕中书省、枢密院、御史台:‘翰林院及诸南儒今为宰相、宣慰,及各路达鲁花赤配虎符者,俱多谬滥,其议所以减裁之者。’”

自此后,忽必烈逐渐加快了对汉族官吏的整肃步伐。《元史·世祖本纪》卷十三又记,忽必烈下诏:“分汉地及江南所拘弓箭兵器为三等,下等毁之,中等赐近居蒙古人,上等储于库;有行省、行院、行台者掌之;无省、院、台者达鲁花赤、畏兀、回族居职者掌之,汉人、新附人虽居职无有所预。”

通过以上几项措施,忽必烈基本上达到了自己的目的,汉族官员在各级权力机构已无立足之地,虽在位也再无话语权。这些汉族官僚已经尝到整肃的苦果,失望、沮丧之余,开始寻求自保之路。史载:“参知政事张德润献其家人四百户于皇太子”,以求托蔽于蒙古宗王勋戚及豪门;有的则借故辞官以避祸患。时年六月,硕果仅存的一位汉族高官请了长假,借故离开朝廷。《元史·世祖本纪》记此事:“左丞吕师夔乞假五月,省母江州,帝许之……”

读史至此,感触颇多,《元史》虽冗长拖沓、略无文采,其最大优点却是实话实说,有较大信息量,为后人研究忽必烈执政理念及其过程提供了可靠依据。《元史·世祖本纪》卷十三记,就在汉官吕师夔乞假离开朝廷之际,忽必烈对其蒙古勋

戚道出了心里话："（帝）因谕安童曰：'此事汝蒙古人不知，朕左右复无汉人矣，可否皆自朕决。汝当尽心善治百姓，无使重困致乱，以为朕羞。'"这其中一句"朕左右复无汉人"，预示了汉族官僚可悲的下场，同时也道破了忽必烈隐藏于胸中的"天机"，充分说明忽必烈对汉族官僚的整肃，乃是有计划有预谋的行为，绝不是他一时心血来潮，而支持他这样做的动机就是他一以贯之的强烈的蒙古情结。

整肃之后，终忽必烈一朝，其所有行省及地方之正职行政长官皆为蒙古人、色目人、其他非汉族人，汉族官员则无分南北只能充任副贰之职。当时正居住于中国的意大利人马可·波罗在其所著《游记》中详细记载了他的所见所闻："大汗之取得中国主权，不以正当权利，而以兵力，因不得人民之信用。职是之故，诸省及其他行政位置，皆授予可以信任之鞑靼人、回教人、基督教人及其他属于帝室之外国人。是以普受中国人之嫌恶。蒙古人奴视中国人，而回教人待中国人尤酷，故皆恶之。"

至元三十一年（1294）春正月，时年八十岁的忽必烈走到了生命的尽头。史书载忽必烈所患痛风至晚年尤为严重，只能靠酗酒来麻醉自己的神经。由于一直钟爱高热量的蒙古饮食，过度的肥胖也影响着他的身心健康。据说他晚年还患有较严重的抑郁症。关于忽必烈本人形象，与忽必烈朝夕相处数年之久的马可·波罗在其《游记》中这样形容他："此汗身长不逾中人，眼黑而丽，鼻上曲，面色美致。"另一个波斯历史学家拉施特还在其所著《史集》中记载了这样一个传言：当忽必烈诞生后，其祖父成吉思汗看后大感诧异，因成吉思汗与其数子眼睛都泛蓝色，面皮白皙，但是这个孩子面皮却呈褐色。言外之意，成年后他作为中国的帝王乃是天意。

当一代伟人终于逝去，后人对他的褒贬也随之而来。在一致肯定他为建立一个大一统的中华帝国所做的丰功伟绩之外，有人说，正是他对汉人的高度信任、对儒学的无比推崇，才成就了他的帝业；也有人说，元朝的短暂，如流星般划过中国历史的长空，乃是成也儒学败也儒学，是汉族文化最终战胜了蒙古族的草原文化。

关于这些争论，蒙古国著名学者纳楚克道尔吉院士评价说："忽必烈大汗调整游牧和定居，平衡两者以力求保留蒙古固有文明，防止了蒙古文明的消融和同化。”美国学者莫里斯若沙必在他的著作《忽必烈和他的世界帝国》也评价忽必烈说：“忽必烈是真正的蒙古人，从来没有丢弃固有的个性和精神。”以上言论可谓一矢中的。综观忽必烈的一生，无论是外在气质还是内在精神，都反映出他与生俱来、终生坚守的蒙古情结。

对于中国传统的儒学，忽必烈一直采取实用主义态度，比如前期他对儒学和儒士的保护，适当时候可以兴办儒学学校，也可以翻译、刻印一些儒学书籍如《孝经》、《书经》和《大学衍义》等，一段时间他还恢复了汉族朝廷的祭祀典章和传统的礼乐制度。现在看忽必烈在中原汉地所采取的这些执政措施，不过是汉民族儒家文化的皮毛。忽必烈针对汉民族所执行的各项政策不过是其治国谋略而已，完全是为了稳定元帝国的统治而采取的多元化的平衡手段，其最终还是草原文化的核心理念和思维模式，集中表现则是兼容、直白、简朴和动态的游牧人治国理念。

以这种理念为指导，忽必烈治国方略尽显多元性。终其一朝，忽必烈抑制儒家，绝不让儒家一家独大。比如他尊崇吐蕃的佛教为“国教”，尊奉吐蕃的十几位僧人为“国师”，另外他还弘扬基督教、伊斯兰教、道教和萨满教。这种文化上的多元和相互平衡制约，却出现了两个意想不到的后果：一个是科学技术的高度繁荣，如理工科学、天文学、地理学、测绘学和医学等。在商贸领域，由于波斯等色目人的大量介入，欧洲、中西亚先进的商贸理论和贸易实践也在中国大行其是，从而也促进了国内外商业的高度发达。另一方面，由于儒学不能跻身于朝廷，习儒的知识分子普遍没有出仕之路，只能另寻职业以求养家糊口，这也客观上造成了有元一朝文学艺术的相对繁荣，比如元曲、戏剧和绘画。

还有一个明证，说明忽必烈对儒学的明目张胆的挑战，那就是他对隋唐以降中国传统科举制度的否定，而这种科举考试制度即便是在中国北方由异族立国的辽、金朝也从没有间断过。科举考试制度是中国传统儒学文化最显著的特点之一，

没有科举考试就等于断了广大儒学知识分子的活路，使儒学成为无源之水，无本之木。忽必烈执政期间有意中断科举考试，意味着他对中国传统汉文化即儒学文化的修正和偏离，这种对儒学文化发自内心的蔑视，当然是源于他强烈的蒙古情结。

查阅史料，有元一朝中国北方汉族地区80年无科考，江南地区40年无开科，忽必烈之后，元仁宗爱育黎拔力八达于延佑元年（1314）恢复科考，至元亡也只开十六科，以每科七十人计，其中南人仅占一半，所以有元一朝汉人因科举走上仕途仅仅五六百人而已，况且这些人也只能充当副贰或者是小吏。当时人曰："元制百官皆蒙古人为长，同列（汉人、南人）莫敢仰视，跪起禀白如小吏。"宋末元初学者、烈士谢枋得在其所著《叠山集》中说："我大元制典，人有十等，一官二吏，先之者，贵之也。贵之者，谓其有益于国也。七匠八娼，九儒十丐，贱之也。贱之者，谓无益于国也。嗟乎悲哉！介乎娼之下，丐之上，今之儒者。"此说可能有些过激，但当世学者之言，离事实相去也不会太远。

由于忽必烈治国理念中强烈的蒙古情结，使蒙汉两个民族之间的矛盾冲突日益尖锐激烈，最终造成帝国大厦的轰然倒塌，此乃历史的必然。然而历史也戏剧性地证明：正是因为忽必烈那强烈的蒙古情结，使蒙古人能够在败亡之际全身而退，在广袤无垠的北方草原生生不息，繁衍至今。对比元以前拓跋之魏，元以后满人之清，却是不幸中之大幸。拓跋之魏的几位统治者，因倾慕汉文明而大力推行汉化，以至到"改种姓，易服饰"的地步，最后整个民族被汉文化所消融；满族之清，历代统治者更是尽得汉文化的精髓，虽号称长治久安，败亡之际整个民族已被汉文化消融殆尽，如果不是新中国成立以来采取积极的民族政策，也难逃消融的命运。

图为元军伐灭南宋大理国

蒙古民族与酒文化

一、蒙古高原上酿制酒的历史

在广袤无垠的蒙古高原，严酷的自然生存环境和凛冽的西伯利亚季风锤炼下，造就了高原上各游牧民族粗犷、豪迈的性格特征，也使这些游牧民族自古以来与酒结下了不解之缘。作为高原上最具代表性的蒙古民族，对酒更是情有独钟，制酒、饮酒的历史源远流长，由此而产生的独具特色的酒文化至今为世人所称道。在改革开放的今天，如何正确理解、弘扬蒙古民族健康向上、博大精深的酒文化，抵制低俗，也应是我们研究蒙古历史的一个小小课题。本文拟就蒙古民族及其先民丰富多彩的酒文化知识做一个浅显的介绍。

（一）关于马奶酒

蒙古高原各游牧民族饮用奶酒的历史可谓源远流长，其中又以马奶酒的历史最为悠久。据酒类专家考证，马奶酒是继果酒之后先于谷物酒而产生的酒类。据此推测，马奶酒的产生，应是在人类熟练掌握了马匹驯养技术的时期。据民族出版社出版的《蒙古族民俗志》推测：马奶酒的发现当属出于偶然，北方游牧先民远行时，为防饥渴，在皮囊中装以马奶，由于整天飞马奔驰上下颠簸，使奶分离，渣滓下沉，纯净的乳清便漂浮在上面，这就是最早得到的马奶酒。此说也不失一家之言。

蒙古高原上的游牧先民之所以选择马奶酒为必不可少之饮料，主要取决于游牧民族的身体特征及饮食特征。游牧民饮食主要以肉食为主，而肉类是难以消化之食物，在中原汉民族的茶饮料没有传入蒙古高原之前，饮用发酵之马奶，是游牧民族一个聪明的选择。马奶酒口感微酸，清凉可口，含有较低度的酒精，多饮亦能醉人。据现代科学研究发现，马奶酒具有丰富的营养成分，具有相当药用价值，常饮有促进人体新陈代谢、助消化、和脾胃等功效。

说到马奶酒的功效，不能不提到蒙元时期一个著名的政治家、诗人耶律楚材。他在一首《寄贾博霄乞马乳》的诗中曾提到马奶酒的一种特殊功能。篇幅不长，兹录于下："天马西来酿玉浆，革囊倾处酒微香。长沙莫吝西江水，文举休空北海觞。浅白痛思琼液令，微甘酷爱蔗浆凉。茂陵要洒尖心渴，愿得朝夕赐我尝。"此诗初看无奇，似乎只是赞颂了马奶酒之甘甜香醇，但最后两句却埋藏下了一个典故：西汉时大文学家司马相如曾患有消渴之症。查《史记·司马相如列传》："相如口吃而善书，常有消渴症。"又说："相如即病免，家居茂陵。"原来茂陵即司马相如病休隐居之地，后世亦指其为相如别称，相如所患之消渴症即今所称糖尿病。最后两句诗的意思就是说：我和茂陵司马相如一样患有糖尿病，请你常赐我以马奶酒以疗我疾。耶律楚材以博学多闻、学富五车为当世所称道，既然说能以马奶酒治疗自身消渴之症，当属不谬之言。另外还有历史资料说，马奶酒尚能治疗"瘵"疾，即今称之肺结核。不知我们的医疗工作者们可开展此项研究没有？

马奶酒蒙语称"额速吉"，亦称"策格"，13世纪中叶法国人鲁布鲁克出使蒙古汗国的时候，称马奶酒为"忽迷思"，而旅行家马可·波罗在其《游记》中也是这样称呼它；汉族史书则称之为"马湩"。中原自古也有北方游牧民族"马逐水草，人仰湩酪"的文字记载。

马奶酒见于汉族史书有明确记载为汉代。元诗人耶律铸也在《行帐八珍诗志》中也说："麈沆马酮也，汉有桐马官。"《汉书·百官公卿表》记载："西汉太仆下设家马令一人，丞五人，尉一人，职掌酿制马奶酒。"可见西汉时，即使是中原内地马奶酒也是宫廷贵族特需之酒类之一，并设有专司官员职掌挏制马奶酒。

又查《汉书·礼乐志》，也有"师学百四十二人，其七十二人给太官挏马酒。今梁州亦名马酪为马酒"之记载。学问家颜师古注解此条云："以马乳为酒，撞挏（音洞，搅拌之意）乃成也。"

又据《史记·匈奴列传》记匈人生活习惯时说："得汉食物，皆去之，以示不如

重酪之便美也。”关于重酪，元戴侗作《六书故》中释此语说：“重酪。酒类也，北方以马乳为酪，因为重酪。”班固《汉书》亦说：“马酪味如酒，而饮之亦可醉人，故呼马酒也。”

明人谢肇淛所撰《五杂俎》中也说：“北方有马奶酒，不用曲蘖，自然而成者，也能醉人。”

根据以上记载，在汉代饮用马奶酒已是十分流行，不但草原游牧民族豪饮马奶酒，即便是在中原内地，它也是人们喜爱的饮料之一。以上记载说明，2000多年前的汉代，马奶酒成熟的酿制技术已由蒙古高原传入汉族内地，为此汉朝廷还设官吏专司酿制马奶酒以供官员和贵族饮用。

公元12—13世纪，北方蒙古民族迅速崛起于大漠南北。特别是成吉思汗统一草原，建立强大的蒙古汗国之后，由于对外沟通日益扩大，周边诸国甚至西方都对蒙古民族制造、饮用马奶酒有了深刻了解。13世纪上半叶，南宋使臣赵珙出使蒙古，归来后在所著《蒙鞑备录》中写道：“鞑人地饶水草，宜羊马，其为生涯，止是饮马乳，以塞饥渴，凡一马之乳，可饱三人，出入止饮马乳或宰羊为粮。”宋元交际时人郑思肖在其所著《大义略叙》中也记：“鞑人搅马乳为酒，味腥酸，饮亦醉。”以上可见北方游牧民族特别是蒙古民族，饮用马奶酒在当时已经是非常普遍的生活习惯。

关于马奶酒的酿制方法

由于蒙古汗国与外界交往的进一步扩大，关于马奶酒的饮用及制作已被当时周边国家及东西方所关注。宋代彭大雅所著《黑鞑事略》记载了马奶酒的制作过程，写道：“马之初乳，日则听其驹之食；夜则聚之以沫，贮以革器，降洞数宿，味酸甜，始可饮，谓之马奶子”。

说到马奶酒的酿造，记载最详细的莫过于公元13世纪中叶法国人鲁布鲁克的圣方济会教士威廉，他于公元前1253年至1254年间曾到哈拉和林（今蒙古国杭爱山南麓之阿尔浑河畔）觐见蒙古大汗蒙哥。后在所著《鲁布鲁克东行纪》中详细介绍了他看到的当时蒙古人酿制马奶酒的情形和具体制作方法：“（他们）在地上拉一根长绳，拴在两根插进地里的桩子上。这根绳上他们要把被挤奶的母马的小马系上三个时辰。这时母马站在小马附近，让人平静地挤奶。如有一头不安静，就有人把小马牵到它跟前，让小马吸点奶，然后把它牵走，（由）挤奶人取代它的位子。当他们取得大量的奶时，奶只要新鲜，就像牛奶那样甜，他们把新鲜的马奶倒进大皮囊或袋里，开始用一根特制的棍子搅拌它，棍的下端粗若人头，并且是空心的。他们用劲拍打马奶，奶开始像新酿酒那样起泡沫，并且变酸发酵。他们继续搅拌奶，直到所有混浊的部分像药渣一样沉底，清纯部分留在上面，好像奶清或新酿葡萄酒。这时他们品尝它，当它微带辣味时，他们便喝它。喝时它像葡萄酒一样有辣味，喝完后有杏乳的味道，使腹内舒畅，也使人有些醉，很利尿。”这种马奶酒，鲁布鲁克的威廉称其为“忽迷思”。

在同书中，鲁布鲁克的威廉还写道：“他们还生产‘哈剌忽迷思’，也就是黑色忽迷思，供大贵人使用……主子喝这种清的饮料，肯定极为可口，有益于健康。”威廉教士的讲述，完全符合当时的历史事实，查蒙元时期的相关史料，都有相同或相近的记载。所谓“忽迷思”，是用普通工艺生产出的马奶酒，其色白而浊，细品略有膻气；所谓“哈剌忽迷思”，乃是取未孕牝马之乳使用特殊工艺（此种工艺或已失传），经长时间搅拌、分离，充分发酵，则产出色清而味甜，且无膻味的所谓“黑马奶”。

考“黑马奶”之称，应源起于威廉教士所述之哈剌忽迷思。关于黑马乳《元史》也有记载，按《元史·土土哈传》载：“（班都察）尝待（忽必烈）左右，掌尚方马畜，岁时挏马乳以进，色清而味美，号黑马乳，因目其属曰哈剌赤。”其实，威廉教士在该书中关于哈剌忽迷思的表述似有歧义，较正确的说法用汉语表述应为“清马奶”，即表奶色清白之意，故汉族史料中称这种马乳为“青湩”，取色清似黑之意。

威廉教士关于黑马奶的说法，至今使人产生一些误解，误以为以黑马之乳酿造之奶酒是最好的奶酒。这种说法也有史料为证：南宋使臣彭大雅在出使蒙古汗廷时，记下了他所见到的马奶酒，他在所著《黑鞑事略》中说：“初到金帐，鞑主饮以马奶，色清而味甜，与寻常色白而浊、味酸而膻者大不同，名曰黑马奶。盖清则似

黑，问之则云，此实撞之七八日，撞多则愈清，清则气不膻，只此一次得饮，他处更不曾见，玉食之奉如此。”以上可见此种黑马奶除宫廷可见，民间却极少喝到。

元代扈从诗人许有壬有诗记这种黑马奶：“味似融甘露，香疑酿醴泉。新醅撞重白，绝品挹清玄。”看来马奶酒中的绝品是黑马奶酒，而评判他的标准便是色清味甜。

蒙元时期，大汗或宗王贵族无论是饮用还是用于祭祀，其首推都是以白马之奶所酿之奶酒。著名旅行家马可·波罗在其《游记》中描述忽必烈之上都汗廷时，对酿制此种马奶酒有绘声绘色的描写：“大家必须知道，大汗豢养了上万匹牝马，他们色白如雪。只有成吉思汗的直系亲属才有权利饮用这种马的乳汁。此外，还有一个叫霍里阿德（霍里阿德在另一《游记》版本中为‘火里牙惕’）的家族，因为他们为大汗立下了汗马功劳，所以经大汗的特许，也有权饮用这种马乳。别的人谁也不得染指该物。”

（二）关于马奶酒在宫廷及贵族上层的大量消费

依据相关史料，在12世纪左右对蒙古人的记载中，大量饮用马奶酒似乎已经成为当时蒙古上层与平民间的一种时尚需求。宫廷与贵族间无须说，就是平民与下层部众，也以大量饮用马奶酒为日常生活必不可缺之习俗。元诗人贡师泰在其扈从诗中有云：“野阔天垂风露多，白翎飞处草如波。髯奴醉起倾浑脱，马湩香甜奈乐何。”可见蒙古社会各阶层饮用马奶酒之普遍。

饮马奶酒，等级却有很大区别，如上文所言：蒙古汗廷饮用的是最为珍贵的白马奶所挏之酒；贵族上层饮用的大多是“哈剌忽迷思”，即清马奶；而下层民众所饮马奶则极为普通，或许还有些“味腥酸”。如果是最下层的牧奴，就连这样的马奶也难以喝到，只能喝搅拌马奶后留下的渣滓，关于这一点，法国人威廉教士在《鲁布鲁克东行纪》中有真实记载：“他们继续搅拌奶，直到所有浑浊的部分像药渣一样径直沉底，清纯部分留在面上，好像奶清或新酿的白葡萄酒。渣滓很白，给奴隶吃，有利于睡眠。”

蒙古民族的上层社会，即宫廷及贵族之间大量饮用马奶酒更是时尚，特别是举行“忽里勒台”以及大型宴饮、祭祀活动时，马奶酒的消费量更是大得惊人。意大利传教士柏朗嘉宾，于1245年曾奉欧洲教皇之命出使蒙古，经万里跋涉，终于1246年8月24日抵达蒙古汗廷，有幸参加了蒙古大汗贵由的登基大典。归来他在所著《柏朗嘉宾蒙古行纪》中记载了蒙古上层的暴饮：“于是他们便开始喝马奶，喝得是那样多，一直到晚上为止，看起来简直叫人眼馋。他们传我们进去，请喝啤酒，因为已经没有马奶分给我们了。他们这样做为的是尊重我们。他们迫使我们喝得实在不能再喝了，因为我们不习惯这样暴饮。”

据法国传教士威廉所著《鲁布鲁克东行纪》记载，他在1253年出使蒙古汗廷途径拔都驻地时，见到“在他营地四周一日程的地方，有三十个人，每天其中一人要把一百只母马的这种奶送给他”。在蒙哥的蒙古汗廷，威廉教士还参加了蒙哥及其“哈敦”在圣约翰节举行的盛大宴会：“我计算装运马奶有一百零五辆车和九十匹马，在使徒彼得和保罗节也一样。”

在克鲁伦河畔举行的盛大“忽里勒台”上，蒙哥被推举为全蒙古的大汗。据伊朗历史学家志费尼所著《世界征服者史》记载：“如此这般，他们极尽种种欢乐的盛宴和狂欢进行了整整一个礼拜，忧虑和怨恨从他们心胸的庭院中被排出。而每一天，他们要穿上不同颜色的衣服，饮干杯盏。饮料和食物的日耗量是，三千车的忽迷思和酒，三百头马或牛，以及三千只羊。”这场聚会尽显蒙古宫廷豪华宴饮的特点，即每日喝掉三千车的忽迷思和酒，每天要换一套不同的衣服。波斯人拉斯特在所著《史集》中也记载了这一场盛会：“宴饮作乐整整举行了一星期。饮用库和厨房负责每天供应两千车和马湩，三百头牛马，以及三千只羊。”

忽必烈称帝后，实行两都巡幸制度，为满足各种酒类的大量消费，在大都及上都皆分设有尚饮局、尚醖局、醴源仓、典饮局等机构，以保证各种酒类的生产与供应。元代扈从诗人皆有诗句描写此种情形，诗人周伯琦曾有“万羊肉如陵，万瓮酒如泽”之句；另一诗人马祖常则有更为精彩的诗句云：“翠华宴镐承恩多，羽林似飞尽沙陀。从臣乞赐官法酒，千石银瓮来滦河。”文中可知仅上都一地酿酒规模及数

量便很庞大，其甘甜醇美应首推“官法”酿制的各种酒类。

关于宫廷马奶酒的大量制作及消费，在元正史中也有详细记载，《元史·祭祀志》记：“车驾行幸上都，太仆卿以下皆从，先驱马出键德门外，取其肥可取乳者以行，汰其羸瘦自不堪者还于群。自天子以及诸王百官，各以脱罗氈置撒帐，为取乳室。车驾还京师，太仆卿先期遣使征马五十酝都来京师。酝都者，承乳车之名也。既至，俾哈赤、哈剌赤之在朝为卿大夫者，亲秣饲之，日酿黑马乳以奉玉食，谓之细乳。……自诸王百官而下，亦有马乳之供，酝都如前之数，而马减四之一，谓之粗乳。”上述记载可以看出，元帝一年一度的两都巡幸，太仆寺上下都要动员大批人力物力配置酝都、精酿马酒，以供宫廷及官员消费。

（三）关于蒸馏的酒类

除了马奶酒，蒙古民族还酿制烈性奶酒，这种酒主要以鲜马奶或脱脂牛羊奶为原料，用奶曲发酵后经蒸馏而成。此种蒸馏之奶酒，蒙语称“撒林阿日克”。据《蒙古酒考》记载，此种奶酒以蒙古传统工艺六蒸六酿始成上品，其色清白，酒味醇香，属上乘饮品，其名为“逊苏尔”。《蒙古酒考》称此酒“非奉敬宾，不轻饮也”。

考蒸馏之奶酒缘起于何时，历史上没有详细记载，但查找相关史料，或许能推测出一个大概的时间。那当是成吉思汗建立蒙古汗国的前后，即12世纪末至13世纪初年。查《元史·阿拉兀思剔吉忽里传》：“阿拉兀思剔吉忽里，汪古部人，系出沙陀雁门之后。时西北有国曰乃蛮，其主太阳可汗遣使来约，欲相亲附，以国拒朔方。部众有欲从之者，阿拉兀思剔吉忽里弗从，乃执其使，奉酒六尊，具以其谋来告太祖。时朔方未有酒，太祖饮三爵而止，曰：‘是物少则发性，多则乱性。’”按此段史实，事发于公元1203年。次年的春夏之交，成吉思汗发动了对乃蛮人的战争并击败了他们。

分析这一段史料，我们从中得到一些信息：按文中所言，证明成吉思汗立国之初，朔方一带（指当时蒙古本部三河流域，即额嫩河、土拉河、克鲁伦河一带）除传统的马奶酒及中原传来酿制的谷物酒之外，尚没有蒸馏之烈性酒，但朔方的邻部如汪古、乃蛮这些接近于中、西亚的部族，当时肯定已经获得欧洲及西亚蒸馏器和蒸馏酒的技术。

从上述史料分析，成吉思汗从汪古部所献六尊酒中仅饮三爵而止，并有”是物少则发性，多则乱性“之语，说明此酒甚烈，肯定不会是从中原汉地传入蒙古地区的酿制低度米酒，此酒只能是烧制的蒸馏酒。由于马奶酒及牛羊乳类制作蒸馏酒的工艺相对简单，所以在蒙古诸部出现的蒸馏酒首先应该是奶酒。

1975年在河北省承德市青龙县出土一金代铜质蒸馏器，其制作年代最迟不超过金朝世宗时期（南宋孝宗时期）。另据考古史料记载，其实在契丹民族的辽代就已经有了蒸馏酒的烧造，因为近年来曾于辽上京出土发现了契丹人使用过的蒸馏制酒蒸锅。于是有人据此说我国汉民族最迟于南宋时期就发明了蒸馏之谷物酒。究其实此说纯属牵强附会。就当时的大历史来看，辽金皆为中国北方广大地区建立的独立政权，其领土面积数倍于南宋，而青龙县、辽上京皆为辽金朝北境之腹地，该地区发现蒸馏器说明辽、金人已掌握了蒸馏酒技术，此事却与汉地的南宋风马牛不相及，只能说明在公元12世纪末至13世纪初欧洲的蒸馏酒技术经欧亚大陆已经传播到蒙古高原的乃蛮、汪古诸部，并达到中国北方的辽、金朝。

至于蒙古本部的“朔方”，蒸馏酒的盛行可追溯到1218年至1225年成吉思汗的西征。据蒙元时期伊朗历史学家志费尼的《世界征服者史》和波斯历史学家拉施特的《史集》记载，成吉思汗西征大军在中亚地区攻下玉龙杰赤城时对守城百万军民进行了残酷的杀戮，但该城的十万工匠却得以保存性命并沦为奴隶，为蒙古宫廷和贵族服务。此事也发生在该地区的撒麻尔罕城，《世界征服者史》说：“……蒙古人清点刀下余生者，三万有手艺的人被挑选出来，成吉思汗把他们分给他的诸子和族人。”这些成为蒙古军战俘的欧洲、西亚及中亚的各族各色工匠随成吉思汗的西征大军返回蒙古高原以后，对蒙古及其周边地区的经济、科技、文化都产生了巨大的影响，当然这其中应该也包括蒸馏酒的制作和进一步推广传播。

近日看到韩国人赵鼎衡所著《韩国传统民俗酒》，其中有如下记载：“1231年蒙古军入侵，高丽借机引进了烧酒蒸馏设备及操作方法，蒸馏酒于是在韩国得到广

泛推广。”这说明在此之前蒙古人已掌握了蒸馏酒的制造技术，并将此项技术由蒙古高原传入朝鲜半岛。

其后，随着蒙古军的南征和忽必烈建立元朝政权，蒸馏酒技术得以引进中原汉地，并由汉民族把此项技术发扬光大，工艺日臻完美，蒸馏酒的品质也愈加精良。

考元代职司：元大都、上都置有尚饮、尚酿等局，掌酿造宫廷用细酒及诸王百官酒醴，并隶宣徽院光禄寺。说明蒸馏酒此时在东亚地区已得到普遍的推广。对此蒸馏之烧酒，元代太医忽司慧在其所著《饮膳正要》里第一次用汉语文字做了详细记述。其后，元代李东垣的《食物本草》中也介绍了蒸馏烧酒的制作及引进。这说明至少至元代，我国不分南北，均已普及推广了蒸馏烧酒。

至明代李时珍所著《本草纲目》，即明确记载了此种蒸馏酒的烧制方法，书中说：“烧酒，非古法也，自元时始创。其法用浓酒和糟入甑，蒸汽令上。用器承取滴露。……其清如水，味极浓烈，盖酒露也。”文中李时珍说此种酒“自元时始创”显然与事实不符，因为从中国的大历史来看，远至中国北方的辽金时期，甚至蒙古高原腹地的“三河之源”，早已经开始烧制各种蒸馏酒。

自元以后，在蒙古高原地区酿制奶酒蔚然成风，成为北方游牧民的主要饮品。据明代沈节甫《记录汇编·译语》记载：“马奶烧酒，饮少辄醉。”说明蒸馏之奶酒当时已得到普及。清代《清稗类钞》也记有：“奶子酒，以牛马乳所造之酒也。蒙古诸部皆有之。”说明蒙古高原游牧民饮用奶酒已广为普及。由于奶酒精良的品质和舒畅的口感，此酒也得到清宫廷的青睐。据乾隆二十三年间编撰之《口北三厅志·考牧志》记载：“察哈尔部镶黄、正黄、正白三旗官牛羊群牧场之牛群每年例进御膳房乳酥油一万二百二十二斤十二两，乳酒四千九百二十七斤八两……”此种例贡制度，伴随有清一代。直至一八九三年，俄国学者波兹德涅耶夫在考察察哈尔镶黄旗附近“四牛群”时，对此种例贡制度也做了详细介绍。此事详见于波兹德涅耶夫所著《蒙古及蒙古人》第一卷。

（四）关于酿制的发酵酒

所谓酿制的发酵酒即俗称之黄酒，是汉民族的伟大发明，距今已有数千年的历史。此种酒类的酿造技术最早于何时传入蒙古高原已不可考，有明确文字记载见于汉初。司马迁《史记·匈奴列传》有这样的记载："孝文帝后二年，使使遗匈奴书曰：'皇帝敬问匈奴大单于无恙。……。汉与匈奴邻国之敌（此敌字为势均力敌之意），匈奴处北地，寒，杀气早降，故诏吏遗单于秫蘖金帛丝絮佗物岁有数。'"其中，馈赠单于的金帛丝絮就不说了，仅秫蘖为何物？翻查辞书，原来，秫即今之黏高粱，可酿酒；蘖即酿酒用的酒曲。可见汉初中国北方游牧民族已经把发酵酒作为必备的饮料，同时也熟练地掌握了酿制发酵酒的技术，并在北方草原广为流传。

近日翻查《口北三厅志》，其中卷五《风俗物产篇》有一条记载引人注目。该篇在讲述"乌桓地"（注：史称之"乌桓地"涵盖今锡林郭勒及察哈尔草原大部，亦称"乌丸"）之物产时，刻意记载了一种称为"东蔷"的野生植物，并提到该植物的一种特殊用途，即其籽实可以制酒。循此线索查找相关史籍，果然收获颇丰。《魏书》记载："乌丸地宜东蔷，能作白酒（这里说的白酒乃是米酒的一种）。"又见《三国志·魏志》卷三十《乌丸传》注引载："乌丸者，地宜青蓟、东蔷。东蔷，似蓬草，实如葵子，至十月熟，能作白酒。"

依据这一线索，笔者也曾就"东蔷"之来历请教专门工作者。据云此种植物在蒙古高原广为生长，现今察哈尔地区俗称"米蒿"；甘、凉、银、夏一带俗称"沙米"。学者陈嵘著《中国树木分类学》将其定为蒺藜科，是一种矮灌木。清顺治《御制格物篇》对此物记载颇详："沙蓬米，凡沙地皆有之，鄂尔多斯所产尤多，枝叶丛生如蓬，米似胡麻而小。性暖，益脾胃，易于消化，好吐者食之，多有益，作为粥，滑腻可食，或为米，可充饼饵茶汤之需。"

以上关于"东蔷"的记载，使我们得以窥见历史上蒙古高原游牧民族的一个生活侧影，即"马逐水草、人仰湩酪"的单一畜牧业经济严重制约了草原游牧民族的生产生活。由于高原不产或很少生产粮食作物，如遇灾年或内地汉民族政权的经济

封锁，游牧民只能以“东蔷”这种野生植物之实充当食粮，或是用来酿制酒类。这就是“东蔷”这种野生植物从古至今屡屡见于史端的原因。

蒙古部，公元7世纪末至8世纪初见于史书。当时做“蒙兀室韦”，是室韦部落之一，居住在额尔古纳河下游。《魏书·室韦传》载室韦诸部：“颇有粟、麦及穄，唯食猪鱼，养牛马，俗又无羊。有曲酿酒。”又见《隋书·北狄传》：“契丹之类也，其南者为契丹，在北者为室韦。气候多寒，田收甚薄，无羊少马，多猪牛，造酒。食啖与靺鞨同俗。”以上两书均载蒙古先民室韦诸部“以曲酿酒”之史实，可见早在公元7世纪末，蒙古高原东北部地区诸多少数民族已熟练地掌握了酿制谷物酒的技术。

另外，《隋书·东夷传》中还提到与室韦同俗的靺鞨部尚有“嚼米为酒，饮之亦醉”的记载。分析靺鞨部“嚼米为酒”之法，当是一种古老而原始的酿酒之法，是利用口中唾液之酶催化谷物发酵的方法。此种方法在中原汉地尚无记载，但韩国人赵鼎衡所著《韩国传统民俗酒》中却讲述了其邻国日本酿酒时的一段趣事：古时日本有一种酿酒方法也是使少女用蔗杆刷牙，以海水漱口，嚼米以为酒，俗称“女儿酒”。此种制酒方法与蒙古高原的先民们“嚼米为酒”的方法如出一辙，由此使人产生不尽遐想。因非本题之义，故不多述。

至公元13世纪初年，蒙古汗国建立之后，蒙古高原的酒类酿制达到鼎盛时期。宗室贵族每逢宴饮，席间酒类应有尽有，使人目不暇接。法国人威廉教士在《鲁布鲁克东行纪》中生动记载到：“席间他（蒙哥汗）问我们要喝什么酒（当指烈性蒸馏酒），或者特拉辛那，即米酒；或者哈剌忽迷思，即澄清的马奶；或者布勒，即蜂蜜酒。在冬天他们饮用这四种酒。”蒙元之后，除酿制其他酒类外，蒙古民族酿制奶酒的传统绵延至今。无论走到哪个盟市，只要是蒙古族聚集的地方，主人都要端上醇香的各种酒类招待远方来客。

二、蒙古民族丰富多彩的酒文化

蒙古草原地处高寒，经年不息的西伯利亚季风时时从草原呼啸刮过，高原气候更是冬日严寒、夏日肃杀。由于特殊的气候与地理条件，一直繁衍生息在蒙古高原上的北方各游牧民族为适应高原严酷的生活环境，便与酒结下了不解之缘。也由于生活单调，文化贫乏，在北方草原游牧民族特别是蒙古民族中，逐渐形成了宴饮与歌舞的习惯，举凡祭祀、忽里勒台、氏族与家族聚集，都要大量饮酒与起舞放歌。按史料的记载，这种歌舞与宴饮竟然可以延续数十天之久，《元史·宪宗纪》曾记蒙哥举行忽里勒台称帝时："六年丙辰（1256）春，帝会诸王百官于欲儿陌哥都之地，设宴六十余日。"

《蒙古秘史》卷一也曾记成吉思汗的叔祖父——勇士忽图剌被推举为蒙古合罕时，在斡难河源举行忽里勒台的盛况："……全蒙古，泰亦赤兀惕聚会于斡难之豁儿豁黑川，立忽图剌为合罕焉。蒙古之庆典，则舞蹈筵宴以庆也。既举忽图剌为合罕，于豁儿霍纳黑川，绕蓬松茂树而舞蹈，直踏出没肋之蹊，没膝之尘矣。"文中说蒙古的庆典便是歌舞宴饮，甚至形象地说，因为绕着大树不停地舞蹈，竟然把大树的周边踩踏成没膝的小径。

正是由于蒙古民族这种源远流长的歌舞宴饮习惯，于是造就了这个民族颇具特色的宴饮文化、歌舞文化和酒文化。由于酒与蒙古民族有这样的不解之缘，千百年来所形成的丰富多彩的酒文化便主要表现在酒具、酒的礼仪、全民族对待酒的态度三方面。现就这三方面一一加以叙述。

（一）蒙古的酒具

蒙古民族所使用的酒具大约可以划分三个阶段：第一阶段为蒙古的初始时期。这一时期不论贵族上层与平民，大多使用"浑脱"这种较原始的酒具。第二阶段是成吉思汗建国前后的一段时间。这一时期由于蒙古帝国大规模的武力扩张，又从被征服的西方与东方国家俘获大量术业有专攻的工匠并集中于哈拉和林等地，加上成吉思汗之后的几代帝王大多耽于宴饮与享乐，于是在蒙古宫廷哈拉和林等地出现了许多制作精良的酒具，这些酒具极具东西方的民族色彩。第三阶段是忽必烈建立元朝之后。由于国力的强盛，经济与科技的发达，此时元宫廷酒具达到

中国历代帝王宫廷酒具的极致，不但精美奢华，而且气势宏大。

1. 蒙古民族早期的酒具“浑脱”

“浑脱”即汉族史料中经常提及的“皮囊”或“革囊”，它或者是由整张皮革精制而成，或者是由零散的皮革缝制而成，这是北方游牧民族以及蒙古民族早期最常用来储酒的器具。浑脱或许为匈奴语，后被北方诸游牧民族所沿用，因司马迁《史记》中多处记有此种盛酒的革囊，至宋、金、辽诸史书中已随处可见浑脱这种酒具的记载。明代陈世元在其《诸史夷语解义》中说：“浑脱，华言囊橐也。”由于浑脱原料易得，且制造方便，宜于携带，所以很久以前便被北方游牧民制作成大小不等、形制不一的各种酒具。

13世纪中叶法国传教士威廉在《鲁布鲁克东行纪》中记载蒙古草原上男人们夏季工作时说：“男人照看马匹，挤马奶，搅拌忽迷思，即马奶子，并且制作盛它的皮囊。”以上可见，因为浑脱用量之大，所以制作浑脱成为草原男人的一项主要工作。

纵观12—13世纪的蒙古草原，使用浑脱的不仅仅是普通的游牧民众，即使在蒙古汗廷与贵族上层，也在大量使用浑脱来盛装酒类。元人张昱的扈从诗《辇下曲》中记此情景时说：“挏官马湩盛浑脱，骑士封题抱送来。传与内厨供上用，有时直到御前开。”

浑脱不但盛行于辽、金、元以前的北方草原，入清以后，浑脱仍然是游牧民族最主要的生产生活器具。清初，乾隆皇帝巡幸边外蒙古诸部时，曾作《过蒙古诸部落》诗数首，其中就有边外蒙古人众手倾浑脱、醉趁孤鸿的生动描写，诗中写道：“猎罢归来父子围，露沾秋草鹿初肥。折杨共炙倾浑脱，醉趁孤鸿马上飞。”

关于浑脱的形制与制作，元末明初人叶子奇在所著《草木子·杂俎》中作了详细介绍：“北人杀小牛，自脊上开一小孔。遂旋取去内头骨肉，外皮皆完，揉软用以盛乳酪酒湩，谓之浑脱。”书中所言浑脱，造型精美，体积巨大，似乎可储马酒数百斤。这并不是最大的浑脱，14世纪初年，波斯历史学家拉施特以其独特视角著有蒙古史《史集》一部，其中记载了一个蒙古早期的特洛伊木马故事，道具就是上文所言之浑脱。

故事记载："王汗的祖父名为马儿忽思，他又被称作不亦鲁黑汗。当时，塔塔儿诸部人数很多，很强大，但经常称臣于乞台和女真的君主（注：当时的乞台为辽，女真为金）。那时，塔塔儿王公的首领名叫纳兀儿·不亦鲁黑汗，他在捕鱼儿·纳兀儿地方有禹儿惕。（注：捕鱼儿地方即今贝尔湖，禹儿惕为驻牧营地）有一次，利用机会俘获了客列亦惕人的君主马儿忽思·不亦鲁黑，（把他）送到了女真君主处。女真君主将他钉到'木驴'上杀害了。

"过了一些时候，马儿忽思·不亦鲁黑汗的妻子忽秃黑台·赫里克只（赫里克只意为光艳动人，由于她容貌很漂亮，美丽动人，故被称为此名）便派人去说道：'我想送给塔塔儿君主纳兀儿·不亦鲁黑一百只公绵羊，十匹母马和一百酝都马湩。''酝都'一词，是指用皮子缝成，载于大车上的一种特别庞大的袋子，每袋可装五百'曼'马湩。忽秃黑台想为丈夫报仇，便在这些'酝都'中藏了一百名全副武装的勇士，并将袋子置于车上。他们到达后，便将公羊交给厨师，要他们准备起来，并且说道：'宴饮时，我们用车把马湩运来。'入席以后，他们拉来了载着'酝都'的那一百辆大车，面对着他们（举行宴会）的地方停住，并卸了下来。勇士们出来后，就和君主之妻（忽秃黑台）的其他仆从一起，抓住了塔塔儿君主，将他和在场的大部分塔塔儿部异密（异密为贵族领主）们都杀死了。这件事之所以有名，是因为马儿忽思汗的妻子用这个办法替自己的丈夫报了血仇。"

在这个蒙古版的特洛伊木马故事中，拉施特不仅赞扬了蒙古族妇女的智慧和勇敢，也对隐藏勇士的道具'酝都'作了详细介绍。关于"酝都"，文中说它是皮革缝制的特别庞大的袋子，可装载上千斤的马奶酒云云。细究起来，拉施特的描述有误，文中那个庞大的袋子应该称作浑脱，而酝都却指装载这类浑脱的专用车辆，是蒙古语的音译。《元史·兵志三》载："酝都者，承乳车之名也。"

浑脱除巨大之外，尚有多种形制。《蒙古秘史》卷之二曾记：少年铁木真即成吉思汗被泰亦赤兀惕人掳去，后逃脱，为泰亦赤兀惕族人锁儿罕失剌所救，"搜者去后，锁儿罕失剌曰：'几使我为灰飞矣，今可寻汝母汝弟每去。'遂使乘口白草黄不驹牝马，煮帖勒羔羊，治背壶、皮桶，不与鞍，不与嫌，与弓一，与箭二，装而遣焉。”在明朝原版《元朝秘史》中，文中所言背壶、皮桶原文为“可兀儿，南不合”，汉译旁注为“小皮桶，大皮桶”。对照蒙古文《分类辞典》“可兀儿”为“背壶”，也就是今人所言之“背囊”，“南不合”才是“皮桶”，即今人所言之“皮斗”。在当时的语境中，这两种物件皆可以称为皮具“浑脱”。那背壶是给铁木真用来装饮用水的，而皮桶却是汲水器具，用来饮马。

在早期的蒙古历史中，浑脱之属，尚有称作“酒局”的物件。拉施特《史集》记此事这样说：“有一天，成吉思汗的母亲月伦·额客、成吉思汗和他的兄弟拙赤·合撒儿，斡惕赤斤那颜，同乞牙惕部禹儿勤分部的领袖薛扯别乞、泰出一起，在斡难河河谷的树林里聚会，准备了母马和盛酸马奶的袋子，举行宴饮。”此中盛酸马奶的袋子即“浑脱”无疑，但是因这件“浑脱”却牵出了宴饮中的礼仪之争：

《蒙古秘史》卷四如是说：“其筵之也，与成吉思合罕，与诃额仑夫人，与合撒儿，与撒察别乞等为首，注一瓮焉。又以撒察别乞之小母额别该为首，注一瓮焉。时豁里真妃，忽兀儿臣妃二人曰：‘奈何不以我为首，而以额别该为首注之焉？’遂箠司厨失乞兀儿矣。司厨失乞兀儿被箠而大声哭曰：‘因也速该把阿秃儿、捏坤太石二人已死，乃被箠如此也耶！’”

在明初所译《蒙古秘史》中，把上文出现的这件盛酒器具称为“瓮”，细察原文，此物称“秃速儿格”，旁注即“瓮”。之后，“秘史”中多处又将“秃速儿格”旁注为“酒局”。《元史·太祖纪》、《圣武亲征录》中又皆称此酒具为“革囊”。综观上述各种注释，《蒙古秘史》中所称之“瓮”就是一件皮制的酒具，也就是蒙元时期经常提到的革囊“浑脱”。这类浑脱造型一定是非常精美，因其承担着“酒局”的功能。

从《蒙古秘史》记载的这次宴饮中可以看出：“酒局”具有很强的礼仪功能，酒局的摆放一定要有长幼尊卑的次序，身前摆放酒局乃是身份尊贵的象征。文中豁里真与忽兀儿臣二妃认为筵中酒局摆放不当，从而折辱了她们的身份，于是殴打了司厨失乞兀儿。

至1206年成吉思汗建立蒙古汗国时，这些精美的皮制酒局愈发宏大，《蒙古秘史》卷九原文中称此种酒局为“也客·秃速儿格”，即“大酒局”。文中讲成吉思汗1206年于“大忽里勒台”上论功行赏：“而今汪古儿、孛罗兀勒二人乘马而行，给散吃食与众人乎！坐则坐于大酒局之左右厢，以料理吃食而坐之，脱仑与汝等，可居中坐之。如是指予其位矣。”文中间接指明：宴饮时被成吉思汗指定坐于“大酒局之左右厢”或“居中坐”，皆为无上荣耀与尊崇。

以上所述皆为盛酒、乳及水的浑脱，其实在北方游牧民族中，早已践行把浑脱用于战事，即强渡河川的器具。北宋苏辙作《请户部复三司诸案札子》记此类浑脱说：“访闻河北道顷岁为羊浑脱，动以千计，浑脱之用，必军行乏水，过渡无船，然后须之。”可见宋辽时，浑脱已不是北方游牧民族的专属，北宋在辽之边界，军中已批量制造羊浑脱，平时储水，如遇河川则凭此过渡。《续资治通鉴》记宋神宗元丰四年事：“其济渡之备，军中自有过索、浑脱之类。”也验证了上述说法。

蒙元时期，蒙古军队大量使用浑脱强渡江河，进而克敌制胜的事例史书也有记载。《元史·石抹按只传》记：“叙州守将横截江津，军不得渡，按只聚军中牛皮，作浑脱及皮船，乘之与战。”此战元军大胜。传中石抹按只为契丹人，却谙熟浑脱制法及使用，可见宋辽前中国北方将浑脱用于战事已是普遍现象。

时至今日，在黄河上游渡口宁夏一带，当地民众仍然沿用此法，以牛皮或羊皮制成浑脱，充气后联成筏具横渡黄河。此时浑脱，也仅供游人观赏、体验而已。

2. 哈拉和林时期的蒙古宫廷酒具

公元1206年，成吉思汗于漠北斡难河源举行盛大“忽里勒台”，宣布建立蒙古汗国，从而完成了北方草原蒙古诸部的大一统。统一之始，蒙古汗国便展开了对西部欧亚草原带及其南部金朝的扩张。扩张的结果，中亚、西亚、俄罗斯以及欧洲部分地区臣服于蒙古，南方之金也随之灭亡。破国之余，大批财富源源不断地集中于蒙古汗国的大本营——哈拉和林，同时也有大批东西方优秀工匠被掳掠到这里。于是哈拉和林便拥有了全世界最精美的酒具，以及能够制作这些酒具的众多匠人。

在13世纪前半叶，继成吉思汗之后即位的窝阔台合罕开始建造北方都城哈拉和林。波斯史学家拉施特在其所著《史集》中详细描述了哈拉和林城的建设，以及外来金银工匠们制造精美酒具的情景。《史集》说："因为他（窝阔台）过去就曾从汉地带回来各种工匠和各行各业的技师，所以他下令在自己的禹儿惕哈拉和林——他大部分时间的驻留地，修建一座有高台基和柱子，与这位君王的宏图相称的宫殿。"在修建宫殿的同时："他下令让著名的金工匠用金银为沙剌卜哈纳（汉译为酒房）打造象、虎、马等兽形的膳具。它们被用来代替'蒙忽儿'（饮酒用的大碗）盛酒和盛马湩。在每一兽形器具前安放一个银盆，从那些兽形器具的口中流出酒和马湩并流入盆内。"

13世纪中叶，为了解东方强大的蒙古汗国，并建立相互联系，位于欧洲的天主教廷陆续派出使者出使蒙古，这些使者大多为职级不等的传教士。其中最为著名的是1245年出使蒙古的意大利传教士柏朗嘉宾，还有1253年去往蒙古汗廷的法国传教士鲁布鲁克的威廉。柏朗嘉宾有幸参加了蒙古大汗贵由的登基大典；鲁布鲁克的威廉则有幸觐见了当时的蒙古大汗蒙哥。归来后，他们将各自的蒙古见闻写成行纪，它们分别是《柏朗嘉宾蒙古行纪》和《鲁布鲁克东行纪》。这两个行纪真实地记录了13世纪中叶蒙古汗国的宫廷场景，以及蒙古平民的生产、生活状况，是研究13世纪蒙古历史不可多得的珍贵史料。

在柏朗嘉宾东行至今俄罗斯伏尔加河流域时，值术赤之子拔都正在这里驻帐，他觐见了拔都。在《柏朗嘉宾蒙古行纪》中，他详细介绍了拔都大帐内的景况："在幕帐内靠近大门的地方，摆放一张桌子，桌子上陈列金银器皿，内盛饮料。拔都从来不喝酒，鞑靼诸王亦然，尤其是在大庭广众之下更为如此，除非在欣赏歌舞音乐时例外。"

无独有偶，十年后，鲁布鲁克的威廉教士出使蒙古汗廷时也路经这里，他也记下了觐见拔都时大帐内的景况，他在《鲁布鲁克东行纪》中说："他（拔都）坐在一条宽若卧榻的长椅上，长椅全部涂金，有三级阶梯通往上面，他身旁坐着一个妃子。男人坐在他的右侧，女人在左侧。女人一侧的地盘，因为只有拔都的妻妾，没有被她们占满的，就由男人占据。帐殿入门处，放着一条板凳，摆着忽迷思和饰有宝石的大酒杯。”

在两篇行纪中，关于拔都帐幕的描述大同小异，但都记写了摆放在帐幕口的金银器皿和饰有宝石的金银大酒杯。可见在成吉思汗之后的蒙古王廷早已是今非昔比，王廷酒具已不见了“浑脱”，多是造型精美的各种金银酒具。这些酒具想必是一部分来自被征服国家的战利品，一部分是由被掳掠的各国工匠所制作。

经过艰难的跋涉，法国传教士鲁布鲁克的威廉，终于在1253年底抵达蒙哥大汗的宫廷——哈拉和林。在蒙哥的大帐，他又见到了一件让他难以忘怀、精美绝伦的酒具。在《鲁布鲁克东行纪》中写道：

“蒙哥在哈拉和林有座大宫殿，坐落在城墙左边，四周高墙环绕，犹如我们家乡修道院四周有高墙一样。……在这座大宫殿的门口，因为运进盛马奶和其他饮料的皮囊很不雅观，所以巴黎的匠人威廉就为他制作了一株巨大的银树，在它的根部是四只银狮，各通有管道，喷出白色马奶。树内有四根管子，通到它的顶端，向下弯曲，每根上还有金蛇，蛇尾缠绕树身。一根管子流出酒；一根流出哈剌忽迷思，即澄清的马奶；一根流出布勒，即一种用蜜做成的饮料；还有一根流出米酒，叫做特拉辛纳的。树足各有一特制的银盆，接受每根管子流出的饮料。顶端这四根管子之间，他制作了一个手拿喇叭的天使，而在树的下部，有一个穹窿，里面藏有一个人。有一根管子从树心通到天使。最初他做了一只风箱，但风力不足。宫殿外有一个储存饮料的窖，那里的仆人听见吹喇叭的声音，便准备把饮料倾倒出来。树有银枝、叶子和果实。每逢饮宴的时候，大管事就命令天使吹喇叭。这时，那个藏身于穹窿里的人，一听见命令，马上拼命往那根通向天使的管子送气，天使就把喇叭放到嘴上，大声吹响喇叭。于是窖里的仆人听到喇叭声，把不同的饮料倾入各自的管道，从管道流进准备好的盆中，管事再取出送给宫里的男男女女。”

“宫殿像一座教堂，有中心部分，两侧是两排柱子，南面是三道门，那株树立在中门内。汗坐在北面的高处，让大家都能看到。有两条阶梯通向他，送酒的人从一条上，从另一条下。中间的地方，即在树和这些送酒的阶梯之间，是空着的，因为

这里是他的侍从或献礼的使臣站立之处。”

上文中讲到，哈拉和林宫廷内这件精美的酒具是法国工匠威廉制造的，可见威廉制造的这件酒具肯定是西洋式；前文说在拔都的幕帐里摆放着镶嵌宝石的各种金银酒具，这种名贵的酒具显然具有中、西亚地区的阿拉伯风格。可见在那一时期蒙古汗国的对外扩张与征服，不但具有极强的侵略性与破坏性，同时客观上也具有沟通北方草原带、连接欧亚的积极作用。

从文中也可看到：鲁布鲁克的威廉提到的几种酒，除哈刺忽迷思即奶酒出于蒙古本土外，其余米酒即文中的特拉辛纳，其制作及工艺肯定来自汉民族；另外文中提到的“酒”，应该就是西方传来的蒸馏烈性酒，而南方之宋，当时显然尚不具备生产该蒸馏酒的技术；还有一种蜜酒即布勒，应该就是中、西亚地区大众最喜欢饮用的果酒类。

3. 元大都及上都的宫廷酒具

蒙古汗国至元八年（1271），忽必烈改蒙古国号，建国号为“大元”，以大都为首都，并于1276年灭南宋，统一了全中国。元之大都宫廷，极尽奢华，散布于宫廷各处的酒具也是高端大气，金碧辉煌。元人尚饮，熏风酷烈，于是形形色色的酒具也应运而生。仅以大都宫城为例，宫城内殿宇连云，几乎殿殿皆有酒局，皇室后宫、文武百僚，日日宴饮为乐，甚至议政时也要饮酒，其奢侈、惰政、反传统可见一斑。此种情景，元时汉臣王恽便颇有微词，他在所著《秋涧集》卷五十七中就说：“国朝大事，曰征伐，曰搜狩，曰宴飨，三者而已，虽矢庙谟，定国论，亦在樽俎餍饫之际。”

考大都酒具，最具代表性的应属置于宫内广寒殿上的渎山大玉海。据专家考证，该玉海为存世最大玉器，玉质为河南独山之玉，这个椭圆形的大酒瓮，重有3.5吨，腹深0.57米。酒海通体用黑质白章墨玉雕成，既显粗犷豪放，又具精致典雅，是世上不可多得之精美玉器。据《元史·世祖本纪》记载：该玉海成于至元二年（1265），被“敕置广寒殿”，宫廷凡有重要宴饮，必用此酒海以飨百官。该玉海元亡之后又有种种传奇经历，略过不提，现玉海置于北海公园团城承光殿前玉瓮亭内。

在大都宫廷，能与渎山大玉海相媲美的酒具还有大明殿中设置的一座云龙蜿绕木质银裹漆金瓮，史载该瓮金碧辉煌，高一丈七尺，可储酒五十余石。按元代宫廷规制，大明殿是宫内最为重要的议事、朝仪殿堂，元统治者却在此大殿中央堂而皇之地设置了偌大一个酒局，为历朝历代绝无仅有，也确属特立独行。关于大明殿的酒局，《元史·礼乐志》有记：元廷在正受朝仪、贺正旦仪时“朝贺毕，四品以上赐酒殿上，四品以下，赐酒日精、月华门下。”可见在大明殿的宴饮，于元代来说乃属平常事。

关于大明殿这件银裹漆金瓮，中国正史记述不多，想必是元统治者在大明殿之上设置酒局之事，确是不容于中国传统文化，同时也被后人视为离经叛道之举。倒是元明之际一些野史轶闻中对此事记载颇详，特别是当时一些外国传教士、旅行家在其传记、旅行记中对这件酒具有极为精妙的描述。13世纪末叶，意大利旅行家马可·波罗曾在元之中国长时间居住与旅行，在其后来所著《马可·波罗行纪》中，详细记述了他于大明殿上亲眼目睹的这件酒具：

“在大殿的中央，即大汗的御案之前，摆着一件宏大的器具。它的形状像一个方匣，每边各长三步，上面雕有各种动物的图案，极其精致，并且整个器具都是镀金的。匣子中间是空的，装着一个巨大的纯金容器，足可以装下许多加仑的液体。这个方匣的四边各摆着一个较小的容器，大约能盛五十二加仑半，其中一个容器盛着马乳，一个容器盛着骆驼乳，其余各个容器盛着其他各种饮料。这个匣子中还放着大汗的酒杯、酒瓶等物品。这些器具有些是由漂亮的镀金金属制成的，容积极大，如用来盛酒或其他汁液，每件容器都可供八人之用。”

以上是马可·波罗描述的这件银裹漆金瓮。无独有偶，大约在在元英宗至治二年（1322），有一个意大利传教士鄂多立克也游历了元大都，并且在大都生活了三年。他在所著《鄂多立克东游录》中，也真实地记录了他所目睹的这件精美酒具：

“他（元英宗）居住的宫殿雄伟壮丽。其殿基离地约两步，其内有24根金柱，

墙上均挂着红色皮革，据称系世上最佳者。宫中有一大瓮，两步多高，纯用一种叫做密尔若哈的宝石制成，而且是那样精美，以至我听说它的价值超过四座大城。瓮的四周悉绕以金，每角有一龙，作凶猛搏击状。此瓮尚有下垂的以大珠缀成的网縫，宽为一拃。瓮里的酒是宫廷用管子输送进去；瓮旁有很多金酒杯，随意饮用。”

由于此酒局宏大雄伟，高有一丈七尺左右，取酒不易，酒局旁遂架高梯以大杓取酒。其杓形状，《马可·波罗行纪》有记：“其杓之大，盛酒足供十人之饮。取酒后，以此大杓连同带柄之金盏二，置于两人间，使各人得用盏于杓中取酒，妇女取酒之法亦同。应知此种杓盏价值甚巨，大汗所藏杓盏及其他金银器皿数量之多，非亲见者未能信也。”

关于元宫廷内置黄金酒海、高梯大杓、酗酒无度之状况，元人张昱《辇下曲》诗中有精到记载：“黄金酒海赢千石，龙杓梯声给大筵。殿上千官多取醉，君臣胥乐太平年。”

除广寒殿、大明殿设置宏大酒局之外，据元学者陶宗仪所著《辍耕录》及明人萧洵所撰《元故宫遗录》记元大都宫廷规制，宫廷内尚有酒局多处，较为著名的又有：延春阁——“正中亦设玉台床，床前亦置金制酒瓮，称金玉海”；连春堂——“前设金酒海四，列金红小连床”；广寒偏殿——“列金红连椅，前置螺甸酒桌，高架金酒海”。

据记载，元宫廷内部除酒局之外，尚有诸多精美酒具，极尽奢华。元人忽思慧所著《饮膳正要》中记：“（宫中）进酒时必用沉香木、沙金、水晶等盏斟酌适中，执事务合称职，每日所用标注于历，以验后效。”文中所列沉香盏、沙金盏、水晶盏想必都是极为罕见之物，可谓稀世奇珍。

元著名扈从诗人周伯琦在其诗中也曾记下元宫廷酒具之奢华：“颇黎瓶中白马酒，酌以碧玉莲花杯。帝觞余沥得沾丐，洪禧殿上因裴回。”诗中所提两件酒具，一为颇黎瓶，一为碧玉莲花杯，在现今文物界皆极为少见，可见存世量也非常稀少；诗中所言洪禧殿，乃元上都五座大殿之一，可见上都宴饮之风丝毫不逊于元之大都。

以上记载皆为元宫廷酒具。其实蒙元时期因国力空前强大，经济科技高度发达，除宫廷酒具奢华精美、气势宏大之外，在贵族与平民之间尚有诸多精美酒具亦为世人称道，最为著名当属江西景德镇烧造的元清花瓷器，如玉壶春瓶等酒具；在中国北方当时尚有河北磁州窑烧造的精美酒具，如颇具民族特色的牛腿坛、鸡冠壶等，这是适应北方游牧民族以车马为家的流动性生活创造出来的独特陶瓷类容器。上述两种瓷器，其实在辽、金时代便已普及，其中鸡冠壶造型来源于北方游牧民族的“浑脱”，即皮囊。近日，在锡林郭勒盟还发现一个元代磁州窑生产的白地黑花龙凤纹四系大罐，该酒瓮高有五十余公分，造型精美，雄浑大气，堪称元磁州窑的代表之作。

除上述酒具外，在蒙古宫廷与民间还存在一种专门用来祭祀的酒具。此种酒具造型奇特，在蒙古人眼中，它具有沟通天地、祖宗、神灵的奇特功效。蒙古民族在春季的成吉思汗祭祀被称为查干苏鲁克大祭，祭祀中有一只奇特的镶金马奶桶，该桶称“宝日温都尔”，它能够承装九九八十一匹白马之乳三百斤，承装在宝日温都尔中的新鲜白马奶。在祭祀时也需要使用特殊酒具向天地四方抛撒，这件酒具称“楚楚和”。该酒具为纯银制作，有一长柄，柄前横嵌一列九个酒杯，这可能就是马可·波罗记载的那个“形似金杯而有柄”的祭祀酒具。

三、蒙古民族的饮酒礼仪与祭祀

由于蒙古高原特殊的地理环境，也造就了游牧民族特殊的生活方式和饮食习惯。饮酒是北方游牧民族的共同爱好，各民族宴饮之风由来已久，蒙古民族尤甚。在草原繁衍生息的牧民，或因水草丰美、牛羊繁盛而产生喜悦之情，于是宴饮，因同时举行各种娱乐活动，称为“那达慕”；或因盛大聚会如“忽里勒台”，也要举行数日、数十日的宴饮；或是定期举行各种祭祀活动，除举行“马奶祭”外，更要举行盛大宴饮活动。至蒙元时期，宫廷中、贵族间，乃至社会各阶层，此种宴饮更是繁复泛

滥，不可胜数，于是各种饮酒礼仪、饮酒名目也便应运而生。

（一）蒙古早期的饮酒礼仪与祭祀

12世纪的初中叶，中国北方的蒙古高原上，大约有近百个蒙古游牧部落繁衍生息。在克鲁伦河、土喇河与斡难河上游之间，游牧着成吉思汗的先祖蒙古乞颜部的孛儿只斤、泰亦赤兀惕诸氏族部落。《蒙古秘史》多处记载，三河之源的蒙古诸部，凡依照古老“约孙”规定举行的盛大“忽里勒台”，都要举行盛大宴饮活动。《蒙古秘史》57节记：12世纪初，三河之源的蒙古人在斡难河边的豁儿豁纳黑川的一棵大树之下聚会，推举勇士忽图刺为汗，当时曾举行盛大宴饮。《蒙古秘史》称那棵大树为“鬅鬆之树”，据蒙古史书记载，在这棵树下，曾举行过数次盛大聚会。《蒙古秘史》说在那次推举忽图剌为汗的大聚会上，新汗每天可食一只汤羊，用庞大的盆盂盛马湩而饮。众人围绕着大树载歌载舞，以至“直踏出没肋之蹊，没膝之尘矣”。以上记载可以看出，早期蒙古的聚众宴饮，除大量饮酒（主要是马奶酒）外，还要伴以欢快的歌舞，形式朴素而又热烈。

当时宴饮，崇尚简朴、自然，宴饮间以氏族部落首领及长者为尊，席间遵循严格的礼仪制度，不可以随意逾越约定俗成的传统礼数。

《蒙古秘史》卷二曾记：在一个春天，蒙古俺巴孩汗的两个遗孀斡儿伯、莎合台举行祭祀祖先的仪式，成吉思汗之母也速该把阿秃的遗孀诃额仑因来迟，并未得到应分得的那份祭肉，这在当时被视为羞辱与大不敬，于是诃额仑夫人质问斡儿伯、莎合台二人道：“岂以也速该把阿秃已死，谓我子不长？祭祖之祚物中，余胙中，供酒中，何以俾后之也耶？乃至俾视之而食，不唤而徙也耶？”据理力争的结果，是宴席不欢而散。此事例可以看出，当时是把祭祀间的礼仪视为最庄重之事，不可以有丝毫简慢。

关于文中所言蒙古族早期祭祖仪式，《元史·祭祀志》国俗旧礼条云：“每岁，九月内及十二月十六日以后，于烧饭院中，用马一，羊三，马湩，酒醴，红织金币及裹绢各三匹，命蒙古达官一员，偕蒙古巫觋，掘地为炊以燎肉，仍以酒醴，马湩杂烧之。巫觋以国语呼累朝御名而祭。”

明版《元朝秘史》也曾记载成吉思汗多次祭奠天地山川的情景：“一般祭祀，说，向日，将系腰挂在顶上，将帽子挂在手上，椎胸，跪了九跪，将马奶子酒奠了。”

按《蒙古秘史》与《祭祀志》所言，蒙古祭祖仪式主要酬以马酒；祭祀中杀牲所得之肉称为祭肉，即《蒙古秘史》中所称“余胙”，此余胙为在场之人按不同部位每人一份，前文俺巴孩汗两遗孀于祭祖仪式上却独独未分给诃额仑夫人祭肉，此举乃属违反礼数之事，是对诃额仑夫人及其家族的大不敬。

在成吉思汗时代，宴饮中的礼仪也被视为极其重要，席间座次的排列、酒局摆放的适当与否，都可能成为宴席中爆发冲突的导火索。《蒙古秘史》卷四曾记：成吉思汗有一次在斡难河岸边设宴，宴请主儿勒诸部的人众。筵席上，因为在主儿勒部的两个后妃面前没有摆放盛马奶的酒局，于是认为被人轻视，这两个妇人（《蒙古秘史》称她们为豁里真哈敦和忽兀儿臣哈敦）盛怒之下殴打了成吉思汗的司厨失乞兀儿。从这一事件可以看出，成吉思汗时代，蒙古人极为重视席间礼仪，不可以稍有逾越。

《鲁布鲁克东行纪》一书详细介绍了蒙古人关于以酒祭祀的情景：“当他们聚会畅饮的时候，他们首先把酒洒向主人头上的那个像，然后依次洒向其他的像（这些像多为毡制偶像，挂于蒙古包内，属萨满祖先崇拜）。接着一名仆人拿着杯子和酒走出屋外，三次向南方撒酒，每次都下跪，那是向火献祭；再就是向东方，那是祭空气；又向西祭水；向北方则是向死者献祭。主人举杯在手欲饮，他先倾撒一些在地上，如果他是乘马饮酒，那他饮前先撒点在马颈或马鬃上。”

文中对蒙古人的饮酒礼仪有如此描述：“在冬天，他们用米、粟、麦和蜜酿造上等饮料，它清澈如果酒，而果酒是从遥远的地方运到他们那里。在夏天他们只酿制忽迷思。在屋舍内的门前，总找得着忽迷思，旁边站着个拿琴的乐人。我们有琵琶和提琴，在那里我却没有看见，但那里也有很多我们所不知道的乐器。当主人要饮酒时，一个仆人就大声喊道：‘赫！’于是琴手弹起琴来。同时他们举行盛会时，都拍着手，随琴声起舞，男人在主人前，女人在主妇前。主人喝醉了，这时仆人又如前一样大喝一声，琴手就停止弹琴。”

接着在书中又描述了酒席中众人敬酒的情景：“接着他们轮番把盏，有时他们放荡和开怀地饮酒。他们要跟人赛酒，便抓住他的两只耳朵，拼命要掰开他的喉咙，他们同时在他面前拍手跳舞。当他们要为某人举行盛宴款待时，一人就拿着盛满的酒杯，另两人分别站在他的左右，这三人如此这般向那个被敬酒的人又唱又跳，他们都在他面前歌舞。他伸出手去接杯，他们却迅速地把杯子缩回去，然后再如前一样送过去。他们三番四次不让他接着杯子，直到他兴奋起来，有了胃口，这时他们才把杯子递给他。他边喝酒，他们边唱歌拍手和踏足。”

以上的描述，基本符合当时蒙古人聚会饮酒时的情景，但酒酣时过分的敬酒行为当属例外。

（二）蒙元时期蒙古宫廷酒礼与祭祀

蒙元时期，由于国力空前强盛及财富的大量聚敛，在蒙古宫廷及贵族上层兴起一股奢靡之风，特别是忽必烈定鼎中原后，酒风尤甚。元《经世大典·礼典·燕飨》载：“国有朝会庆典，宗王大臣来朝，岁时行幸，皆有燕飨之礼。”其目的就是“以睦宗戚，以亲大臣，以裸宾客”。

此期间宫廷酒礼繁复，与蒙古初始阶段那种简单、质朴的饮酒礼仪大相径庭。陶宗仪《辍耕录 》记宫廷宴飨说：“天子凡宴飨，一人执酒觞，立于右阶，一人执柏板，立于左阶。执板者抑扬其声，赞曰 ‘斡脱’。执觞者如其声和之，曰‘打弼’。则执板者，节一板，从而王侯卿相，合坐者坐，合立者立。于是众乐皆作，然后进酒，诣上前。上饮毕授觞，众乐皆止。别奏曲以饮陪位之官，谓之‘喝盏’。盖沿袭亡金旧礼，至今不废。诸王大臣，非有赐命，不敢用焉。”

关于“质孙宴”

质孙宴是来源于服饰。按蒙古旧俗，凡有盛大聚会，如“忽里勒台”、那达慕等，王公以下乃至平民，都要身着盛装赴会，其中蒙古贵族上层尤甚。《蒙古秘史》、波斯史学家拉施特的《史集》、史学家志费尼的《世界征服者史》，都曾详细描述了蒙古宗王上层赴忽里勒台盛会时着装的情景。

志费尼在《世界征服者史》中描述了窝阔台合罕登基时的盛况，那是在克鲁伦河畔举行的忽里勒台盛会上。书中讲道："一连四十天，他们每天都换上不同颜色的新装，边痛饮，边讨论国事。"

同样的事情，也发生在推举贵由为汗的忽里勒台盛会上，意大利传教士柏郎嘉宾在其《柏朗嘉宾蒙古行纪》中讲述他所看到的情况："第一天，他们（鞑靼人）全穿上白袍；第二天，贵由进帐之日，他们穿红袍；第三天，他们穿蓝袍；第四天则穿最好的锦缎。"

由于每天都要更换不同服饰与会，以上这种宴饮被称为"一色衣"宴，蒙古语称之为"质孙宴"。

关于质孙宴，《元史·舆服志》载："质孙，汉言一色服也，内廷大宴则服之。冬夏之服不同，然无定制。凡勋戚大臣近侍，赐则服之。下至乐工卫士，皆有其服，精粗之制，上下之别，虽不同，总谓之质孙云。"所谓质孙服，即一色服，在蒙古初始阶段，无分贵贱，一色即可，至蒙元时期，则夸奇炫富，华丽无比。元虞集《曹南王勋德碑》中说："质孙者，贵臣见飨于天子则服之，今所赐绛衣也，贯大珠以饰其肩背间，膺首服亦如之。"

以上论述可以看出：所谓质孙宴，乃是适于议事、聚会如忽里勒台等场合，因场面较严肃、庄重，故着装亦统一、艳丽。

关于"诈马宴"

所谓诈马宴，按学者言说就是"盛装的马"，诈马宴突出的是马。元扈从诗人杨允孚《滦京杂咏》诗云："千官万骑到山椒，各个金鞍雉尾高。下马一齐催入宴，玉栏杆外换宫袍。"诗后有注："每年六月三日诈马筵席，所以喻其盛事也，千官以雉尾饰马入宴。"由此可以看出，所谓诈马，乃是继承北方游牧民族爱马、重视马的传统，于是在户外活动时将爱马加以装饰，不外是装饰马的鬃尾，配上最为华丽的鞍具，有的还要着绚丽的马衣。

"质孙宴"与"诈马宴"的异同

在诸多学者的文章中，皆言质孙与诈马为一类，如提质孙宴则言“质孙宴，亦称诈马宴”，反之亦是。而笔者却认为，质孙是质孙，诈马是诈马，两者属不同概念、不同内容、不同形式，所以不能将质孙宴与诈马宴轻易混为一谈。

先说质孙宴。元柯九思《宫辞十五首》其一云：“万里名王尽入朝，法宫置酒奏箫韶。千官一色珍珠袄，宝带攒装稳称腰。”其后有注：“凡诸侯王及外藩来朝，必赐宴以见之，国语谓之质孙宴。质孙，汉言一色，言其衣服皆一色也。”以上可以看出，朝廷质孙宴的名目，乃是宴请万里迢迢从草原赶来膜拜的外藩宗王、亲戚，依据蒙古古老传统，此时着一色衣，以示隆重。前文所引蒙古诸部举行盛大“忽里勒台”时，皆着一色华衣，便是此意。由此引申，宫廷举行“大朝会”、重大祭祀活动等，当然也要举行质孙宴。

再说诈马宴。元末诗人张昱《辇下曲》有诗云：“祖宗诈马宴滦都，挏酒哼哼载憨车，向晚大安高阁上，红竿雉帚扫珍珠。”以上可知，诈马宴开元之上都，即今金莲川草原，时间亦固定，即每年六月三日始，约三日，此时金莲川草正长、马亦肥，适合户外游戏、竞技。

综合以上论述，不难看出，质孙宴与诈马宴是既有区分又有联系的两件事，不能混为一谈。从区别上看：

（1）质孙宴注重的是人，以及人的衣服，一色、盛装之衣是质孙宴主要内涵；诈马之宴注重的是马，以及马的精心装饰，突出马的盛饰和马的竞技功能，这才是诈马的内涵。

（2）质孙宴并不定期，往往逢朝会、庆典、祭祀和重大接待活动，质孙注重室内，应是宏大、庄严、肃穆。诈马宴则偏重草原，是室外运动，其中有游戏、竞技，或者还有赛马活动。另外诈马一年只有一次，仅固定在上都草原，时间是每年六月三日始，约三天。

因质孙宴与诈马宴既有区别又有联系，于是造成当时人模糊称谓，今人则疑惑不解。究其原因，是每年六月三日的诈马宴与质孙宴合开在一起，于是当时人按旧俗，或称质孙，或称诈马。这一现象，当时官员、著名扈从诗人周伯琦有精当解释。

周伯琦随驾上都，亲历诈马之宴，作诗《诈马行》，讲述诈马宴的极尽奢华。他于该诗序中详解诈马宴："国家之制，乘舆北幸上京，岁以六月吉日，命宿卫大臣及近侍，服所赐质孙珠翠金宝衣冠腰带，盛饰名马，于是上盛服御殿临观，乃大张宴为乐。惟宗王、戚里、宿卫大臣前列行酒，余各以所职叙坐为饮，诸坊奏大东，陈百戏，如是者凡三日而罢。"以上周伯琦所言乃属诈马的内容，按他所讲，该诈马似乎还有巡行之意，以供皇帝检阅。

此后，他又提到质孙："其佩服日一易，太官用羊二千，马三匹，他费称是，名之曰质孙宴。质孙，华言一色衣也，俗呼为诈马筵。"在这里，周伯琦文意明显，虽"俗呼"诈马宴，但确有"质孙"的内容在里面。如果说今人凭周伯琦上述言论便认定质孙就是诈马，这明显曲解了周氏之意。

上述质孙与诈马之争论，似乎到清时便有纠结。按《热河志·塞宴四事》记，清高宗乾隆于木兰围场行猎，观蒙古王公所献马技，于是考证曰："诈马为蒙古旧俗，今汉语所谓跑等者也。然元人所云诈马实咱马，蒙古语谓掌食之人为咱马，盖呈马戏之后，则治筵以赐食耳。所云质孙乃马之毛色，即今蒙古语所谓积苏也。"乾隆素称睿智，观其考证，不无道理，仅最后所言"质孙"为"马之毛色"，则混淆了人和马的界限。

关于蒙元时期的马奶酒祭祀

以马奶酒祭祀天地、山川、祖宗，在早期蒙古诸部已是普遍的祭祀方式。忽必烈定鼎大都，于元上都间实行两都巡幸制，驾临上都时都要举行马奶酒祭，于是将马奶酒祭奠列为定制。《元史·祭祀志》载："元兴朔漠，代有拜天之礼。衣冠尚质，祭器尚纯，帝后亲之，宗戚助祭。其意幽深古远，报本反始，出于自然，而非强为之也。"

上文可见，忽必烈建元之始，确是采取"祖述变通"之制，上都举行的马奶祭，乃是取"报本反始"之意，即不忘祖宗根本，始终坚持蒙古祖制。然而在大都举行的诸般祭祀，却"多行汉法"，即采取汉文化传统的祭祀制度。

元上都的马奶祭祀，大约有三次，分别是旧历六月二十四日、七月七日和八月

二十八日。

第一次马奶祭,《元史·祭祀志》有载:“每岁,驾幸上都,以六月二十四日祭祀,谓之洒马奶子。用马一,羯羊八,彩缎练绢各九匹,以白羊毛缠若穗者九,貂鼠皮三,命蒙古巫觋及蒙古、汉人秀才达官四员领其事,再拜告天,又呼太祖成吉思汗御名而祝之,曰:‘托天皇帝福荫,年年祭赛者。’”

第二次马奶祭,即七月七日或九日。至元六年(1340),元著名扈从诗人周伯琦曾参与此次祭祀盛典,盛典后有诗云:“大驾留西内,兹辰祀典扬。龙衣遵质朴,马酒荐馨香。望祭园林邈,追崇庙祐光。艰难思创业,万叶祚无疆。”诗后周伯琦有注:“国朝岁以七月七日或九日,天子与后素服,望祭北方陵园,奠马酒,执事者皆世臣子弟,是日,择日南行。”

第三次马奶祭,见于《马可波罗行纪》,其中说道:“每年八月二十八日,大汗离此地时,尽取此类牝马之乳,洒之地上,缘其星者及偶像教徒曾有言曰,每年八月二十八日,宜洒乳于地,俾地上空中之神灵等享,而保佑大汗及其妻女财产,以及国内臣民,与夫牲畜、马匹、谷麦等物。洒乳之后,大汗始行。”

分析上述三次马奶祭祀,前两次皆为祭拜祖宗先人,其中尤以祭拜圣祖成吉思汗为隆重;后一次则是祭拜天地神灵,为宫室及国人祈福。从祭祀规模来看,前两次崇尚质朴,后一次则场面宏大,据马可·波罗说,仅祭祀用马奶酒,在上都附近就有上万匹白色牝马供应(马奶)。

四、蒙古民族对待饮酒的态度

前文说北方游牧民族饮酒之风由来已久,蒙古民族尤甚,其酒文化也源远流长,这其中有两层含义:一是缘于北方蒙古高原特殊的气候地理环境,以及草原独特的游牧生活方式,从而养成了蒙古民族在聚会、宴饮中大量饮酒的习惯,当然所饮之酒大多以乳酒为主;再就是自成吉思汗于1206年建立大蒙古国以来,由于领土的扩张,财富的积累,交通的便利,使各种酒类供应丰沛,给蒙古上层的奢侈豪饮创造了有利条件。

在成吉思汗时代，蒙古贵族上层之间饮酒应当说有节制也有规范，这主要取决于成吉思汗本人巨大的人格魅力和他对待饮酒的态度，包括他主持制定的限制过分饮酒的《大札撒》。很长的一个历史时期，普通蒙古民众就充分认识到过量饮酒的危害，认为过度饮酒既不能产生善行及美德，也不能增进智慧和勇敢，于是在古老的"约孙"中明确限制民众的过量饮酒。在蒙古民间也流传着大量限制饮酒的训语及格言。

关于蒙古社会各阶层对待饮酒的态度、做法，似乎可以分为两个阶段。第一阶段为成吉思汗逝去之前，这一阶段社会各阶层对过量饮酒有严格的节制与管控，甚至受到刑法的追诉。第二阶段为成吉思汗逝去之后，特别是蒙元时期，在蒙古高层之间似乎摆脱了《大札撒》的约束，饮酒无度，奢侈豪华。

(一)前期蒙古社会对待饮酒的态度

追溯蒙古民族前期历史，忽图剌继承逝去的俺巴孩为汗，据蒙古史书讲，他力大无穷，声音就像山中的雷鸣，两手如同熊爪，将一人折为两段就和折一支箭一样；他冬夜赤身睡在燃烧的巨木旁边，火星坠落在身上而不觉；他每天吃一只二岁汤羊，用大盆喝马奶酒。蒙古史书既佩服他的酒量又佩服他的食量。当时，蒙古民众并不认为巨大的酒量有什么过错，反而是英雄力量的象征。

成吉思汗的父亲也速该，是蒙古乞颜部落的著名勇士，又是几个蒙古部落的汗。《蒙古秘史》记载，铁木真即后来的成吉思汗九岁的时候，其父也速该因喝了塔塔儿人送上的毒酒而去世。这件事在铁木真幼小的心灵里留下了永远的伤痛，于是他对酒产生了心理上的厌恶，在以后的岁月中，他不但拒绝过量饮酒，也反对别人酗酒。

《元史·阿剌兀思剔吉忽里传》曾记成吉思汗与酒有关的一件事："时西方有国曰乃蛮，其主太阳可汗遣使来约，欲相亲附，以同据朔方。部众有欲从之者，阿剌兀思剔吉忽里弗从，乃执其使，奉酒六尊，具以其谋来告太祖。时朔方未有酒，太祖饮三爵而止，曰：‘是物少则发性，多则乱性。’使还，酬以马五百，羊一千。”据此记载，成吉思汗对待饮酒的态度格外明确，即“多则乱性”。史书所记成吉思汗一生，从未过度饮酒，也未饮酒乱性。

1206年，成吉思汗在斡难河畔召开盛大“忽里勒台”，宣布建立统一的蒙古汗国。随着国力的增强，领土的扩张，以及财富的极大积累，一些蒙古贵族上层开始沉迷于大量饮酒，其中也包括成吉思汗的黄金家族。于是在这期间，围绕着饮酒的利弊、对错展开了一场著名的辩论。

16世纪末至17世纪初，在蒙古社会中产生了两部巨著。一部是罗卜桑丹津的《黄金史》，另一部是萨囊彻辰的《蒙古源流》。后者侧重于蒙古的史实，其史料价值仅次于《蒙古秘史》；而前者却侧重于记载蒙古的民间传说、谚语中的精华。《黄金史》有《孤儿传》（亦称《孤儿舌战钦达嘎斯琴》一篇，这是一篇优美的叙事诗，诗中就饮酒有无危害性展开了激烈的辩论，其中说道：

在一个美好的夏天，成吉思汗在克鲁伦河畔与他的九员名将举行宴饮。席间只有清淡的马奶酒，却没有烈性醇酒。大将锁尔罕失剌感到寡淡无味，于是向成吉思汗提出拿烈酒助兴的要求。这一要求得到部分与席者的赞同，也得到一些人的反对，于是展开一场争论，即痛饮烈酒是否有益。席间有人赞美酒的功效，有人则强调酒的毒害。万户诺颜孛斡儿出首先指出酒对人的毒害，提出：“不要沉溺酒色，要明辨是非善恶；不要贪酒醉倒，要努力建功立德。”

此时成吉思汗的另一员爱将者勒蔑则反对孛斡儿出的见解，赞美烈酒的益处，他吟唱道：“痛饮美酒哟，像马驹一样欢跃，醉得东倒西歪哟，像鸭子似的欢叫。无愁无忧哟，痛痛快快，知心伙伴哟，亲亲爱爱。”两派勇士意见相反，争论不休。这时一个孤儿奴隶得到成吉思汗的允许，大胆发表了自己的看法，他准确地分析了酒的功效，折中了两派意见，提出“适度饮酒”的观点。

孤儿奴隶这一观点立刻得到成吉思汗的支持，他让孤儿坐在自己身旁，亲手斟酒赐给孤儿，表扬他的智慧，夸赞他的胆量。这场论战以成吉思汗明确支持孤儿观点收场，那就是：无论何时何地，饮酒皆要适度。

（二）关于节制饮酒的《大扎撒》

成吉思汗一生始终坚持适度饮酒的观点。成吉思汗建国不久，即颁布了著名的法律结集《大扎撒》。此法律结集当时被称为“金册”，珍藏于蒙古汗廷及诸宗王的驻牧大帐，每逢“忽里勒台”或重要聚会，都要取出诵读。其中，成吉思汗把“节制饮酒”的法律条款加入到《大札撒》中。

由于《大扎撒》原本早已散失不见，今日见到的扎撒内容分散于各种蒙古史料之中。其中最为集中的见于拉施特《史集》和志费尼的《世界征服者史》。在《史集》中，成吉思汗集中论述了过度饮酒的危害，以及各种惩戒措施。

《史集》记载，成吉思汗说：“醉酒的人，就成了瞎子，他什么也看不见；他也成了聋子，喊他的时候，他听不到；他还成了哑巴，有人同他说话时，他不能回答。他喝醉了时，就像快要死的人一样，他想挺直地坐下也做不到，他像个麻木发呆头脑受损伤的人。喝酒既无好处，也不能增进智慧和勇敢，不会产生善行和美德；在醉酒时人们只会干坏事、杀人、吵架。酒使人丧失知识、技能，成为他前进道路上的障碍和事业上的障碍。他丧失了明确的途径，将食物和桌布投进火中，掷进水里。”

《史集》又说，成吉思汗在列举醉酒后的种种恶劣现象后，又总结了醉酒的原因：“不管你是什么人，不论善恶好坏的人，酒都会让你麻醉。酒使手麻醉，结果使手丧失了抓东西的能力和（动作的）灵巧；酒使脚麻醉，脚就不能行动和步行；酒麻醉了心，使心不能健全地思考。它毁坏了所有的感官和思维器官。”

《史集》记载，针对上述种种醉酒恶行，成吉思汗在《大扎撒》中做了如下惩处规定：

（1）国君嗜酒不能主持大事，（也不能）颁布必里克和重要的习惯法。

（2）异密嗜酒者，不能掌管十人队、百人队或千人队。

（3）卫士嗜酒将受到严惩。

(4)哈剌楚即平民嗜酒者,将完全丧失马匹、畜群和他所有的一切财产,变为乞丐。

(5)官员嗜酒者,命运将不断折磨他,使他忧虑不安。

以上立法之后,成吉思汗又从实际出发,规定了饮酒的尺度,《多桑蒙古史》曾记成吉思汗说:“设人不能禁酒,务求每月仅醉三次,能醉一次更佳,不醉尤佳。”然而他的话锋一转,又说:“然在何处觅得此不醉之人耶?”

成吉思汗颁布节制饮酒的扎撒后,在蒙古民众与蒙古上层间产生了积极影响,酗酒之风遭到遏制。时至今日,成吉思汗关于节制饮酒的扎撒,仍在广大蒙古民众之间产生重大影响。

(三)成吉思汗之后蒙古宫廷贵族的酗酒之风

成吉思汗逝去之后,蒙古民间及贵族上层失去约束,酗酒之风死灰复燃,且有蔓延之势。13世纪中叶,《柏郎嘉宾蒙古行纪》曾记当时在蒙古民众间的酗酒之风,书中说:“在他们之中,酗酒则很时兴和受崇,当他们其中之一人暴饮酗酒之后,当场就呕吐,但并不因此而弃杯止饮。”当然文中也说:“即使他们有时饮酒而酩酊大醉,但绝不会借醉酒撒疯,进行争吵或斗殴。”

窝阔台是成吉思汗第三子,他经“忽里勒台”推举,继承成吉思汗的汗位。拉施特《史集》对窝阔台有极高评价:“他以庄严、聪明、能干、善断、谨慎、坚定、老成持重、宽宏大量和公正著称,但爱好娱乐和饮酒。成吉思汗曾因此处分过他并给过他告诫。”

由于成吉思汗的处分与告诫,窝阔台在父亲在世时饮酒有所节制,但在继承大汗之位后,其酗酒恶习却愈演愈烈。拉施特《史集》曾记:“合罕(窝阔台)很喜欢喝酒,经常喝得酩酊大醉,并且在这方面无所节制,这使得他身体日益虚弱。无论近臣们和好心肠的人们如何阻拦他,都未能成功。相反,他喝得更多了。察合台指派一个异密掌管酒食,不让他喝过一定的数量。因为他不能违背兄长之命,便不用小杯而用大杯来喝，使得杯数保持一定。……夜间，在睡梦中，合罕由于饮酒过多去世了。”就窝阔台来讲，他是蒙古历史上最为英明的大汗之一，却因为过度酗酒而英年早逝。在此之前，他的弟弟托雷也因酗酒而去世，《世界征服者史》说他“从早到晚耽溺于杯中之物，于是他害了病，两三天尚未过去他就一命呜呼”。

窝阔台逝去后，其子贵由被推举为蒙古大汗。似乎是先天性的遗传，贵由也酷爱饮酒，《史集》讲：“贵由生来体质虚弱，他大部分时间患有某种疾病。但是，他大部分日子里昼夜纵情酒色。由于纵情酒色成习，致使他的疾病加重，但他不能戒绝这一恶习。”正是由于这一恶习所致，贵由在位仅一年后便早早离世。

贵由之后，自蒙哥始，似乎大汗宫廷宴饮成为定制。《多桑蒙古史》记蒙哥举行的宴饮说：“蒙哥在广帐中设大宴，诸王等坐于右，诸妃等坐于左，皇弟七人立于前，诸将、诸那颜等分行而立，忙哥撒儿居其首，文吏、总管、侍从官等则以孛勒海阿合居首，诸将卒列坐帐外，大宴七日。与宴之人每日各易一色之衣。每日供食者马牛三百头，羊五千头，供饮者酒湩两千车。”以上看出，此时宴饮，规制、礼仪初具，场面宏大，牛酒供应甚巨。

最为壮观的宴饮场面，是忽必烈定鼎大都之后。此时蒙元宫廷将攻城略地得来的巨大财富，大多用于各种名目的宴饮。《元经世大典·燕飨》说：“国有朝会、庆典，宗王、大臣来朝，岁时行幸，皆有燕飨之礼。”凡新帝即位，册立皇妃、太子，或逢节日，皆要宴饮；祭祀、春搜、秋狝、朝会等，也要宴饮。此时，质孙、诈马轮流上演，名目之多，已经达到无酒不欢的地步，其宴饮的奢侈、豪华、靡费，也近于极致。

“元人尚饮，熏风酷烈。”这是后人给予有元一朝的评价。近百年的元朝政权，走马灯似地换了十余位皇帝，其中有多位因酗酒而夭折，如忽必烈之孙铁穆耳、武宗海山、亡国之君妥懽帖睦尔。

蒙元时期，史料记成吉思汗家族诸宗王中亦有酗酒恶习。《世界征服者》记察合台之子也速：“现在也速是经常宴乐，他不知节制，以酗酒为习，从早喝到

晚。”

综上所述，由于元宫廷之奢侈、惰政、反传统的恶习，大多与酒有关，元诗所谓“万羊肉如陵，万瓮酒如泽”，便是当时宫廷宴饮的真实写照。这也是元帝国不及百年便轰然倒塌的一个重要原因。

蒙古民族与生态环境保护

广袤无垠的蒙古高原自古以来就是北方游牧民族繁衍生息的地方。由于对这一方土地的高度依赖，无论是哪一个族群生活游牧在这里，都会对这一片养育他们的草原产生无比敬畏之情。由于特殊的草原生态环境，衍生出草原游牧民族所固有的传统游牧文化，这个文化的核心理念就是：人对自然的高度依赖和无限敬畏，人与自然的高度和谐统一，由此而努力保持人、草、畜三者的相对平衡。依据这一核心理念，无数草原游牧民族通过数千年的生产生活实践，逐渐在思想观念方面、图腾与宗教信仰方面、游牧的方式方法方面，进而在法律与民俗的层面，都形成了与农耕民族截然不同的发展模式。在无数的北方游牧民族中间，蒙古民族由于历史悠久、畜牧业发达、文化传承有序，所以这一发展模式与其他游牧民族相比显得尤为突出。

一、蒙古民族在意识形态领域对自然生态环境的理解

在游牧的时代，每一个蒙古人与生俱来受的最直接的影响是大自然的影响，生态环境的变化影响着每个人的衣食住行。从这个意义讲，作为人类生存基础的大自然本应得到人们的保护与热爱，于是也就产生了保护自然生态环境的生产生活方式和相应的制度法规措施。在游牧的时代，由于大自然的基础地位如此重要，内涵如此神秘丰富，于是游牧民族在对大自然倍加爱护的基础上，又升华到顶礼膜拜的高度，于是自然界的诸神，成为全民族的共同信仰。

恩格斯曾说："他们用人格化的方法来同化自然力，正是这种人格化的欲望，到处创造了许多神。""萨满"教就是由此而衍生出来的游牧民族的特有宗

教。与佛教的偶像崇拜不同，萨满教崇拜自然，认为自然界最高的神是“长生天”，也就是“腾格里”。萨满教崇拜天地万物，认为万物有灵，于是就出现了敖包崇拜、圣山崇拜、江河崇拜和火的崇拜等。13世纪初，蒙古民族绝大部分部落都在信奉萨满教。1206年蒙古帝国的建立，乃至铁木真获得“成吉思汗”的封号，都与诸萨满（注：蒙语称“博额”）的强力推戴分不开。成吉思汗更是将长生天视为自己至高无上的保护神，每作出重大决策之前都要对长生天虔诚祈祷。

根据13世纪波斯历史学家志费尼所著《世界征服者史》记载，成吉思汗在出征乃蛮部之前，曾“独自登上一个山头，脱去帽子，以脸朝地，祈祷了三天三夜，朝天神说：‘我非这场灾祸的挑起者，赐我力量去复仇吧。’于是他下山来，策划行动，准备战争。”另一个波斯历史学家拉施特在其所著《史集》中也记载：“当成吉思汗开始出征乞台国（即金国），攻打阿勒坛汗时，他独自一人依照自己的习惯，登上山顶，解下带子挂在颈上，并解开长袍的扣子，跪着说道：‘永恒的主啊，你知道和看到，阿勒坛汗是刮起战乱的风，他挑起了战乱。他无辜地杀死了被塔塔儿部抓住送到他那里去的、我父亲祖父辈的、年长的族人斡勒·巴儿合黑和俺巴孩·合罕，我要取他们的血，为他们报仇。如果你认为我的想法是正确的，请从天上佑助我，命令天使、众人、善恶天魔从天上佑助我！’他极其恭顺地作了这次祈祷，接着便上马出发了。”历史记载，成吉思汗凡有重大举措，都要举行类似的祈祷和祭祀。

敖包祭祀是蒙古民族最古老的祭祀方式之一。蒙古先民认为自然界山水草木万物皆有灵异，于是建敖包祭祀它们，以求水草丰美，五畜兴旺，人民安康。俄罗斯学者班扎诺夫在其所著《黑教或称蒙古人的萨满教》中称蒙古人曾有手抄本《鄂博的建造》，其中说：建造鄂博的位置要选择明快、雄伟而且水草丰美的高山丘陵，选定位置以后，划出一定大小的一个圆形地方，在这里用土或石造成小冢，冢上植树。（注：“敖包”为俗语，实为“鄂博”的音转）

从北方游牧民族的历史看，这种敖包祭祀源远流长、分布广泛。早期的祭祀都是由“巫”或萨满教的“博额”主持的。从这一点讲，敖包祭祀和中原内地的“社祭”即“封土祭祀”如出一辙，只不过中原的社祭祈求的是五谷丰登而已。由于中原的封土祭祀后来演变为北京地坛的皇家祭祀，使用的是儒家礼仪，而蒙古高原的敖包祭祀却还是由广大牧民参与的群众性祭祀。

蒙古民族还有对火的崇拜和祭祀。他们把火当做家庭的守护神，在日常生活中绝对禁止用脚踩火或从火上跨过。对一个家族来讲，家中的灶火就是联系每一个家庭成员的纽带，只要这个家庭点起了火，这个家庭就会长盛不衰、生机勃勃。在萨满宗教的信仰中，火的威力最为强大，信奉萨满的蒙古人都认为火能驱除一切邪恶，是洁净的象征。

与成吉思汗同一时代的意大利传教士柏朗嘉宾，曾奉法国里昂主教会议之命出使当时的蒙古帝国。他于1246年的8月24日抵达蒙古首都哈拉和林，有幸参加了贵由大汗的登基庆典。归来后曾写过一本出使蒙古见闻的图书《柏朗嘉宾蒙古行纪》，他在书中写道："另外他们还崇拜和敬仰太阳、月亮、火和水，甚至还包括土地。他们每天用最早的第一份饭菜和饮料来供奉它们，而且最喜欢在清晨吃饭甚至饮用东西之前举行。"他还写了蒙古人对火的认识："他们认为火可以涤除一切罪孽。所以，当异邦之使臣、国王或其他什么显赫人物到达他们之中时，外来者及其所携礼品则必须从两堆火中穿过，其目的是以此得以火净，以防他们可能会从事魔法、带来毒素或某种妖孽。同样，如果天火降临到了畜群或人类头上（这一现象在那里出现得很频繁），或者是他们之中出现了某种类似事故，那就会使他们认为自己受到了道德败坏或厄运的打击，那就须要举行涤罪礼，很可能是通过巫师进行。可以这样说，他们把自己的全部信仰都寄托到这类事物上了。"

二、蒙古民族在保护自然生态环境方面所采取的律令措施

由于自然生态环境对游牧民族的巨大影响，生活在蒙古高原的游牧先民们也经历了从认识自然到顺应自然，再到保护自然的巨大转变，蒙古民族在这一方面表现得尤为突出。在成吉思汗尚未建立蒙古帝国之前，蒙古民族各部落之间已经形成了许多关于保护自然生态环境的习惯法，当时的蒙古人管它们叫做"约

孙”。这些流传在各部落之间古老的“约孙”虽然只是口口相传，但它却具有广泛的普遍性和强制性，被蒙古游牧民族高度认可，在蒙古草原上被视为约定俗成的不变法规。事实上，这些习惯法的确立对草原生态环境的保护起到了极大的促进作用。

1206年成吉思汗建立蒙古帝国之后，又把古老的“约孙”加以充实改造，制定了全新的成文法即《大扎撒》，其中便有很大一部分保护自然环境的内容。波斯历史学家志费尼在其所著《世界征服者史》中对扎撒的制定有如下描述：“成吉思汗根据自己的想法，要给每个场合制定一条法令，给每个情况制定一条律文，对每种罪行也制定一条刑罚。因鞑靼人没有自己的文字，他便下令蒙古儿童学习畏兀儿文字，并把有关的扎撒和律令记在卷帖上。这些卷帖称为《扎撒大典》，保存在为首宗王的库藏中。”在相关史料中翻查这些扎撒，其中有许多内容涉及蒙古高原生态环境保护和永续利用，其中可以罗列为以下几条：

（一）对草原的保护法令

草原繁茂则五畜兴旺，人民也会幸福安康，这一点游牧民族的体会最为深刻，于是在诸多律令法规中首先关注的是保护草原，对毁坏草原者的刑罚几乎达到苛刻的地步。明代官员彭大雅在其所著《黑鞑事略》中描述他在出使蒙古时所看到的情况：“其国禁草生而劚地者，遗火而爇草者诛其家。”意思是说在草场长势繁茂的时候禁止在草原上掘地挖坑；如果因随意丢失火种而引起草原大火者就杀其全家。另外元时所著《长春真人西游记》中也有“野有菌则禁其采”的记载。其律令之严可见一斑。

蒙元之后，在蒙古高原仍占统治地位的蒙古诸部落又陆续制定了一些保护自然生态环境的法令法规，这些法令法规比之以前更加详尽和更具可操作性。这些法令法规中较著名的有卫拉特蒙古人与漠北蒙古人制定的《卫拉特法典》，漠北蒙古人制定的《喀尔喀六旗律令》等。在这些律令中都突出了以下内容：如草原发生火灾，能及时赶来救火者，给予重奖；从草原大火中抢救出牲畜者也给予奖赏；对出于敌意故意纵火焚烧草原者处以最严厉的刑罚；因荒火而致人死命者，以人命案惩处。

（二）对江河湖泊的保护法令

蒙古高原降水量偏低，水源缺乏，所以制定相应的法律法规对水资源加以保护，以维系草原繁茂和人畜饮水。在成吉思汗建国之前，关于保护水资源的“约孙”已经存在很长时间。13世纪之初汉族道人所著《长春真人西游记》中写道：“为了不冒渎水神，国人确不浴河，其衣至损不解浣涤。”这也从一个侧面说明，由于高原水资源有限而形成了蒙古民族保护水源、节水的风俗习惯。

蒙古帝国建立以后，成吉思汗特意颁布一条扎撒以保护水源。志费尼的《世界征服者史》这样记载：“在蒙古人的扎撒和法律中规定：春夏两季人们不可以在白昼入水，或者在河流中洗手，或者用金银器皿汲水，也不得在原野上晒洗过的衣服。”关于这一条法律，《多桑蒙古史》也有记载：“成吉思汗曾以鞑靼民族之若干迷信订入法律，以为无数毫无关系之事实，可以致灾，或致雷殛，此其所深畏者也。故严禁溺于水中，或灰烬之上，严禁跨火，跨桌，跨碟，禁洗涤衣服，应服之至于破弊。”

围绕着这一条法律，《史集》、《世界征服者史》都讲了一个相同的故事：窝阔台合罕与察合台狩猎归来，看到一个穆斯林坐在河中洗身。察合台对执行扎撒非常热心，按照法律，他想要这个人的命。但合罕说：“今天天晚了，我们也累了。把这个家伙监禁到明天，那时我们能审问他的案子，弄清楚他破坏我们扎撒的原因。”于是他叫答失蛮把此人看守到早晨，以查清他有罪或无罪；他又偷偷叫答失蛮把一个银巴里失（注：巴里失，当时蒙古的货币单位）扔进那个人沐浴的水中，教那个人在受审时说，他是个负了很多债的穷人，这个巴里失是他的全部家当，正是这个原因他才如此鲁莽行事。第二天，犯人当着合罕受审。合罕倾听申辩，为慎重起见，有人到出事地点去，把那个巴里失从水里捞出来。这时合罕说：“谁个胆敢故意破坏我们的扎撒和法令，或者胆敢丝毫违犯它？但看来这个人是个赤贫如洗的

家伙，所以才为了仅仅一个巴里失而牺牲自己。”他命令释放了这个人，并从他那里得到一纸说他不再犯类似罪行的保证。

在制定的《喀尔喀律令》中也有保护和合理利用水源的条款：抢占别人新挖或修缮的水源者，罚四岁马；自己饮完牲畜不让别人饮者，罚马；故意或因戏耍而污染水源者罚牛、马二只，给证人赏牛。

（三）关于山林树木的保护

保护山林，是蒙古民族的古老习俗。蒙古民族认为山林皆有灵异，不得轻易损毁和破坏，否则招致灾祸。意大利传教士柏朗嘉宾在其《柏朗嘉宾蒙古行纪》中记载道：“我们甚至还发现当今皇帝的父亲窝阔台为使自己的灵魂得到安宁而让一片灌木林自由生长，并降旨严禁在那里砍伐任何枝条。如果有人从中折下了一根枝条，便要受到痛打、剥去衣服和遭受虐待，事情正如我们亲眼所见的那样。虽然当时我们急需一根枝条来驱赶抽打马匹，但我们不敢从中砍折一根。”

蒙元时期关于保护林木的律令也常见于《元史》、《元典章》。如《元史·刑法三》载：“诸于回野盗伐人林木者，免刺，计脏科断。”最全面、具体而又典型的律令法规见于《喀尔喀律令》，该律令规定：“修建库伦的地方，库伦内任何树木不论干湿都不能砍伐。库伦以外一箭之地以内不能砍绿树，违者没收其工具归发现者所有；从库伦以外的，能分辨清黑白颜色的一倍的距离之内不准砍树，违者没收其工具。”

律令最为完备的蒙元时期，蒙古人不但注重林木的保护，还以法律形式规定必须在城市和道路周边植树。《马可·波罗游记》中这样记载：“并应知者：大汗曾命人在使臣及他人所经过之一切要道上种植大树，各树相距二三步，俾此种道旁皆有密接之极大树木，远处可以望见，俾行人日夜不致迷途。盖在荒道之上，沿途皆见此种大树，颇有利于行人也。所以一切通道之旁，视其必要，悉皆种植树木。”

法国历史学家格鲁塞在其所著《草原帝国》一书中讲道：“草原历史是突

厥——蒙古各部落争夺肥沃草场彼此吞并的历史；是主要受牧群需要所驱使，从一个牧场到另一个牧场进行无休止迁徙的历史。”以上结论虽然稍显偏颇，但也从一个侧面说明，有时候自然也需通过人类做出平衡，这不仅是草与畜的平衡，也是人、草、畜三者的平衡。中国的老子曾经说：“人法地，地法天，天法道，道法自然。”可见最高境界的万物和谐，乃是人类参与的和谐。所以在讲到草与畜相对平衡时，如果没有人的参与，草、畜永远也达不到平衡。

蒙古民族的先人通过无数年的生产生活实践认识到：顺应自然，人类就与自然获得双赢，否则便遭到自然的报复与惩罚。首先是生活的目的，其次是宗教的目的，蒙古民族在不同的历史时期制定了相应的顺应大自然的法令法规，客观上都起到了保护草原生态环境的历史作用，使草原生态系统的平衡基本保持到19世纪的下半叶。直至清末民国初年这种平衡才被打破。如何修复还有待于今人的艰苦努力。

图为察哈尔部落的敖包祭祀

蒙古民族与狩猎

数千年来，在蒙古高原繁衍生息的诸多游牧民族，面对恶劣的自然生态环境，经常以狩猎来弥补生活资料的不足，在获取食物和动物皮张的同时，因杀死凶猛的野生动物而使五畜兴旺；同时也因杀死部分野生动物而减轻了草场的载荷，从而在某种程度上达到了草与畜的相对平衡。久而久之，狩猎便成为游牧民族生产生活中的一件大事，可以说部落时代的草原游牧民族除牧放牲畜之外，居第二位的就是狩猎。

在长期的狩猎过程中，游牧民族又发现狩猎可以用于战争，有时候狩猎的过程就是战争的前奏，狩猎中经验的积累、素质的训练，竟然是战争中克敌制胜的法宝。在这些民族中，匈奴、突厥、蒙古和女真民族都是狩猎的高手，中国汉族史书对此多有记载。史书记载中对游牧民族的这种大规模的狩猎活动是又恨又怕，这是因为北方狩猎季节的到来，也就意味着游牧民族对中原内地大规模侵扰与掳掠的开始。北方的狩猎季节是秋冬两季，这个季节正是马肥草劲的季节，也是北方游牧民族开始狩猎和挑起战事的季节。中国的《史记》和《汉书》数十次记载了匈奴民族于秋冬季节对中国北方地区的侵扰。比如唐代，居住于北方边塞附近的百姓便将初冬季节突厥鸟的成群飞来视为突厥入侵的前兆。唐初学者张鹜在其所著《朝野佥载》中记载："唐调露之后，有鸟大如鸠，色如乌雀，飞若风生，千万为队，时人谓之鷃雀。若来，突厥必至，后则无差。"（注：突厥雀即今呼之沙鸡，冬季迁徙）关于冬季入侵，《突厥集史》也记载："每岁河水合后，突厥即来寇掠。"

在这些游牧民族中，最为重视狩猎，并把狩猎演绎到登峰造极地步的是蒙古人。1206年成吉思汗建立蒙古帝国后，在过去的习惯法"约孙"的基础上又颁布了成文法律《大扎撒》。在扎撒中有很多条款涉及狩猎的内容。据《世界征服者史》

记载："成吉思汗极其重视狩猎，他常说，行猎是军队将官的正当职司，从中得到教益和训练是士兵和军人应尽的义务。"为此，他还下令由他的长子术赤专司蒙古各部落的狩猎。

蒙古民族的狩猎，在性质上属于一种强制性的军事化行动，从这个意义讲，狩猎便是战争，它完全参照战争的规则来布置狩猎过程，狩猎时的阵式就是作战时的阵势。《多桑蒙古史》这样说："成吉思汗在其教令中嘱诸子练习围猎，以为猎足以习战。蒙古人不与人战时，应与动物战。故冬初为大猎之时，蒙古人之围猎有类出兵。先迁人往侦野物是否繁众，得报后，即命周围一月程地内屯驻之部落，于每十人中签发若干人，设围驱兽，进向所指之地。此种队伍分为左翼、右翼、中军，各有将统之，其妻妾尽从。"

关于狩猎的过程，《世界征服者史》中有详尽的记载："他们花一两个月或者三个月的时间，形成一个猎圈，缓慢地、逐步地驱赶着前面的野兽，小心翼翼，唯恐有一头野兽逃出圈子。如果出乎意料有一头破阵而出，那么要对出事原因做仔细的调查，千夫长、百夫长和十夫长要因此受杖，有时甚至被处极刑。例如，如果有士兵没有按照路线（蒙古人称之为'捏尔格'）行走，或前或后错走一步，就要给他严厉的惩罚，决不宽恕。在这两三个月中，他们日夜如此驱赶着野兽，好像赶着一群绵羊，然后捎信给汗，向他报告猎物的情况，其数之多寡，已赶至何处，从何地将野兽惊起，等等。最后，猎物被收缩到直径仅两三帕列散（一种长度单位）范围时，他们把绳索联结起来，在上面覆以毛毡；军队围着圈子停下来，肩并肩而立……猎圈再收缩到野兽已不能跑动，汗带领几骑首先驰入。当他猎厌后，他们在捏儿格中央的高地下马，观看诸王同样进入猎圈，继他们之后，按顺序进入的是那颜、将官和士兵。几天时间如此过去。最后，除了几头伤残的游荡的野兽外，没有别的猎物了，这时，老头和白髯翁卑恭地走进汗，为他的幸福祈祷，替余下的野兽乞命，请求让它们到有水草的地方去。他们把猎获的兽全集中在一起，如果清点各种动物实际不可能，那么他们只是点点猛兽和野驴便作罢。"从以上记述可以看出，蒙古民族大汗举行的围猎其实就是一场小型的战争，只不过杀戮的不是人类而是野兽罢了。

在蒙古民族的各类史书如《蒙古秘史》和中国、中西亚等历史学家的著述中，都用很大篇幅讲述了蒙古人对狩猎的热衷和痴迷，而成吉思汗本人尤为迷恋狩猎，并在狩猎过程中多次遇险，据相关史书记载，成吉思汗的逝世也与他狩猎中受伤有关。关于蒙古人特别是蒙古贵族对狩猎的痴迷，拉施特所著《史集》第一卷也有记载："有一天成吉思汗向众异密的首领孛斡儿出那颜问道：'对男子汉来说什么是最大的快乐。'孛斡儿出说：'男子汉带着冬季羽毛脱掉、（现在重新）长满羽毛的灰鹰，骑着养肥的好马，穿着好衣服，在初春时出去猎取灰头鸟，这就是最大的乐趣。'成吉思汗对孛罗忽勒说：'你也说吧。'孛罗忽勒说道：'放出鹰鹘，看它从空中用爪子击落灰鹤抓走，这是男子汉的（最大）快乐。'接着（成吉思汗）又问忽必烈的儿子们。他们说：'打猎时放鹰，是人生（最大的）乐趣。'"

后来成吉思汗向他们说：只有战胜和征服敌人才是最大的快乐。通过成吉思汗与部属的对话，可以看出当时的蒙古男子都认为只有狩猎才是人生最大的快乐。

也是在相关记载中我们还知道，蒙古人的狩猎活动往往是在大规模的军事行动期间举行的，或战事前后，或行军之间。这应该是在打猎补充给养的同时使军队保持最佳战斗力的一种主要手段。1219年至1225年成吉思汗西征期间，在战争的间隙，大概是1223年的春季，他和诸子们在亚历山大北面的忽兰巴乞草原上举行了一次忽里勒台大会。在这段日子里，他的将士们经常进行大规模的狩猎，并以此为乐。

《世界征服者史》记载了这期间蒙古军关于狩猎的两件事。其一，察合台和窝阔台则赴哈剌库耳，猎取天鹅为乐，每一周，作为他们狩猎的样本，他们用五十头骆驼把天鹅送给成吉思汗。其二，那年冬，他（成吉思汗）驻扎在撒麻尔干境内，从那里遣使长子术赤，让他从钦察草原出发，把猎物(多系野驴）赶来。他遵从父命，从钦察草原赶来大群野驴，像很多绵羊，据说野驴的蹄子在途中磨损，因此给它们安装上马掌。一行人到达一个叫兀秃河之地，成吉思汗和儿子们、军士们，上马游乐，猎取野驴。他们上马追逐，但野驴因疲劳过度，简直可以用手捉住。他们猎厌了，余

下的仅是些瘦瘠的动物，他们便在猎得的野兽身上打上自己的印记，把它们放掉。

通过以上记载可以看到，成吉思汗在中亚的狩猎与在蒙古本土的狩猎截然不同。在蒙古本土，人们认为白天鹅是幸福吉祥的象征，曾与蒙古民族的先祖共患难，所以蒙古人极少捕杀这种禽类。然而进入中亚之后竟然连白天鹅也不放过，滥捕滥杀，毫无节制，为了满足狩猎的快感竟然从数千里之外将野驴赶来以供猎杀。这种反常的行为，应该是源于一种征服者的心态，同对当地民众的大肆杀戮一样，嗜杀已经取代了理性，就连野生动物也不放过。当然以上发生的事件只是个例。蒙古民族在与大自然的和谐共处、对草原生态环境的保护等方面堪称北方各游牧民族的典范。

出于生产生活的迫切需要，蒙古民族历来就对狩猎资源即野生动物的保护、管理和有效利用格外重视，无论在民俗的层面还是在法令法规的层面，都对各种狩猎活动作出了严格的限制和界定。他们认为猎物是上天的赐予，所以珍惜和保护动物资源应该是所有游牧民最基本的道德规范。关于狩猎的时间，狩猎的地点，哪些动物可以捕杀，哪些动物应予以保护，在法律和道义上都有一套严格的律令规范。

蒙古帝国建立之初，便颁布扎撒禁止所有臣民在每年三月至十月间行猎，违者严惩，目的就是使各种野生动物在春、夏、秋三个季节大量繁衍生殖起来。所以那时候大型的围猎活动都是在初冬举行。忽必烈建立的元朝，更是对狩猎有严格的法律界定，《元史》中记载了一条关于狩猎的原则，那就是："地有禁，取有时，而违者罚之。"随便翻翻《元史》，便可从中查出数十上百条关于保护野生资源和野生动物的记载。另外在《元典章》和《通制条格》之中也大量记载了元朝建立初期关于保护野生动物资源的大量珍贵史料。在《通制条格》中有这样的记载："中统三年十月，钦奉圣旨：道与中书省忽鲁不花为头官员，圣旨到日，照依旧来体例，中都四面各五百里地内，除打捕人户依年例合纳皮货的野物打捕外，禁约不以是何人等，不得飞放打捕鸡兔。"在《元典章》中有这样的记载："大德元年二月十八日钦奉圣旨该昔儿哈剌教奏，在前春里夏里不拣是谁休捕打者么道，薛禅皇帝（忽必烈）行了圣旨来，如今外前的百姓每哏打捕野物有么道，奏来。在前正月为怀羔儿时分，至七月二十日休打捕者，打捕呵肉瘦皮子不成用，可惜了性命。野物出了践踏田禾么道，依在先行了的圣旨体例。如今正月初一为头至七月二十日，不拣是谁休捕者，打捕人每有罪过者，道来圣旨，钦此。”

元朝建立以来，忽必烈是对保护野生动物立法最多的皇帝。一方面，他注重野生动植物资源的保护和利用；另一方面，可能是受到佛教慈悲、戒杀生的影响，在他在位期间颁布的有关保护野生动物的法律条文和诏书中，处处体现了这种慈悲情怀。《元史·世祖本纪》记载："乙未，禁畏吾地禽兽孕孳时畋猎；壬午，敕江淮勿捕天鹅；甲午，禁捕鹿羔；……武平、平滦诸州饥，驰猎禁，其孕孳之时勿捕。"从上述史料可以看到：有元一代所颁布的关于保护野生动物的法令法规，其出发点是与蒙古先民传统的狩猎习俗息息相通的，最终目的是为了狩猎资源的合理利用。

蒙元之后，离开中原退据大漠南北的蒙古人更加重视野生动物资源的保护利用，对野生动物保护的立法则更为明确、具体。这其间先后出现了《阿勒坦汗法典》、《卫拉特法典》、《喀尔喀律令》和《喀尔喀六旗法典》，其中都颁布有关保护野生动物资源的法令法规。明中叶萧大亨所著《北虏风俗》中记载了当时蒙古人狩猎状况："若夫射猎，虽夷人之常业哉，然亦颇知爱惜生长之道。故春不合围，夏不群搜，唯三五为朋，十数为党，小小袭取，以充饥虚而已。"萧大亨在草原上的所见所闻，可见当时狩猎律令之严格。

在《阿勒坦汗法典》中为偷猎者制定了刑罚："偷取鹞之翎、岩雕之翎、狗头雕之翎、鹫之翎，罚牲畜二九。凡偷取水禽之翎、肉者，罚马一匹；偷猎野驴、野马者，罚以马为首之五畜；偷猎黄羊、雌雄狍子者，罚绵羊等五畜；偷猎雌雄鹿、野猪者，罚牛等五畜；偷猎雄岩羊、野山羊、鹿者，罚山羊等五畜；偷猎雄野驴者，罚马一匹以上；偷猎貉、獾、旱獭等，罚绵羊等五畜"。

在《卫拉特法典》中则制定了狩猎人在狩猎中的行为规范，其中有"将不是自己猎获的野兽据为己有者，必须向合法所有人赔偿损失"等内容。在《喀尔喀律令》

中规定："从安扎库伦的地方算起，北至色楞格、阿儒陶勒毕、那么、那林、鄂尔浑河、钦达哈台山、西布岱山、桑因达巴、朝乐乎拉等地之内，不准猎杀动物，违者按旧律论罚。"在《喀尔喀六旗法典》中还有禁猎孕兽和幼仔的律令："杀野驴者有罪；生下三天的野驴驹不能杀，否则有罪。"

通过以上对蒙古民族的狩猎和对野生动物资源保护的介绍，主要是想说明：蒙古民族传统的游牧文化的核心，就是人与自然的高度和谐统一，其中对野生动物资源加以保护，也是这种和谐统一的重要环节，人、草、畜三者的平衡也应包括与野生动植物之间的平衡。只有这样，草原才能更加繁茂，牛羊才能更加肥壮，游牧民族的传统游牧文化才能得以延续。

蒙古"搏克"源流

蒙古式摔跤，今人称之为"搏克"。在汉民族史书当中，把此种竞技方式统称为角抵或角力。然而其中又有细微区别，即"角抵"多属内地汉民族传统竞技方式，北方游牧民族的竞技多称为为"角力"。据史料记载，此种角抵或角力，都是从古代民间舞蹈演变而来。常任侠在《我国最古的两种舞蹈——大傩和角抵》中说："另一种从原始社会就有的舞蹈是角抵，这是人与人斗的舞蹈，它产生在冀中的黄河平原上，这里正是我们中国民族古代文化发展的地方，在原始的部落冲突中产生了这个舞蹈。"

时至今日，汉民族的竞技摔跤，其舞蹈韵味已经荡然无存了；北方游牧民族的蒙古式摔跤却仍然保留了竞技中掺杂的舞蹈元素，给人以阳刚之美。至于汉民族的角抵方式，相关史料记载颇详。宋惠康野叟《识余》写道："今小儿俯身，两手据地，以头相触作斗牛状者，即古'角抵之戏'。……或曰蚩尤头有角，与黄帝斗，以角触人。宋时冀州蚩尤戏，其民两两戴牛角相抵，即此。"大约至秦汉时期，汉民族的角抵与北方游牧民的角力已经产生较大区别。汉民族所喜好的角抵，应该就是至今在日本流传甚广的"相扑"。此说见宋人高承所著《事物纪元》："史记秦二世在甘泉宫作乐，角抵、俳优之戏。其后汉武帝好此戏，即今之相扑也。"

北方游牧民族的角抵（角力），最早见于《汉书·乌孙传》："（宣帝）元康二年，天子自临平乐观，会匈奴使者，外国君长，大角抵设乐而遣之"。从这一史料可以看出，汉宣帝大会匈奴、乌孙等使者，首推角抵之戏，可见在匈奴、乌孙等地此种竞技方式已很普通。文中又说席中所演为"大角抵"，这当然是指竞技场面之大、规模之大。据笔者推测，此种大角抵应该就是今日蒙古民族"那达幕"等盛大活动中搏

克比赛时的场面，应该有多人下场，两两相搏，以决胜负。

关于北方游牧民的角力，最可靠的证据为上世纪50年代陕西省出土的匈奴人角力铜牌。此铜牌浮雕二匈奴人着长裤、短靴，精赤上身，相互搂腰抱腿，以图将对方摔倒。由铜牌图饰看，它应是北方游牧民族正在兴起的角力方式，虽然时过两千余年，却仍然和我国北方传统的竞技摔跤大同小异。此竞技方式显然已和汉民族的角抵即相扑出现了很大的区别。

直至魏晋南北朝时期，此时中国北方政权皆为游牧民族建立，角力竞技大行其道，其竞技方式也大多沿袭匈奴以来推行的“北派”。记载鲜卑政权历史的《通鉴纪事本末·元义幽后》载：“普通二年甲午，魏主朝太后于西林园，文武侍坐，酒酣迭舞，康生乃为力士舞，及折旋之际，每顾视太后，举手蹈足，瞋目颔首为扑杀之势”。由此史料可知，我国游牧民族在推行北派角力时，已经出现“力士舞”。文中所载乃角力前跳跃的姿势，其中的“举手蹈足，嗔目颔首”，顾盼之际，尚有折旋，与今蒙古民族摔跤手下场时所跳力士舞像极了。

南北对峙的辽宋时期，作为各民族喜爱的竞技项目摔跤，南北已经彻底分流。宋人的传统项目就是“相扑”，而北人（其中包括辽金）演示的即今蒙古式摔跤。据记载，辽金时人将此种摔跤方式称为“跋里速”。北宋张舜民在《画墁录》记他所看到的北人摔跤情形时说：“北虏待南使，乐列三百余人，舞者更无回旋，止于顿缩手足而已。角抵以倒地为负，两人相持终日，欲倒而不可得。”上述文中所记之“跋里速”，无论从表现形式上还是实质内容上，都与今蒙古式摔跤极为相近。由此可见，今日蒙古搏克源头，当为辽金时代的“跋里速”无疑。

最为重要的证据是1931年古辽东京（今辽宁省辽阳市）出土的八角形辽代陶罐。日本学者乌居龙藏曾考证此物并著有《契丹之角抵》一文，作者在分析此陶罐画面时指出：陶罐第二面，二童举手顿足作准备活动，状如今蒙古式摔跤前所作力士舞；第四面是摔跤场面，表现二童揪扯在一起，互相以脚撩拌对方使之倒地的情景。从以上两则史料看，当时辽的摔跤方式肯定是今蒙古搏克无疑。

公元11世纪初年，在北方游牧民族中又出现了一股自由式摔跤热潮，此种自由式摔跤当然是来自西方，即中西亚乃至欧洲地区。这种竞技方式与北方游牧民族如匈奴、鲜卑、柔然、契丹及女真又有所不同，即摔倒后仍然相搏，直至对方双肩着地为止。此种竞技方式由西方首先传播到乃蛮、克烈等部族，其后在蒙古各部落中也迅速传播开来。当时蒙古民族把这种摔跤方式称为“巴邻勒都”，蒙古族文献特别是《蒙古秘史》对此均有明确记载。

今日所称“搏克”，在当时蒙古语言中指“力士”或者特指“摔跤手”（注：“搏克”在《元史》、《蒙古秘史》中均写为“不哥”、“孛可”或“孛阔”）。《蒙古秘史》卷三记铁木真之妻孛儿帖被蔑尔乞惕人掠去后强配于赤勒格尔孛可为妻，其中赤勒格尔孛可在《蒙古秘史》诸译本中都被称为赤勒格尔力士。更为明确的记载见于《蒙古秘史》卷四，记成吉思汗之弟别勒古台与主儿勤人不里孛可比试“巴邻勒都”，这个不里孛可其实就是主儿勒部常说的大力士布里或摔跤手布里。

《蒙古秘史》详细地讲述了这一“摔跤”事件的全过程：“成吉思合罕一日命布里孛可与别勒古台相搏。布里为主儿勒部著名力士，他能以一只手抓住别勒古台，一只脚将其拨倒，压住不令其动。布里佯败，姑为之倒。别勒古台力不能制，遂上其身，返顾成吉思合罕，合罕啮其下唇，别勒古台会意，遂交其二领扼其喉，以膝按其腰，力扯而折之。布里孛可被折其腰曰：‘我本非败于别勒古台，唯畏合罕，佯为不胜，致丧我命矣。’”通过以上生动描写，我们可以看到，当时蒙古诸部落流行的“巴邻勒都”极具危险性，稍有不慎便可置人死命，特别是在不严格遵守竞技规则的前提下，甚至可以作为杀人的工具。

也是《蒙古秘史》中还写道：成吉思合罕授意其另一弟斡惕赤斤于帐外暗伏三力士，以摔跤为借口，杀死了“通天巫”阔阔出。继成吉思汗之后，窝阔台汗也酷爱自由式“巴邻勒都”，他曾命人从西亚等地携来角斗士多人。角斗之余，对这些力士赏赐颇丰。此事在波斯人拉施特《史集》及伊朗人志费尼《世界征服者史》均有详细记载。

以上在北方游牧民族，特别是蒙古民族中兴起的自由式摔跤到底废止于什么

时间？于今已不可确考。但据史料推测，此种竞技方式应该终结于13世纪末到14世纪初。当时，成吉思汗创建的蒙古帝国内部已是四分五裂，不相统属，所谓"四大汗国"的联系也几乎中断。由于"巴邻勒都"形式的自由式摔跤跤手大部分来自西亚及欧洲地区，摔跤手的来源也成了问题。于是，源自匈奴、鲜卑及辽金等北方游牧民族传统式摔跤竞技又成为主流。

大约这个时间段，西班牙使臣克拉维约出使中亚蒙古人建立的帖木儿帝国，其所著《克拉维约东使记》载："（皮尔麦麦）太孙面前有大力士二人，作角力戏。力士上身皆着无袖之皮褡裢。彼时正相持不下，搏斗于前，后以皇太孙命其迅速收场，所以由其中一人，将对方抓住提起，然后摔倒在地。"这其中我们得到两条信息：其一，两力士上身所着无袖之皮褡裢，应是今蒙古搏克所穿"卓德格"无疑；其二，此时摔跤方式已改变为北方游牧民族传统角力方式，即倒地为负。

按上文记载，女真人建立的金朝，本称摔跤为"跋里速"，它是沿袭了辽的摔跤方式。明末，女真人在中国北方建立"后金"政权，改女真为满族。满族酷爱摔跤，其摔跤方式基本沿袭了蒙古式摔法。此时满族称摔跤为"布库"，史书常见的"演布库"或"布库戏"即指此。清人梁章钜《归田琐记》载："或问何为布库之戏？余谓布库是国语，译语则谓之撩脚（跤）。"以上此种解释终属牵强，究其实，"布库"一词乃满人从蒙古语"孛可"引进，至满语中又把孛可原意即力士引申为摔跤之意。时至今日，蒙古民族仍将蒙古式摔跤定义为"搏克"。

有清一代，布库之戏长盛不衰，主要与清初几朝皇帝的重视与提倡有关。前清的统治者们不但把布库戏作为竞技娱乐项目，同时还是用于军事训练的重要手段。清廷专门设有培养、训练布库的"善扑营"，营中按季考核，以成绩优劣把布库分为头等布库、二等布库及三等布库。善扑营不但演练布库，同时还教练"勇射"和"骗马"，即射箭和骑马。究其实，这就相当于蒙古民族一直标榜的"男儿三艺"。

史料记载，清朝立国之初，所演布库其著名力士大多来自蒙古。金梁著《满文秘

档·太宗赏三力士》载："(天聪六年)令们都、杜尔麻、特木德黑三力士跪于上前，听候命名。赐们都'阿尔萨兰土谢图布库'名号，赐杜尔麻'扎布库'名号，赐特木德黑布库'巴尔巴图鲁'名号。"以上三力士所赐名号译成汉语即为：们都是土谢图部狮子一样的力士，杜尔麻是大象一样强有力的力士，特木德黑是虎一样勇猛的力士。关于这三个力士，《东华录》卷九也有记载："三人皆蒙古人，臂力绝伦，善角抵。们都貌伟胸阔，时为侍卫。特木德黑，身长七尺。杜尔麻，貌不逾中人，而筋骨实坚强云。"

关于布库，史上尚有朝野流传甚广的康熙以布库智擒鳌拜的故事。姚元之《竹叶亭杂记》载："圣祖仁皇帝之登极也，甫八龄，其时大臣鳌拜当国，势焰甚张，且以帝幼，肆行无忌。帝在内日选小内监强有力者，令其习布库以为戏。鳌拜或入奏事不之避也。拜更以帝弱且好弄，心益坦然。一日入内，帝令布库擒之，十数小儿立执鳌拜，遂伏诛。"从以上故事可以看出，至康熙朝布库之戏已流传甚广，即便是宫廷大内，习练布库也盛行不衰。

大约至清中晚期，蒙古搏克与清朝布库似有分流之势。此时清朝布库大约更多吸收了汉民族的"搏击"之术，摔跤时开始讲究手脚并用，提倡用心思技巧取胜，而蒙古式摔跤仍然保留了以力取胜的传统。乾嘉年间，日睹承德围场满蒙布库比赛时人已说蒙古"布库不如御前人，而诈马乃其长技"。以上见清梁章巨《南省余公录·蒙古》。直至民国初年，清朝布库已演变为今中国式摔跤。而蒙古式摔跤仍保留其民族习惯与传统，发展为今日所呼之"博克"。

注：本文所引部分史料皆由金启孮先生辛勤收集而来，见《内蒙古大学学报》1979年第三、四期。不敢掠美，谨此致谢。

图为草原深处的博克场面

察哈尔蒙古人西迁新疆始末

蒙古民族的察哈尔部，历史上就是一个声名显赫的部落。溯源应属托雷、唆鲁禾帖尼一系。在看到的历史文献中，察哈尔部最早出现于蒙古的编年史中是于明朝中叶，即15世纪末至16世纪初，是作为蒙古巴图蒙克达延汗的六个万户之一出现的。据佚名的《黄册》记载，巴图蒙克达延汗将这六万户分为左右两翼，并以察哈尔为左翼三万户之首，其左翼另两个万户分别是喀尔喀和兀良哈；右翼则是由鄂尔多斯、土默特和永谢布组成的。《黄册》中对察哈尔部赞美道："他是利剑之锋刃，他是盔甲之侧面，他就是英勇的察哈尔万户。"巴图蒙克达延汗属孛尔只斤氏，乃成吉思汗汗统的正宗后裔，为蒙古的第二十九位大汗 。从达延汗始，直至察哈尔林丹汗时代前后共160余年，成吉思汗正统后裔诸汗均设帐于察哈尔。于是察哈尔部落麾下八鄂托克就成为拱卫汗廷的中坚力量。据此，有蒙古史研究者认为"察哈尔"之称由"扎哈因胡们"（身边的人）引申而来，用现代语解释就是"（大汗的）嫡系部落"。此言当属可信。

一、蒙古察哈尔部溃败降清前的基本情况

公元1604年，成吉思汗第二十二代孙察哈尔林丹即蒙古大汗位。值得注意的是，察哈尔林丹汗在位的时间，恰与长白山麓女真人努尔哈赤的崛起同时。努尔哈赤建立起后金政权后，清醒地认识到：如果要推翻明朝政权并取而代之，首先就要征服蒙古诸部中的漠南蒙古，以取得稳定的战略后方。努尔哈赤心目中的劲敌当然是作为成吉思汗正统后裔的林丹汗。漠南蒙古中，由林丹汗直接统辖的察哈尔万户共有八个鄂托克、24个部。据《清史稿》言，其地域"东起辽西，西至洮河（在今甘

肃省西南部)，均属察哈尔”。

察哈尔部幅员辽阔，军事力量强大。林丹汗即位之初就致力于大蒙古的统一，就当时历史来看，这一举动完全符合蒙古民族各阶层要求安定统一的意愿。可惜的是，林丹汗不是个雄才大略的人物，在政治上、军事上都不是后金努尔哈赤父子的对手，对后金政权采取的“宽猛相济、威德兼施”的手段束手无策。在后金的离间拉拢下，漠南蒙古中科尔沁等部先后叛离了察哈尔林丹汗，转投后金政权。1628年，察哈尔林丹汗与后金皇太极于漠南展开决战，兵败不支西撤至右翼三万户之库库和屯。1634年又被迫撤至青藏草原，后含恨病逝于青海大草滩。在后金政权强大的军事压力下，林丹汗二子孔果尔·额哲、阿巴尼及数万察哈尔部众，被后金多尔衮俘获，一部编入八旗满洲，另一部仍由孔果尔额哲自领，被安置于义州(今辽宁省义县一带)，属扎萨克亲王旗。至此，察哈尔林丹汗国灭亡，持续四个多世纪的蒙古汗统也告结束。

作为蒙古大汗后裔、被编旗安置的察哈尔部，不甘清朝统治，多次举兵反清复蒙。清顺治三年(1646)，察哈尔属部苏尼特东路台吉腾吉思叛清，率部迁逃至漠北外喀尔喀，旋被清廷剿抚；康熙十四年(1675)，林丹汗之孙布尔尼、罗布僧率原察哈尔所属奈曼等部举兵反清,遭清廷残酷镇压后兵败被杀，其余举事或未举事之林丹汗汗统男性后裔也全部被清廷杀光。

此役之后，清廷清醒地认识到，如维持察哈尔现状，将给蒙古高原留下无穷后患，直接威胁到满人政权的长治久安。于是对察哈尔部采取了一系列分化、瓦解、削弱的手段与措施。

二、清朝政权对察哈尔部的制裁措施

在政治上，清廷撤销察哈尔部的扎萨克旗建制，剥夺察哈尔裔扎萨克王的封号。《钦定八旗通志·兵制志》又记：“康熙十四年设游牧察哈尔八旗，时以迁察哈尔部众于宣化府、大同府边外，编八旗如内制，三十八年增设总管，初隶蒙古八旗都统，后又增设都统驻张家口。”至此，察哈尔部已经名存实亡，在蒙古诸部中处于低下被羁縻的地位。

在经济上，清廷采取剥夺察哈尔部游牧民草牧场的办法，使察哈尔游牧民原有的自给自足游牧经济趋于解体。由于兴办了大量的官牧场及清朝贵族的私人牧场，很大一部分游牧民沦为牧丁或牧奴。据《口北三厅志》载：自清顺治始，察哈尔八旗治内陆续设有太仆寺左右两翼、商都、达里岗崖（今属外蒙古肯特省）及察哈尔八旗牧场，俗称十二旗群。此外，尚有清朝王公贵族私人牧场五十余处，以上还不包括绿营所属军牧场。自康熙末年，清廷又陆续开放沿边农垦，逐渐蚕食察哈尔草牧场。最终使察哈尔游牧民陷入无牧场、无牲畜的悲惨境地。

在意识形态方面，清廷大力扶持喇嘛教，借宗教来麻痹广大民众，使其思想上放弃反抗意识。有清一代，察哈尔草原寺庙林立，半数青壮年被迫入寺当喇嘛或沦为寺院的沙比纳尔(蒙古语“徒弟”意。其实是依附于寺庙，没有人身自由的牧奴和杂役），这更使察哈尔本已脆弱的畜牧业经济濒临毁灭。

除采取以上削弱、控制察哈尔部的措施之外，清廷又使出另一手段，那就是：拆散察哈尔部的族群，混乱察哈尔部的血统,从而清除蒙古汗统后裔图谋复辟的土壤。察哈尔部自编旗后，由原有的浓厚宗族血缘关系组成的封建隶属关系本就大为削弱，自康熙始，清廷又陆续迁外喀尔喀、厄鲁特、巴尔虎等部民众编入察哈尔八旗，故八旗都有以上部众编成的佐领。另外就是把一部分察哈尔精壮部众及其家人西迁新疆戍边驻牧，以收一箭双雕之功效。

三、察哈尔部众西迁新疆的具体过程

18世纪60年代初，清廷开始规划察哈尔部众西迁新疆事宜。乾隆二十六年（1761），大学士傅恒上书乾隆提出：增兵新疆，充实边防，为减轻政府财政压力，走屯垦戍边之路。具体措施是：“从察哈尔兼管新旧厄鲁特及察哈尔八旗之单身贫困余丁内，拣选年富力强、情愿携眷迁移者一千名，分别迁往伊犁、乌鲁木齐永久驻

防。”以上这一奏折很快得到乾隆皇帝的批准:“现拟选派之一千名察哈尔、厄鲁特兵,著富德、巴图济尔葛勒驰驿前往察哈尔游牧地方拣选。”(以上见新疆博尔塔拉自治州地方志编纂委员会所编《清代西迁新疆察哈尔蒙古满文档案译编》)

乾隆二十六年十月,富德一行奉旨亲赴多伦淖尔挑选八旗内精壮旗丁迁往新疆。首批披甲兵1000名及眷属于1762年启程赴疆;1763年,清廷又遣察哈尔官兵千人携带家眷赴新疆伊犁驻防。两批官兵及所携家眷前后各用一年时间到达新疆乌鲁木齐。其中1836户共5548人派驻伊犁博尔塔拉,另有携眷官兵200户派驻塔尔巴哈台。

由于博尔塔拉地处西北边陲,北与沙俄接壤,扼控亚欧腹部通道,战略位置十分重要,察哈尔营官兵驻防后极大地缓解了新疆西北边境的紧张局势。据《伊江汇览》载,察营官兵除驻守二十一座卡伦(哨所)外,还长期驻守五座军台(注:驿站),并承担其中劳役。自1764年始,该营还担任赴楚河一带巡守、勘界任务,防止沙俄侵略。

察哈尔营官兵迁至博尔塔拉之初并未按八旗编制。1763年始将两批迁来官兵编为两个“昂吉”(漠西蒙古语,意为“分支”、“翼”,是原准噶尔汗部固有编制)。首批迁来官兵为左翼称旧昂吉,第二批迁来官兵为右翼称新昂吉,每昂吉各设六个苏木。至此察哈尔营在新疆组建。1767年,又正式组建在疆察哈尔八旗,由新旧昂吉内各增设两个苏木,以两个苏木为一旗,共计八旗。其中新昂吉四旗为镶黄、正白、镶白、正蓝,旧昂吉四旗为正黄、正红、镶红、镶蓝。总领八旗为领队大臣,其余各旗为总管统领。此总管旗制一直延续到1938年废止。

四、察哈尔部众西迁新疆后的生产生活状况

新疆地域辽阔,水草丰美。特别是伊犁地区博尔塔拉流域更是宜农宜牧的好地方。根据屯垦戍边的需要,自1760年始,伊犁地区察哈尔、厄鲁特诸营受命建立官牧场。1760年始建马场,1761年建羊场、驼场,1762年又建牛场。其中官牧场部分

牲畜乃由察哈尔西迁官兵从故乡赶运而来。据满文档案记载：两批西迁官兵共从故乡携来羊40000只，驼2050峰，马5447匹。正因为有了这些基础牲畜，加上察哈尔牧民丰富的游牧经验，使伊犁博尔塔拉地区畜牧业得到空前的发展。除发展畜牧业之外，察哈尔八旗官兵及眷属还沿博尔塔拉流域开展“屯垦”，故八旗屯田称为“旗屯”。至此，八旗官兵及眷属“所有口粮，俱系自耕自食”。

乾隆三十六年（1771）夏，移居沙俄伏尔加河流域140余年的土尔扈特蒙古部7万余人历尽艰辛返回祖国新疆。察哈尔蒙古部众积极参与接济土尔扈特部的行动。共向土尔扈特部捐赠牛1000头，羊10000只，皮衣2000件，其余不计。

乾隆三十七年秋，察哈尔部又接纳渥巴锡汗所属500户部众到博尔塔拉屯田。此举获伊犁将军伊勒图嘉奖说：“察哈尔官兵教习土尔扈特等种地，收获颇丰，并办给贫困人等御寒衣物，所办甚好。”

从乾隆年间察哈尔部众西迁新疆始，至今已有250余年，通过数十代察哈尔人众的艰苦创业与辛勤劳作，已经把新疆博尔塔拉流域变成全疆首富。西迁新疆的察哈尔蒙古人也与新疆各族人民群众和睦相处，荣辱与共，共同促进了新疆的繁荣发展。

五、察哈尔女子远赴新疆“义婚”始末

察哈尔蒙古人的西迁新疆，除上述两次大的行动之外，另外还有一次特殊的西迁行动鲜为人知，那就是乾隆二十九年（1764）420名察哈尔女子的“义婚”西行。由于前述两批西迁官兵都是携眷而行，所以都不存在婚配问题。但随行的厄鲁特官兵，以及博尔塔拉厄鲁特昂吉营内部分官兵却因种种历史原因尚未婚配，这也成为驻疆厄鲁特蒙古人的一个不稳定因素。这一状况也使清廷驻疆大员和清朝朝廷大伤脑筋，于是又把主意打到察哈尔妇女身上。

1764年，军机处奉旨行文察哈尔都统巴尔品，责令其收买察哈尔妇女远嫁新疆伊犁，婚配厄鲁特男子。名义上朝廷宗旨是“按其自愿，不得逼迫”，但在执行过

程却出现很大偏差，由于察哈尔女子不愿背井离乡远嫁厄鲁特蒙古人，所以这次收买行为应者寥寥。迫于朝廷压力，察哈尔各部官员只得努力拼凑，强拉察哈尔各阶层妇女凑数。每名女子，仅付身价银十两。在强硬措施下，共收拢察哈尔妇女420名。其中，旗下少女“自愿”而去者80名，寡妇82名，15岁以上“包衣”少女174名，40岁以下“包衣”寡妇84名。（注：包衣为满语“奴仆”意）

1764年6月，收买的420名察哈尔女子分为十队，从察哈尔草原达兰图鲁地方哈勒卓泰牧场陆续起程。十队察哈尔女子在率队旗兵监护下，沿阿尔泰驿路经乌里雅苏台、乌鲁木齐，最终到达伊犁博尔塔拉。行程数千公里，历时达半年之久。由于旅途艰险，风雪严寒，疫病交加，抵达博尔塔拉时，420名女子中已死去42人，另有31人也因饥寒交迫奄奄一息。

抵达博尔塔拉后，经短暂休整，有347名察哈尔女子交由厄鲁特领队大臣，由该大臣主持与厄鲁特昂吉营单身男子婚配。在新疆博尔塔拉地区至今仍有传说，据说当年婚配方法也极为荒唐，乃是将婚配女子装进牛毛口袋，扎紧袋口放置在校场之内，由单身厄鲁特男子进场随意背走一袋。这种貌似公平的婚配方法却出现了诸多荒唐后果。据说有老者背走少女，青年男子背走老妇，不得已只能以父女、母子相认。又据说一青年男子背走老妇后心情悲痛，后经老妇婉言相劝后认为母子。谁知此子事母至孝，最终感动老妇，遂割开衣襟下摆取出金珠无数，助义子成家立业。原来此老妇乃察哈尔林丹汗后裔，为躲避清廷迫害，遂同察哈尔义婚妇女迁来新疆。

本文用颇多笔墨来介绍察哈尔蒙古人西迁新疆的具体过程，主要是想说明：虽然清廷用心险恶，为削弱察哈尔族群计，遂遣察哈尔精壮部众西迁新疆，但从客观上来讲，察哈尔蒙古人的西迁，却有安定新疆局面、繁荣新疆经济、促进新疆民族融和的进步作用。特别是“屯垦戍边”的历史作用，至今供人借鉴。

时隔250余年，西迁新疆的察哈尔蒙古人仍然强烈怀念故乡察哈尔草原。他（她）们仍然用古老的长调歌声唱出对故乡的怀念和祝福。他（她）们唱道：

徐徐升起的太阳，

在一片朦胧的烟雾里。

我们的故乡察哈尔八旗哟，

不知离这儿有多遥远。

冉冉升起的太阳，

在一片弥漫的云雾里。

咱们的家乡察哈尔八旗哟，

不知离这儿有多遥远。

我多么想念可爱的家乡，

可惜没有雄鹰的翅膀。

我时刻想念可爱的家乡，

可惜没有雄鹰的翅膀。

记 1931 年贝子庙的“跳鬼”法会

那是1931年的7月26日，农历六月十一。这一天，阿巴哈那尔左旗的贝子庙将举行一场盛大的“跳鬼”法会。

清晨，在牛羊还没有起盘的时候，东方的一轮红日就喷薄而出了。阳光先是照在额尔敦陶勒盖小山的十三敖包上，然后又照向小山南麓贝子庙的青瓦红墙。矗立于庙脊上镀金的甘吉尔在阳光的照射下宛如一轮黄灿灿的光环。早早的，朝克沁大殿的门就大开了，已经有一些身着紫红色法服的喇嘛们在殿门前进进出出地忙碌着，这些喇嘛是庙里的执法喇嘛，统一由执掌寺规及刑律的“格斯贵”大喇嘛管理。

这时候庙墙东西两侧喇嘛们散住的“板升”房子也陆续开了门，一些小喇嘛急匆匆冲了出来，跑到庙墙下面毫不避讳地大小便，因为按照寺规，各个寺院内是没有厕所的。这时就有提着木棒的“格斯贵”手下喇嘛的一声大喝传来，吓得小喇嘛们提着裤子一溜烟跑了。

在锡林郭勒草原，贝子庙是旗庙，也是一座学问寺，它更是是漠南蒙古喇嘛教中最负盛名的佛学院。寺内高僧云集不说，还设有五个著名学部，它们分别是：显宗学部，藏语称却日，主要研习藏传佛教的佛学理论和佛教哲学即因明学。该学部学制为十三年，是藏传佛教最重的学部之一。密宗学部，亦称珠都巴学部。该部专习藏密佛学的符咒之学，兼习梵文，修行期为七年。医学学部，即藏语曼巴学部。该部专习蒙藏经典医书，参与编译、整理医学医药资料，同时也定期开放，参与对广大牧民群众的门诊和治疗。该学部学期为九年。时轮学部，亦称丁克尔学部。该部专诵丁克尔经，主要研习时轮、天文地理、历算、占卜、语言美学等，学期为三年。戒律学部，亦称拉米冉木学部。主要研习藏传佛教的内明学即成佛之道，并兼学译经、印经的技术。该部学制不定期，学成为止。以上五个学部，经考试合格都可以授予蒙古各寺庙喇嘛们中高级职称。

说起该寺的住持活佛，那更是不得了。最初主持建造贝子庙的是一世葛根巴拉珠尔伦德布，他于康熙四十八年生于西藏章龙地方，六岁即被立为图布丹达日扎寺葛根。十二岁即来蒙古弘扬佛法，又以毕生精力修建了贝子庙。七世达赖喇嘛尊其为“章龙·班第达”及贝子庙葛根。1768年，乾隆皇帝又敕封巴拉珠尔伦德布“阿日亚·章龙·班第达”（班第达，藏语，“大学者”之意）称号，并命名贝子庙为“崇善寺”。

由于有如此崇高之声誉，贝子庙的“跳鬼”在漠南蒙古诸寺院中历来排名第一，于是，一年一度的贝子庙跳鬼法会也已经成为锡林郭勒草原的一件盛事。为了这一场盛会，贝子庙的喇嘛们已经排练了三个月。参加排练的，既有本寺喇嘛，也有在本寺挂单且学业有成的外来喇嘛。

每天晚上，在丁克尔殿二楼经堂里，学习音乐的喇嘛们都要点起昏暗的酥油灯加紧演练各种乐器。酥油灯从晚上十点亮起，直到凌晨两点才熄灭。特别是练习吹“布热”的喇嘛，因为过度用功，嘴角边流着血仍在不停地练习。（注：布热是巨大且长的铜喇叭）

也因为贝子庙的跳鬼法会远近闻名，具有极大吸引力，所以慕名而来的僧众信徒们更是络绎不绝。头一个月前，边远旗县，甚至漠北外喀尔喀的牧民们也日月兼程往贝子庙赶，生怕错过了这一场盛会。

站在额尔敦敖包山顶向东望，半山腰就是汉人旅蒙商所建的一个小小聚落，房屋是干打垒的“板升”，一共有三十多户人家，人们形象地叫它“东商”。

再向东看，山脚下是一座带有拱门的巨大红塔，这道拱门大到居然能通过一辆双套马车。这座红色佛塔始建于1845年，该塔全高七米，比两层楼还要高。拱门四面镌刻有蒙、满、藏、汉四种铭文，意为“降服外道之塔”。以红塔为标志，穿过这座巨大的拱门，它通向漠北遥远的库伦。

红塔东面不到六里地，就是岸边长满芦苇的察伊达木淖儿。去年由于连续干旱，上游锡林河来水减少，使察伊达木淖儿一分为三，变成三个独立地小淖儿。今年却是作怪，从六月下旬坝上草原便开始下雨，间间歇歇很少见一个大晴天。由于

近一个月来的连续降雨，去年还是三座小湖的水面如今又已经连成一片。沿湖四周，现在已经扎满了朝拜者的帐篷。在晨曦的照耀下，帐篷的缕缕炊烟与湖面蒸腾而起的袅袅雾气交映生辉，煞是好看。

草原上，黎明，当数十道人流向贝子庙汇聚的时候，贝子庙朝克沁大殿前已经做好“跳鬼”前的一切准备。在朝克沁大殿的正门前，一圈木马如矮墙般围起一个硕大的广场，广场向南一直延伸到距朝克沁山门八十庹远的巨大影壁。广场内绿草如茵，正是个举行跳鬼法会的好地方。

这时大殿门前两侧已经搭建起两座巨大的白色帐篷。左手帐篷内是以本旗扎萨克贝勒为首的男性王公贵族，围坐在贝勒身边的，是特意来赴法会的周边旗县的几位王公。

看这位扎萨克贝勒，他的名字叫巴拉贡苏隆，今年三十多岁。他是于去年才承袭乃父遗职，被民国政府委以第十二任旗扎萨克·多罗贝勒的爵位。了解贝子庙历史的人都知道：巴拉贡苏隆父亲的堂兄是车凌多尔济，光绪二十一年为第十任阿巴哈纳尔左旗扎萨克·固山贝子。辛亥革命后，清帝逊位，思想开明的车凌多尔济在锡林郭勒草原首先打出“拥护共和，反对帝制”的旗帜，后颇得“中华民国”政府的信任，于民国十一年晋升为郡王爵位。自他之后，阿巴哈纳尔左旗虽为贝子旗，但旗扎萨克皆升格为贝勒爵位。

在白色帐篷内正襟危坐的巴拉贡苏隆，身材虽略显肥胖但很英武。贝勒今天穿着淡紫色的蒙古袍，头戴一顶红色凉帽，样子很潇洒。对面帐篷内是他的两位福晋为首的女性贵宾，这些贵妇人今天都穿着胸垂银饰、肩端翘起、绣着金丝银线的礼服，显得雍容而华贵。

在两座帐篷的中间，也搭建了一座蒙着黄色顶盖的帐篷，帐篷中间，摆放着一把高高架起的硕大矮脚方形座椅，座椅上端坐着贝子庙至高无上的班第达葛根。他是章龙·班第达的七世呼毕勒罕（注：呼毕勒罕即转世者）。这个小活佛降生于1923年2月，今年只有八岁，本名叫阿格旺·罗布桑。小活佛七岁“坐床”，坐床时恰逢西藏九世班禅来锡林郭勒草原贝子庙弘扬佛法，于是九世班禅举行隆重的诵经大会，并主持了小活佛的坐床典礼。

小活佛脸色苍白略显病态，此刻他睁着那双茫然的大眼睛，俯视着四面八方汇聚而来的芸芸众生。小活佛身后，是几排在牛毛毡上席地而坐的喇嘛们。这些喇嘛有的手持各种法器与经卷，有的在调试手上的乐器，正在为“跳鬼”作最后的准备。

此时的贝子庙广场已经是万头攒动，一层层或蹲或站的人挤满了。负责维持秩序的格斯贵手下的小喇嘛们手持木棒在卖力地疏导着人群。当火红的太阳刚刚晒干草尖的时候，人们期盼已久的跳鬼法会便开始了。

这时喇嘛们奏起悠扬的佛教音乐，大鼓与小鼓敲出欢快的节奏，伴着这节奏，从活佛大帐旁的边门里跳出几个头戴白色骷髅面具，身着白色横纹衣服的“小鬼”。他们围成一个圈子，顺着一个方向欢快地跳着舞，舞步类似如今交谊舞的“快四”。这一场舞，应该就是整场“跳鬼”的序幕。关于这一场舞的含意，至今人们仍在争论不休。有人说，这些小鬼是阎王的部下，他们欢快地跳跃是象征着世间魔怪的横行；也有人说，因为人世间在“魔祟”的践踏之下，已是遍体鳞伤无法生存，但是听说金刚和菩萨就要为世间驱魔除怪，使人们共享安宁和快乐，所以不但人世间高兴，就连深埋地下的骷髅即小鬼也高兴地跳起舞来。比对两种说法，当然是后者更接近事实。

所谓跳鬼乃是汉人俗语，蒙古各寺院皆称跳鬼为跳“查玛”，藏语为“羌姆”，意即佛的舞蹈，查玛舞是由西藏传入蒙古带有宗教训戒性质的舞蹈，其宗旨是大乘佛教“超度众生”的理念，目的是禳除不祥，祈求平安，惩戒诸魔，教育众生。从这个意义讲，即便是小鬼们将来也要皈依佛的门下。

当序曲结束后，“跳鬼”的音乐随即发生了变化。喇嘛们现在吹奏的是长号“布热”，它发出的声音低沉而悠长，几里外就能听到。还有喇嘛在吹奏一种叫“康林”的乐器，形状似竖笛，蒙语称“宾呼尔”。据说这种乐器是用活人的腿骨制造的，但查遍所有资料，在蒙古的喇嘛寺庙中也没有活人骨为笛的确切记载，它的材质应该就是普通的兽骨。这时一面大鼓也响了起来，在硕大铜钹的指挥下，大鼓发出或快或慢震耳欲聋的响声。

在略带阴森的音乐声中，被人称作地狱阎王的舞者跳跃着出场了。随着音乐，

地狱阎王在卖力地跳着舞，他的舞步应该是“慢四”，动作刚劲而剽悍，举手投足极富雕塑感。舞姿与西藏表演的藏戏中的神魔人物像极了，可见喇嘛的跳鬼与藏戏有着极深的渊源。这个所谓的地狱阎王所戴面具颇有特色，整个面具就是一个牛面，呈青蓝色，牛头上长出两个大大的犄角，中间镶嵌着一个金色的“奥其尔”（注：奥其尔为藏语，即佛教中“金刚杵”之意）。在面具的周围，还彩绘着六个人的头盖骨，面具狰狞可怕。

说起这个舞蹈角色，那可是大有来历。按当年的旁观者说他是地狱阎王，也有人说他是牛魔王。其实这都是民俗的说法，他真实的身份应该是一尊金刚法王，也就是藏传佛教中鼎鼎大名的“怖畏金刚”，汉译为“大威德明王”。在藏传佛教中，这尊怖畏金刚其实是文殊菩萨的化身，因作忿怒状，故称“忿怒文殊”。

考察漠南蒙古诸寺庙，这一场舞叫法王舞，也称牛神舞。它主要是显示佛法的力量，象征人世间善恶的较量。场中护法神呈牛头金刚状，正在施大法力禳除邪魔。在跳鬼法会中，这场牛神金刚舞之所以具有如此重要地位，乃是印度佛教进入藏蒙草原后，移植了草原游牧民对牛的原始崇拜的缘故。在甘珠尔经《莲华生大师本生传》中说：“先保山神变成山样大的白牦牛，莲华生用铁钩手印扣其鼻，绳绑镣铐使之难动弹，又用铃子手印变其身与心，山神驯服变名号，护法守卫大伏藏。”如上所述，这一场金刚之舞乃是整个跳鬼法会最重要的高潮部分。

这一场舞后是中场休息，观众也从阴沉紧张的鬼舞气氛中解脱出来，在场地旁边闲逛。贝子庙的几家旅蒙商栈，却趁这一间隙铺开杂毛大毡，与牧民们做起了买卖。而贝勒却离席引领着几位王公转入殿后的僧房，大概是向寺院奉献布施去了。

当骄阳刚刚开始发威，人们也等得不耐烦的时候，音乐又开始了。这次乐器的演奏有些变化，长号和竖笛没有了，取而代之的是白海螺制成的小号角，还有大鼓和小鼓，奏出的音乐幽默而欢快。

这时从边门内踱出一老二小三个头戴白色面具的人物。三具面具造型十分奇怪，少年的那两具是一副灿烂的笑脸，彩绘的嘴巴和眉毛都向上弯着，造型很像现今庙会中的大头娃娃。那老者身着白色长袍，所戴面具上装饰着白色的长胡须和白色的长眉毛，面容慈祥而又滑稽可笑。老人在童子的扶持下蹒跚地跳着飘移的舞步，即兴表演着各种滑稽动作。不一会儿，又在童子的扶持下来到活佛座椅前，向活佛献上洁白的哈达表示敬意。

据在场的人说，这一场舞叫福神舞，老者即为福神，他正在为在场的每个人祈福。翻查藏传佛教的诸般典故，这个“察罕额布根”（蒙语称白老翁）可不简单，他是萨满教诸神之首，即“正直之神”。他是如何参与到喇嘛寺庙跳鬼法会中来的？这还得从头说起：

公元7世纪的时候，佛教始从印度传入西藏地区，但遭到西藏当地苯教的强力抵制。为了迅速打开局面，藏传佛教的始祖莲华生大师大刀阔斧地改造了印度佛教。他把西藏苯教中的符咒、乐舞及苯教诸神都吸收到佛教密宗中来，从而建立了藏传佛教体系。

当13世纪藏传佛教传播到蒙古高原的时候，同样也遭到根深蒂固的萨满教的抵制。为了得到蒙古民众的认可，藏传佛教同样又把萨满教诸神请到他们的行列中来。据说有一天（七月十五日），萨满教的大神白“博额”（蒙语将萨满称为“博额”），即上述的察罕额布根，率领萨满教神皈依了“米拉”佛。

在藏传佛教中，米拉佛全名叫米拉日巴佛。他先在藏地苯教中习符咒之学，有大神通。后皈依藏传佛教，在大雪山潜修多年，练成大手印、金刚手等诸般大法力。遂显神通于萨满教大神“白博”之前，白博感佩，于是皈依米拉佛。米拉佛将他们带入寺庙，令他们献艺以示庆贺。于是萨满诸神中的白老翁、鹿神等都加入到喇嘛寺庙的跳鬼行列中来了。

考证这一佛教与藏蒙地区苯教、萨满教“合流”的过程，一是显示了佛教的“大包容”，二是加快了藏传佛教在藏地、蒙地传播的速度。正是由于这一合流，至今使蒙古地区本由萨满教垄断的敖包祭祀，演变为喇嘛也能参加。其实按藏传佛教的教义，即众生平等、不杀生的理念，喇嘛是坚决反对敖包“血祭”的。

在此之后，第四场的伏魔金刚之舞场面极为宏大，就是所谓的“呼勒查玛”，即圆场舞。这场舞不但以前出场的形象全部上场，而且又增加了好多面具人物，其

中有神、佛、阿修罗，还有魔、鬼、兽等形象。他们中有的面具与怖畏金刚相似，但是没有两只角，当然也是藏传佛教中的护法金刚。同时上场的还有头戴黑帽的法师，黑帽上镶嵌着红色的火焰珠。这些法师们手持长长的金刚杵，与场上的魔怪们作着生死斗争。

这一场伏魔金刚舞前后上场的造型人物达120个之多，就规模与阵势来讲，漠南蒙古诸寺庙没有哪一个能和贝子庙相比。此次贝子庙前跳的是“呼日查玛”，即大查玛，在漠南蒙古寺庙中能够跳呼日查玛的寺庙更是屈指可数。再看1931年的贝子庙，全寺喇嘛也就是1000人左右，却能抽出如此多的人手来演练法会，实属难能可贵。查相关资料，漠南察右后旗的阿贵庙是举行跳鬼表演的著名寺院，但即使是阿贵庙跳鬼的全盛时期，全部上场的人数也不超过70人。

大约过了两个时辰，当烈日当空的时候，场上喇嘛们举行了最后的“驱鬼”仪式，这种仪式被喇嘛们称为送“骚日”。所谓骚日就是由面食制作的鬼怪形象，这个遭惩戒的鬼怪被捆绑在祭坛上，将由活佛代领全体喇嘛和现场信众送去焚烧。

众喇嘛们高声吟诵着经文，活佛乘着轿，同白老翁带着童子出了正门。这时喇嘛们从正门抬出一个高有一丈、用黄纸裱糊呈三角锥形象征恶魔居住的鬼屋。它的顶端放着一个纸制的头盖骨，喇嘛们将这个纸屋放置在绑着长杠的木桌上，高高地抬起它走出正门，簇拥着它的是众多头戴鸡冠帽口念驱鬼经文的高僧，后面才是以旗贝勒为首的浩浩荡荡、一眼望不到头的信众。人流一直向东走，越过红塔，在距察伊达木淖儿不远的地方停下来。喇嘛们点起一堆大火，在朗朗的诵经声中把纸屋投入火中，纸屋瞬间化为灰烬。至此，恶魔被完全驱除 。贝子庙的跳鬼法会也圆满结束了。

以上场景，是1931年7月25日在锡林郭勒草原贝子庙前发生的真实故事。这一场跳鬼法会，参加的僧俗信众接近两万人。当然与1929年4月15日九世班禅额尔德尼在贝子庙举行的金刚时轮法会相比，那是小巫见大巫。班禅的那一场法会，不但当时以锡林郭勒盟盟长索王为首的十旗王公全部到齐，仅各地赶来参会的民众就达数万人。就当时锡林郭勒草原的现状看，竟然能在贝子庙举行一场数万人参加的法会，简直令人不可思议。

据记载，跳鬼法会后的第四天，即7月29日，农历六月十五日的清晨，贝子庙的喇嘛们和一干旗众又在额尔敦敖包山上举行了一场盛大的祭祀活动。清晨五点，天刚放亮，就有很多喇嘛开始往额尔敦敖包山上运送幡旗、伞盖和各种乐器等道具。祭祀仪式尚未开始，在山顶十三敖包那个大敖包的祭坛前，打着各色幡旗的喇嘛们已经整整齐齐站成一排，这些喇嘛的后面还站着一排拿着大鼓、喇叭、长号等乐器的喇嘛。他们都静静地站立着，等待仪式的开始。

这场敖包祭祀，完全不同于其他地方的祭敖包形式，颇具贝子庙特色。那便是在祭坛的前面，场地中央放着一个供奉弥勒菩萨的、类似于汉族轿子一样的辇舆。辇舆前有一张方桌，摆放着铜质镏金的瓶子、香炉、铜碗等祭器，还有糕点、奶酪等，但是没有宰杀后煮好的牛羊肉等用于“血祭”的物品。

在弥勒辇舆的左侧，素色伞盖下方设一处高高的坐席，小活佛端坐在上面。弥勒辇舆和活佛坐席四周，是一众大喇嘛和旗贝勒、台吉等上层蒙古贵族的坐席。在这个圈子的外面，则是或坐或站的无数旗民部众。

祭祀活动开始的时候，先是鼓号齐鸣，之后便是众喇嘛们围坐在弥勒辇舆旁念诵经文，然后才是贝勒、台吉等贵族和旗里长者走向十三敖包前致祭。冗长的致祭辞之后，由王公贵族和涌上来的旗众向敖包敬献哈达。这时还有一些长者在十三敖包上各插入了一些木制的刀、剑、斧、锤等武器的模型，这些武器模型长一到二尺，都用墨笔和红土制成的颜料涂成黑红两色。

祭敖包仪式完成之后，祭祀活动还没有结束。这时众喇嘛们又抬起坐有弥勒雕像的辇舆，在喇嘛的诵经声中，绕着额尔敦敖包山坡下的几座寺庙游行一周。这种祭祀活动被有学问的喇嘛称为“弥勒赛会”。查阅佛教经典才知道，这种将弥勒佛像置于轿中，由僧侣们抬着绕寺庙一周的仪式叫“迈达里回转”仪式，或称“弥勒行象”仪式。（注：迈达里佛即弥勒佛）

这种“迈达里回转”，应属于藏传佛教的一种祭祀仪式，最早可溯源至元初期。至元七年（1270），世祖忽必烈采纳国师八思巴的建议，在京师大都大明殿上置白伞盖，顶部饰以素缎，其上书“镇伏邪魔护安国刹”梵字，并于每年初春在大明

殿举行白伞盖佛事。因以各色仪仗引导白伞盖巡游皇城内外，谓祛除众生不祥、导引福祉之意，亦称“游皇城”仪式。

其后，皇帝巡幸上都，也将此巡游佛事引入，但时间定在农历六月望日。其规模虽比大都稍简，但白伞盖佛事却另有特点。元杨允孚《滦京杂咏》诗云：“百戏游城又及时，西方佛子阅宏规。彩云隐隐旌旗过，翠阁深深玉笛吹。”其旁注云：“每年六月望日，帝师以百戏入内，从西华入，然后登城设宴，谓之游皇城也。”再之后，此仪式才被喇嘛们引申为寺庙的祭祀巡游。

自1931年农历六月十一的跳鬼法会以后，贝子庙就盛况不在、日趋没落了。那一年，末代皇帝溥仪在日本人扶持下正在策划成立伪满洲国，这边苏尼特右旗的德王又在闹内蒙古自治。日本关东军的特务也乘虚而入，锡林郭勒草原上到处游荡着日本人的身影。就在跳鬼法会的当天，阿巴哈那尔左旗的扎萨克贝勒就把好几个日本人请进了他的豪华大帐，作为尊贵的客人予以隆重接待。不久之后，日本人就在贝子庙设立了特务机关的“本部”。

至于那个七岁坐床，曾由九世班禅亲自“授戒”的小活佛阿格旺·罗布桑，在年满十八岁的时候，经“中华民国”理藩院的批准，赴西藏拉萨诸大寺学习佛法，修习戒律，并受达赖、班禅等高僧的亲传。1945年日本投降后，他即准备返回锡林郭勒草原贝子庙故地，却因身染重病，于1946年8月28日圆寂于西藏拉萨，时年23岁。

1931年主持、参与了贝子庙跳鬼法会和敖包祭祀的阿巴哈纳尔左旗扎萨克贝勒巴拉贡苏隆，其下场似乎更为悲惨。因其于1931年之后曾任伪蒙疆政府参议员、伪蒙疆军队团长等职务，并于抗战期间通敌等罪行，于1946年阿巴哈纳尔左旗人民政府成立的时候，被免去了第十二代扎萨克旗长职务，遣送到乌兰浩特教育改造，并于1948年病死于乌兰浩特。

以上所述1931年贝子庙的跳鬼场景是真实的，主要是依据当年的亲历者日本人江上波夫所著《蒙古高原行纪》和长尾雅人所著《蒙古学问寺》的见闻改写而成。这绝对不是在抄袭，而是参考了诸多佛教史料和藏传佛教的宗教仪轨，对1931年贝子庙跳鬼场面作了全新的理解和诠释。

图为1931年所摄贝子庙全景

图为贝子庙法会上的“跳鬼”场面
(上下两图均为 1931 年贝子庙“跳鬼”法会当天拍摄的照片)

图为贝子庙后的十三敖包(1931 年“跳鬼法会当天”拍摄)

图为贝子庙铜鎏金大威德金刚

明安图考略

蒙古族科学家明安图是清代学贯中西的科学大师。他在数学、天文学、堪舆学诸方面都学有专精，成绩卓然。明安图少年入京师八旗官学学习，后又直送钦天监接受中外著名科学家的直接教育与指导，终至学业有成。明安图效力钦天监五十余年，后又任钦天监监正职务，为清康乾时期的科学技术蓬勃发展出力甚伟。由于相关历史资料的短缺，明安图的出身、籍贯、姓氏及生卒年的确切年份等方面尚不十分明确。本文拟就以上几方面问题作一些研究与考证，以就教于大家。

一、明安图的出身与籍贯

查阅明安图的生平与履历，史料是支离破碎，当代信息也是众说纷纭。登录互联网维基百科，其中明安图条写道：“明安图，字静庵，蒙古镶白旗常舒保佐领（今内蒙古锡林郭勒盟正白旗）人。”又查百度百科，写道：“明安图（1692—1765），清代蒙古族杰出数学家、天文学家，字静庵，蒙古正白旗（今锡林郭勒盟正镶白旗）人。从以上登录的两条信息来看，可谓皆有漏洞，一说明安图为蒙古正镶白旗人，一说他是蒙古正白旗人，两括号内的隐晦宣示更是耐人寻味。就连比较严肃的出版物如《中外科学家发明家丛书·明安图》中介绍明安图生平时也说：“明安图，字静庵，生于1692年前后。明安图是蒙古正白旗人。……蒙古正白旗在今内蒙古锡林郭勒盟南部，清代时属奉天府（治所在今辽宁沈阳市）。”

以上这种似是而非的介绍还见于《内蒙古师大学报》（自然科学版）1988年第一期：“明安图，字静庵，蒙古族，奉天正白旗（今内蒙古锡林郭勒盟正镶白旗）人。”以上所言奉天正白旗是否就是锡林郭勒南部的察哈尔正白旗？或是清人早已预见到之后将有整合的正镶白旗出现？有清一代察哈尔八旗是否属奉天府管辖？其治所是否就在今辽宁省沈阳市？以上疑问的产生，主要是缘于今人对清代这一部分历史的错误理解，进而以讹传讹，似乎便成为历史定论。所以只有对当时历史史料加以详细考释、论证，才能还原历史的真相。关于明安图的出身籍贯，清人记叙颇多，分述如下：

（一）所言明安图乃属奉天正白旗人的由来

清乾隆二十五年（1760），明安图于钦天监供职四十几年后，终被任为钦天监监正。这一年明安图可能已是68岁。明安图的任职打破了清前期大多由西洋人、满人任监正的惯例，成为首个蒙古族监正，可见明安图当时早已是学贯中西、实至名归的科技大家了。

因老迈及疾病缠身，明安图于乾隆二十八年（1763）入冬即遭“病革”。其身后所留遗稿即著名的《割圆密率捷法》，史志也有详细交代。《清史列传·明安图传》载：“……书未成而疾革。授子新及门下氏陈际新、张肱共续成之。”

清代另一个著名数学家罗士琳也在其所著《畴人传续编》（注：畴人即算学家）《明安图·子明新传》中记明安图：“书未成而卒。……明新字景臻，安图之季子。习父业，充食俸生。时明安图病且革，以所著捷法授之。新遵父命，与门下氏共续成之。”

就是这个罗士琳，对明安图遗著《割圆密率捷法》推崇有加，在其所著《畴人传续编》中对明安图生平、数学及其他科技成果都加以详细介绍。他于1839年在为道光本《割圆密率捷法》所作后跋中写道：“割圆密率捷法四卷，……是书乃乾隆中监正明静庵先生所著。案静庵先生名明安图，奉天正白旗生员。”

文中罗世琳的指证，应该就是后世所传明安图为奉天正白旗人的源头。客观地讲，罗氏说法不是有错，而是今人理解有误。细察罗氏历史，此人为江苏甘泉人，其求学经历与明安图极为相似，先入国子监为监生，后又考取天文生，于清中叶终成算学大家。他所生活年代与明安图相去不远，又曾为明氏父子立传，所以他对明

安图这个前辈学长的经历、履历应是了如指掌，况且他在作跋后的第二年即1840年，在所著《畴人传续编》为明氏立传时已明确写道：“明安图字静庵，蒙古正白旗生员，官钦天监监正。受数学于圣祖仁皇帝，故其所学精奥异人。”

仔细分析以上两段话，所谓奉天正白旗与蒙古正白旗是一层意思的两个侧面，其本身就有较强的内在联系。前者，罗氏着重强调了一个地域与历史的概念，应该是清代官场或士林界的一个习惯性的说法，同时也说明了明安图祖上是于清朝“龙兴”之地即奉天加入八旗；后者，却是因为为明氏立传的原因，需要更为严谨、规范的表述，所以传中首先肯定了明氏的民族与旗分，即他是蒙古正白旗人。

先说奉天正白旗的由来：公元16世纪末至17世纪初，女真后裔即今所称之满族崛起于我国东北地区的白山黑水之间，其建州女真杰出领导人努尔哈赤经顽强的抗争，终于明万历四十四年（1616）建立后金帝国，年号“天命”,建都赫图阿拉城（注：今辽宁省新宾县）。

努尔哈赤又于1621年迁都辽阳；1625年再迁都沈阳，1643年努尔哈赤子皇太极改沈阳为盛京。1644年即顺治元年，清廷正式迁都北京，改盛京为陪都，标志着对全中国统治的开始。1657年即顺治十四年，清又在陪都盛京设奉天府，任命奉天等处将军总理八旗及府县事务。

在盛京期间，清朝政权的开拓者努尔哈赤与其子皇太极创立并完善了著名的八旗制度。八旗制度的基础为“牛录制”，所谓牛录制是满族及其先人创立的一种社会组织形式，它是以氏族、村寨为单位，举氏族长或颇具名望的人为首领组成社会基层组织，平时生产，战时出战。牛录之后，才有成型的八旗组织。

关于满洲八旗的建立，清史有明确记载，见《清实录·太祖实录》：“乙卯年（1615），太祖削平各处。于是每三百人立一牛录（佐领），五牛录立一甲喇额真（参领），五甲喇立一固山额真（都统，即旗领）。原旗有黄、白、蓝、红四色，将此四色镶之为八色，成八固山。”以上史料可确知满洲八旗始建于1615年。

史料又证明，至少于后金天命六年（1621）以前，在满洲八旗内部已经出现一部分蒙古牛录。《满洲实录》录1621年事：“（太祖）以聪古图妻古尔布什，赐名青卓礼克图，给满洲一牛录三百人，并蒙古一牛录，共二牛录，授为总兵。”可见努尔哈赤在编建满洲八旗时，在八旗内部也编建了一部分蒙古牛录。此期间，在满洲八旗外又单独设有蒙古左右翼两旗做为满洲八旗的从属。

至皇太极天聪年间，又有大量蒙古部众归附清朝，于是于天聪九年（1635）将近期归附的内外喀剌沁7830名壮丁及各部降丁，与原隶满洲八旗的部分蒙古牛录析出混编，照满洲八旗例，分为八旗，从此八旗蒙古正式成立，但隶属关系并未改变，各旗虽设蒙古固山额真，却仍归满洲八旗各色旗主统领。以上记载，见于《八旗通志·旗分志》。

另据《八旗通志》记载：满洲、蒙古、汉军八旗中，凡是由努尔哈赤及皇太极于天聪九年以前近二十年间编制的牛录皆称为“原系国初所编之牛录”，或称为“原系盛京初编牛录”。据此，以这些牛录为基础编制的八旗，自“从龙入京”后，为显示其尊贵身份，习惯上称之为“盛京八旗”或“京师八旗”。因顺治十四年又设奉天府，任奉天等处将军总领当地军政，于是人们习惯上又称国初所编满、蒙、汉八旗为“奉天八旗”。

据此可以认定，国初所编，又“从龙入关”的京师满、蒙、汉八旗皆可称为奉天八旗，而且未“从龙入关”，仍留守陪都盛京的八旗各一部也可称为奉天八旗。明安图之所以被称为奉天正白旗人，也正是基于以上原因。据此推论，明安图祖上当是“盛京初编“之蒙古牛录人员，后“从龙入京”，为京师八旗。无论明安图祖上原属满洲八旗还是曾隶蒙古左右翼两旗，但天聪年间经整编为蒙古八旗后，其蒙古正白旗的身份绝不会变，奉天正白旗与蒙古正白旗的称呼也并不矛盾，不过奉天正白旗的含义更为宽泛一些，乃指盛京组建的满、蒙、汉三个正白旗而言。

今人不明白这一层意思，于是将奉天正白旗附会成锡林郭勒盟南部的察哈尔正白旗或镶白旗，为自圆其说又将察哈尔诸旗说成“清代时属奉天府（治所在今辽宁沈阳市）”。殊不知锡林郭勒盟南部的察哈尔八旗从编旗那一天起便从未隶属过奉天府，治所也不在辽宁沈阳市。

查清史资料：顺治十四年（1657）始于陪都盛京设奉天府治，由奉天等处将军

总理军政，康熙后改奉天等处将军为盛京将军。其辖境东至兴京边三百八十里吉林乌拉界，西至山海关八百里山海卫界，南至金州（今辽宁大连）南境七百二十里海界，北至开原边二百六十余里。有清一代称这一防区为盛京驻防或奉天驻防。其辖境显然不包括康熙十四年便从辽宁义州西迁至宣大口外的八旗察哈尔。

再说八旗察哈尔：《清史稿·地理志》卷八十"察哈尔"条载："察哈尔八旗，明插汉，本元裔小王子后，嘉靖间，布希（即卜赤）驻牧察哈尔之地，因以名部。天聪六年，征林丹汗，走死。其子孔果尔额哲来降，即其部编旗，驻义州。康熙十四年，其子布尔尼兄弟叛，讨诛之，迁部众驻牧宣化、大同边外。又以来降之喀尔喀、额鲁特编为佐领隶焉。乾隆二十六年，设都统，驻张家口。其地东界克什克腾，西界归化城土默特，南界直隶独石、张家二口及山西大同、朔平，北界苏尼特及四子部落。袤延千里。"

以上论说，基本源于《大清一统志》，之后也为《口北三厅志》、《察哈尔通志》等口外权威志书所采用，除"因以名部"的说法有点牵强外，其余立义清晰明白，毋庸置疑。需要补充的是：文中所言"孔果尔额哲来降，即其部编旗"，在义州所编之旗乃属扎萨克王旗，并不是之后的察哈尔八旗。

康熙十四年察哈尔八旗编建后，先是由京师八旗蒙古都统兼管，"隶理藩院典属司"，后于乾隆二十六年单独设察哈尔都统管辖察部十二旗群，都统府设张家口，为京畿拱卫。该都统统管张家口军兵、察哈尔十二旗群军政事务，兼管锡林郭勒盟军务并阿尔泰军台。所以说有清一代察哈尔驻防于军于政都与盛京驻防风马牛不相及，说锡林郭勒盟南部的察哈尔八旗清代时属奉天府管辖，治所在今辽宁沈阳完全背离了历史事实。

（二）说明安图是满洲人的由来

清代又一个经学大家阮元，江苏仪征人，生卒年为1764年至1849年，乾隆五十四年进士，在世稍晚于明安图。此人也是国子监出身，不单官做得大，一生还著作颇丰，他曾编过《畴人传》，也是罗士琳等人的老师。1840年间，他在岑建功校

刊明安图《割圆密率捷法》所作序中说：“昔元家藏抄本割圆捷法一帙，不知为何人之书，故畴人传未载。今致仕归扬州，读天长岑氏绍周所校刻割圆密率捷法四卷及甘泉罗氏茗香跋，始知是书为满洲明静庵先生撰于乾隆之时。”

时隔不久，也是1840年的夏季，阮元为他的学生罗士琳所著《畴人传续编》作序，在序中，阮元并未按罗氏《畴人传续编》所言明安图为蒙古正白旗人的提法，却又习惯性地说：“明氏为乾隆初满洲人，其割圆密率捷法，海内无刊本，……。”阮元这一说法，应该是当代一些人误把明安图当成满族人的起因。然而阮元于乾嘉道三朝都曾任职高官，谙熟朝廷规制，况且自身便为大儒，他绝不可能在明安图身上闹出笑话，随口把蒙古族说成是满族。这主要基于以下两点理由：

其一，阮元《清史稿》有传，传中评价他“身历乾嘉鼎盛之时，主持风会数十年，海内学者奉为山斗焉”。就是这样一个学问泰斗，二十五岁便中进士，距明安图考中进士仅晚三十八年。他和明安图一样，少年时便入国子监学习。按清制，凡考中进士者，皆列“进士题名录”传示天下，同时还要把该题名录刻制成碑立于国子监廊下供人瞻仰。难以想象阮元于国子监求学多年，朝夕从碑廊下走过，却对那块乾隆十六年刻制的“辛未翻译科进士题名碑”视而不见，仍然固执地把碑刻上注明蒙古人的明安图说成满洲人，其中显然另有原因。（注：此碑刻为笔者所亲见，下文尚要提及）

其二，清代是个对职官制度极为注重的朝代。有专门典籍记载各类职官的职衔、品级、民族、籍贯及履历，而且这些档案都极为透明，定期向社会公开。在明安图于钦天监任职期间，乾隆十年（1745）秋季荣锦堂刊刻的《爵秩全览》载：“钦天监五官正，食员外郎俸加四级明安图，蒙古正白旗人，官生。”又乾隆二十二年（1757）《缙绅全书》载：“钦天监食郎中俸留五官正任加二级明安图，蒙古正白旗人，官生。”乾隆二十五年（1790）《满汉缙绅全书》又载：“钦天监监正加二级明安图，蒙古正白旗人，官生。”

以上这些关于明安图的任职履历记载，对于侧身官场多年的阮元来说，一定是知道得清清楚楚，但他为什么又口口声声地称其为“满洲明静庵先生”呢？细察

历史，我们才恍然大悟，阮元口中的“满洲”其实并不是一个民族的概念，他之所以尊称明安图为满洲明静庵先生，其目的乃是彰显明氏出身之显贵。这里所言之出身显贵，并不是说明安图是满洲族或称满族人，而是指他的“旗人”身份。

前文所言，清于建国之初八旗组建即已完成，其中不但包括满洲八旗，还包括蒙古八旗与汉军八旗在内，各色旗下共二十四旗组成了一个完整、高效的军事实体。按《八旗通志》、《清实录》等史书记载，至皇太极时期，满、蒙、汉八旗已经日臻成熟。其中，满洲八旗共有各色佐领319个，蒙古八旗有佐领129个，汉军八旗有佐领167个。以上二十四旗共领精壮兵丁十二万余人，是清朝政权的主要军事力量。

在人员构成上，满洲八旗也不是清一色的满族人，其中不但有蒙古人、汉人，也有皇太极时所编之“高丽佐领”，之后尚有“俄罗斯佐领”、“番子佐领”及“回子佐领”等，在蒙、汉八旗中也有相当一部分满族及其他民族的人任职。以上这二十四旗人对清朝廷的建立居功至伟，“从龙入关”后更是身价倍增，有很高的政治地位，其中很大一部分人具有军功爵位，即便是其中的“闲散爵秩”人员也由清廷逐月经年支给钱粮。基于以上缘故，在清代文献中，凡在二十四旗中，不论满、蒙、汉族皆被称为“八旗满洲”、“八旗蒙古”和“八旗汉军”，于是也都统称为“旗人”。

乾隆四年（1739），乾隆皇帝在《御制八旗通志序》中就明确指出：“太祖高皇帝龙兴东土，创造鸿基，肇建八旗，以统满洲、蒙古、汉军之众；太宗文皇帝继绪膺图，遐迩率服，输诚归附者，云集景从，咸隶旗籍。”由于这些人均隶旗籍，所在旗分又是“从龙之初”于满洲地区编建，于是时人便以满洲某人称呼之，以示尊崇之意。以上例子比比皆是，如《红楼梦》作者曹雪芹祖上本是汉人，旗籍却属满洲正白旗包衣，于是时人便以满洲曹雪芹先生呼之。又见《清史稿·琦善传》（注：此“琦善”便是甲午战争中那个著名的反派）：琦善亦字静庵，祖上原是喀尔喀蒙古，姓博尔济吉特氏，为成吉思汗黄金家族后裔。因其旗籍隶属满洲正黄旗蒙古佐领，于是人们也称其为满洲人琦善。综上所述，阮元口中的“满洲明静庵先生”只不过是一个习惯性的称呼而已，依此并不能改变明安图的蒙古族身份。

这一称呼也给我们提供了如下信息：首先，明安图具有明确的“旗人”身份，祖上应是盛京所编蒙古牛录人员，“从龙入关”后属京师八旗或称奉天八旗无疑；其次，既称满洲明静庵先生，可见明安图祖上生活的地望当是明关外满蒙杂居的东北地区，即清人所称之“满洲”。

（三）说明安图是长白蒙古人的由来

陈杰，浙江乌程人，清末著名数学家、天文学家。陈杰一生著作颇丰，曾著有《辑古算经细草》及图册，后又著《算法大成》十卷。他在《算法大成》上篇中介绍明安图数学成就时，明确称明安图“乃康熙朝长白明静庵监正”。因明安图一生历经康雍乾三朝，所以文中说他为康熙时人并无不妥；此言与他乾隆朝任职钦天监监正也不冲突。这里陈杰直指明安图为“长白明静庵”，当是点明他祖籍地望原是满洲地区长白山蒙古。

历史上，长白山地区原就是北方少数民族杂居的地方，是东胡与肃慎、蒙古与女真，以及蒙古文化与通古斯文化相互融会贯通的关节点。13世纪初，成吉思汗建立大蒙古国，在实行著名的千户制时，就将生活在今中国东北地区的女真族人编为千户，为蒙古汗国效力。

据波斯历史学家拉施特《史集》讲：当时成吉思汗把自己的精锐部队约十二万九千人编为中军及左右两翼，其中左翼军共六万二千人，由成吉思汗麾下勋将木华黎统领。在一一介绍木华黎所统帅的千户时，《史集》记载：“女真人（耶律）秃花元帅千户。这个异密归顺后，成为受尊敬的大异密；他管辖着十个千户的全部女真军。由他自行指派千夫长，然后进行报告。如今他的好几个儿子都在合罕（注：拉施特口中的合罕一般特指窝阔台）处，他们受人尊敬，依旧管辖着自己的军队。”

忽必烈建立元朝之后，仍然延续成吉思汗政策，在东北地区建有女真万户，对女真人即后来的满人进行有效的管理。有元一代，应该是蒙古、女真民族大交融的时代，有不少女真人融入蒙古民族或成为蒙古人的附属部落，这就是满族姓氏中

为什么有很大一部分蒙古族姓氏的原因。

至明朝中叶洪熙年间，为避世居西北的蒙古卫拉特部的频繁侵扰，科尔沁部始祖拙赤哈撒尔十四世孙奎蒙克，率部从原封地石勒喀河、额尔古纳河迁徙至今吉林嫩江流域及长白山地区游牧，并将这一地区的扎赉特、杜尔伯特、郭尔罗斯等蒙古部落归并到科尔沁本部，同时将该地区的锡伯、卦尔察和少数女真部落纳为属部。为区别留居故地的阿鲁科尔沁部，该部被称为嫩科尔沁或嫩江科尔沁，于是嫩科尔沁部成为松嫩平原及长白山地区最大的军事和政治力量。按这个时间点，也有部分世居“三河”流域的喀尔喀蒙古人追随这股潮流，迁居到“满洲”长白山地区。以上事实，皆有清代所撰《八旗通志》、《八旗满洲氏族通谱》等史志为证。

根据世俗习惯，时人将世居长白山地区的嫩科尔沁、喀尔喀等蒙古诸部落称为长白山蒙古,其中包括当时认为也是蒙古族的锡伯、卦尔察等蒙古别部。清朝很多史料都记载过努尔哈赤率领建州女真击败叶赫女真及科尔沁等九部联军的古勒山之战。《清史稿》记载：明万历二十一年（1593），努尔哈赤率迅速崛起的建州女真部，与海西女真、蒙古科尔沁等九部联军于“满洲”古勒山一带展开激战，结果是九部联军全线溃败，于是此战奠定了努尔哈赤在“满洲”地区的霸主地位。

在讲述此役时，“清史稿”详列了九部联军名称，分别是：由叶赫部领导的哈达、乌拉、辉发等女真四部；由蒙古科尔沁部领导的锡伯、卦尔察三部；另有长白山珠舍里、纳殷二部。分析九部构成，当是大部分分布在嫩江、长白山一带。引人注意的是，指挥蒙古部作战的就是嫩科尔沁兀鲁特部落首领明安贝勒。历史上这个明安贝勒投降清朝最早，大约是努尔哈赤天命七年（1617），在此之前他还将一女嫁与努尔哈赤为妻。《满洲实录·太祖录》卷二曾记：“甲午年（1594），蒙古科尔沁部明安贝勒，喀尔喀部劳萨贝勒，始遣使往来。于是蒙古各部长遣使往来不绝。”

当然我们不能仅凭明安贝勒这一名字就说明安图也是嫩科尔沁人，还应有其他的证据支撑。近查清乾隆四年所撰《八旗通志·旗分志》，上载八旗蒙古全部佐领构成明细，颇有启发，其在八旗蒙古佐领成分构成上，已不再沿用北方游牧民族传统地以血缘关系为基础的氏族组织形式，而是以所在地域共同生活的人员为基础来划分佐领，现将文中所述蒙古八旗中各地方蒙古构成佐领情况详列如下：①喀尔喀地方蒙古；②喀尔喀蒿齐忒蒙古；③喀喇沁地方蒙古；④喀喇沁乌兰地方蒙古；⑤喀喇沁拜玉特地方蒙古；⑥科尔沁地方蒙古；⑦科尔沁哈达地方蒙古；⑧土默特地方蒙古；⑨敖汉地方蒙古；⑩巴林翁牛特地方蒙古；⑪巴岭（伯力）地方蒙古；⑫叶赫地方蒙古；⑬西喇他喇地方蒙古；⑭萨勒图库伦地方蒙古；⑮巴尔虎蒙古；⑯厄鲁特蒙古；⑰察哈尔地方蒙古；⑱盛京蒙古；⑲锦州蒙古；⑳前屯卫人丁；㉑古北口外蒙古；㉒杀虎口蒙古。

在以上所列各地方蒙古中，符合长白地方蒙古特征的有这样几个：

1. 科尔沁哈达地方蒙古和叶赫地方蒙古。从古勒山之战可以窥见这两个地方蒙古所驻地望当是与哈达、叶赫女真相混杂的长白山地区。

2. 喀尔喀地方蒙古和巴岭（伯力）地方蒙古。此两部虽一驻漠北三河之源，一驻今俄罗斯哈巴罗夫斯克，但有可靠资料证明两部中各有部落很早以前便移居松嫩平原及长白山地区，比如后文尚要谈及的明安图所在佐领的管理人常舒保，祖上地望便是巴岭地方蒙古。综上所述，如果说明安图是长白山蒙古人，其祖籍就应该从以上部落寻找。

根据以上逐条分析，我们可以得出如下结论：①明安图祖上应是清代满洲地区长白山蒙古人；②明安图祖上在努尔哈赤时代便已投奔后金，属“盛京初编之蒙古牛录”，时间应在1621年之前；③明安图祖上于皇太极天聪九年（1635）被编入八旗蒙古，“从龙入关”后被称为京师八旗或称奉天八旗。

二、明安图的姓氏

由于相关史料的缺失，明安图到底是何姓氏至今仍是人们争论的焦点。有人说明安图是满族姓氏而不是蒙古人的姓氏，据此他应该是满族；也有人说明安图只是一个名字却不是姓氏，在蒙古族中叫明安或明安图的人很多。凡此种种说法看似有道理，却都掩盖了一个最基本的事实，那就是凡蒙古族皆有其姓氏源渊，因

为这是族群繁衍、优生优育的客观需要，说没有姓氏的那是他遗忘了。笔者将有关史料经认真分析研究后，认为明安图的姓氏还是有蛛丝马迹可寻，叙述如下：

（一）关于明安图姓氏的研究

明安图的姓名、出身及官职，最具权威的表述莫过于清官方国史馆纂修的《清史列传·明安图传》，该传应是明安图逝后不久，经馆僚奏请、特旨宣付后所纂。传载："明安图，字静庵，蒙古正白旗人，诸生。官钦天监监正。……"传中所列姓字，一定是前名后字无疑。一些人据此就产生了理解上的偏差，于是走进两个误区：

首先，认为明安图乃是他的名字，与他的姓氏无关。因蒙古语明安为"千"，于是产生了以数字"千"为词根的蒙古语名字，如明安温都斯（千根图门）、明安乌日吉（千秋祥瑞）、明安巴雅尔（千喜）等。这种命名现象在蒙古各部族中也是司空见惯，这些名字中当然不包括本人姓氏，但是这并不代表这些人没有姓氏，只是没有表现在名字之中而已。

还有一个误区，正如上文所言，认为明安图就是他本人的姓氏，此姓氏虽不存在于蒙古族姓氏当中，但满族氏族谱中却有此种姓氏存在，于是便联想到明安图是否与满族有血缘之联系。

以上两种说法看似都有道理，却是大有偏颇，都不符合有清一代历史事实。关于明安图姓氏的渊源，还要结合清朝进关前后姓氏变化的实际情况来考查。

从历史上看，在清朝国家的发展过程中，不光有满族人的汉化，同时也有大量蒙古人、汉人的满族化，这其中的缘由应该是不言自明。在满族共同体形成时期，其姓氏多属多音节，其中当然也包括蒙古族，比如蒙古博尔济吉特氏，这本来是成吉思汗黄金家族的专有姓氏，至清朝之初却演化成蒙古、满族的共有姓氏，其中可见社会变化之激烈。这当然有两种可能，一种是如前所言元明之际女真部落向蒙古的融入，于是吸纳接受了蒙古族姓氏；另一种现象却是清朝之初、编建八旗之始，蒙古部族向满族的融入，也带来了蒙古族姓氏。

以上两种因素的交汇融合，在清朝之初，又汇合于一个更大的历史潮流之中，那就是满、蒙等北方民族姓氏的进一步汉族化。这体现在：满、蒙民族姓氏的多音节形式在清廷入关后，开始向双音节或单音节形式过渡；满、蒙民族固有的多音节姓氏逐渐向汉姓的单音节过渡。其具体表现或是隐去姓氏，直书其名；或是简化姓氏，融入其名，但其名字实质上仍有原多音节姓氏的成分在内。

上述是清朝政权入关前后姓氏源流的变化，这绝不是笔者的空穴来风，清初宫廷官修的两本史书为这一现象提供了有力证据。第一本书名为《八旗满洲氏族通谱》，该通谱成书于乾隆九年（1744）。书中共收录满洲姓氏1114个，再加清皇族姓氏爱新觉罗氏共为1115个，这其中基本包含了满洲满、蒙、汉八色二十四旗所有在旗旗人姓氏。书中记载蒙古族姓氏230余个，约占全部八旗姓氏的四分之一。另一部书为乾隆五十二年（1787）编定的《钦定皇朝通志》，在其分卷《氏族略》中分别列有满、蒙、汉姓氏670余姓。

通过两书比较，虽然编定时间仅相差五十余年，但其姓氏走向明显出现了由繁到简、由北方民族化到汉化的演变过程。与《八旗满洲氏族通谱》相比较，《皇朝通志·氏族略》中又有一部分蒙古姓氏归于满姓，在“蒙古氏族谱”中被删除。在清朝入关前后，清廷制度已允许不以原有姓氏冠名，或对老姓氏予以简化。

我们可以从以下几个满、蒙著名姓氏的变化中得到一些启发：比如满洲著名古老姓氏富尔察氏，本为满族八大姓之一，隶满洲镶黄旗。该姓氏中著名人物有乾隆朝曾任军机大臣、大学士的傅恒，其“傅”姓当是富尔察氏的简化；清史中另一个著名人物傅恒之子福康安，其“福”姓应该也是富尔察氏的简化。这种演变当然也能看出在姓氏简化过程中的不确定性，这种不确定性直至清末才逐渐趋于稳定，之后富尔察氏多演变为“付”姓。

另外还有与明安图同时代同属蒙古正白旗分的梦麟。梦麟的身世显赫，其先祖博博图，世居科尔沁，最早归附努尔哈赤，隶蒙古正白旗，于1636年明清锦州战役中战死。博博图之子，即梦麟的曾祖父明安达里曾于顺治五年任蒙古正白旗都统。梦麟之父宪德，于雍乾朝曾任工部尚书，兼署正红旗满洲都统。梦麟本人十八岁即乾隆十年便中进士，是乾隆朝名臣和著名的诗人，他著有《大谷山堂诗集》六卷，

在清代文学史上影响很大。梦麟青年即在军机处行走，在兵部侍郎任上兼领镶白旗蒙古副都统，可惜英年早逝，三十一岁便殁于任上。

以上从梦麟先祖博博图、曾祖明安达理、父宪德再到梦麟本人，在列传中皆隐去姓氏，直呼其名，可见姓氏称呼的潮流所向，其实他们有一个显赫姓氏，那便是蒙古西鲁特氏。称其姓氏显赫，不光是此姓氏有清一代出过许多名臣，在西鲁特氏中尚有诸多爱新觉罗皇族后妃。《皇朝通志·氏族略·蒙古八旗姓》载西鲁特氏“世居巴林、科尔沁”，可见蒙古西鲁特氏很早便已从祖居巴林（巴林即伯力，今俄罗斯之哈巴罗夫斯科）迁居清初之满洲。此姓氏于清末民国初年演化为“席”姓，当属流传有序，如中国台湾当代蒙古族女作家席某某，应该就属西鲁特氏，旗分是京师八旗的蒙古正白旗。

通过以上比较，再看蒙古正白旗明安图家族的姓氏演变：所谓“明安”姓氏，应该是成吉思汗建立蒙古汗国之后逐渐形成的姓氏，应是从军事机构“千户部”演变而来，源起于成吉思汗于建国初组建的95个千户。

至明末清初，“明安”氏也被满族引为姓氏，称“明安图”氏。据《黑龙江志稿·氏族志》记载，满族明安图氏祖居黑龙江省牡丹江流域，属女真虎尔哈部。所谓明安图氏，其“图”字当是“惕”与“忒”的音转，是蒙古语中的复数形式，表部众之义，明安图应为蒙古语“千户部的人众”。

与满族的明安图氏相比，蒙古族的明安姓氏更为古老、悠久。查阅相关史料，至明末清初，被载入“八旗姓氏谱”中的蒙古族姓氏中只有两个与明安相关的姓氏，他们分别是“依克明安”氏与“达喇明安”氏。依克明安氏见于《皇朝通志·氏族略》中的“附载蒙古八旗姓”，《黑龙江志稿·氏族志》也记载了这个姓氏；而达喇明安氏，在《八旗满洲氏族通谱》“蒙古姓氏谱”中有明确记载，另外在《皇朝通志·氏族略》“附载蒙古八旗姓”中也有记载。据此，应该可以得出这样两个结论：

1. 在明安图的族属确定不移为蒙古族又属京师八旗蒙古的前提下，他的姓氏只有两个选择，不是依克明安氏就一定是达喇明安氏。原因之一：至清朝之初，明安图姓氏已为满族所专有，在《八旗满洲氏族通谱》与《皇朝通志·氏族略》附载的“蒙古八旗姓”中都已不记载此姓氏；原因之二，至清朝之初，在蒙古部族内部如果仍有明安姓氏者，那也只能排除于京师八旗之外，与明安图的京师八旗身份不符，因明安图家族姓氏一定排在八旗蒙古的姓氏谱内。

2. 明安图既属依克明安氏或达喇明安氏二者之一，无疑问他的姓氏当属多音节姓氏。按照京师八旗的姓氏走向，再依据京师八旗姓氏的特殊性考虑，明安图名字中的“明安”当是简化了的姓氏成分，即依克明安氏或达喇明安氏的简化。至明安图的子辈，此种简化更为明显。乾隆三十六年《大清职官迁除录》记明安图之子：“钦天监衙门，食俸天文生，蒙古正白旗明新。”又见清末《八旗文经》卷五十七载：“同时畴人，自顾用方奉敕撰历象考成后编外，蒙古明安图静庵、子明新景臻，满洲博启绘亭，皆有论著。”文中记明安图之子名为明新，字为景臻，可见至清中叶明安图家族的姓氏在音节上已经出现了较大转化，即由依克明安氏或达喇明安氏多音节向明安氏双音节的转化，再由明安氏双音节到明氏单音节的转化。

以上明安图家族姓氏的转化过程，充分展示了有清一代京师八旗人众姓氏演变的历史。综上所述，明安图姓氏当属依克明安氏或达喇明安氏二者之一无疑，如果用排除法排除其中之一，那么另一姓氏应该就是明安图家族的真实姓氏。

（二）依克明安氏不是明安图家族姓氏

《皇朝通志·氏族略》“附载蒙古八旗姓”记依克明安氏：本蒙古额鲁特准噶尔部姓氏，世居准噶尔，所冠汉字待考。《黑龙江志稿·氏族志》也记载了依克明安姓氏，说该姓氏人众居住地为黑龙江乌裕尔河，属依克明安旗。

围绕以上依克明安氏族的记载，再来探寻该姓氏源流：所谓依克明安，蒙古语意应为“大千户部”，据史料记载，该千户部属卫拉特蒙古，明末游牧于阿尔泰山，故称阿尔泰蒙古。至于依克明安是以氏名部还是以部名氏至今已不可考，只知道明末清初时该部隶属于厄鲁特蒙古之准噶尔部，在今新疆塔尔巴哈台一带游牧。

在清朝入关前，漠南蒙古诸部已陆续臣服于清廷，漠北蒙古喀尔喀部也属于半臣服状态，入关后，只有世居西北的厄鲁特准噶尔部于清初康、雍、乾三朝一直

与清廷对抗，史称“准噶尔之乱”。准噶尔部领袖人物噶尔丹、策旺阿拉布坦、阿睦尔撒纳先后率西部卫拉特蒙古与清廷抗争近百年。经清廷康、雍、乾三朝数次大规模征讨，终于乾隆十九（1754）年平定准部之乱。作为准噶尔属部的依克明安部也被清廷东迁至满洲黑龙江一带。时有准噶尔依克明安部台吉巴桑，率所部依克明安氏离故地塔尔巴哈台，东迁至黑龙江乌裕尔河一带游牧。乾隆二十二年清廷将巴桑属部编旗，以氏命旗称依克明安旗，归黑龙江将军节制。1948年该旗被新中国原嫩江省取消建制，旗众划归今黑龙江省依安县、富裕县。以上就是《黑龙江志稿·氏族志》将依克明安氏列为黑龙江姓氏的由来。

弄清楚依克明安氏东迁黑龙江的历史，我们完全可以认为依克明安氏并不是明安图家族姓氏，主要理由如下：

1. 从历史上看，依克明安部一直属西部卫拉特蒙古，世居阿尔泰山和塔尔巴哈台，当该部尚在上述两地游牧的时候，明安图家族已于东北地方加入满洲八旗的蒙古牛录，《八旗通志·旗分志》称之为“原系盛京初编之蒙古牛录”。而盛京初编之牛录，一般都在努尔哈赤时代1621年之前，那时的努尔哈赤后金政权，一方面要图谋夺取南面的大明江山，一方面正加紧对漠南蒙古诸部的兼并步伐，根本无暇他顾。所以远处大漠西北的卫拉特蒙古与努尔哈赤于满洲所编蒙古牛录的构成没有丝毫联系，也就是说在清朝前期的八旗建制中绝无依克明安氏存在的可能。

2. 查清乾隆年间奉敕所编的《八旗满洲氏族通谱》与《钦定皇朝通志·氏族略》，前者成书于乾隆九年（1744），后者编定于乾隆五十二年（1787），两书成书时间相距四十余年，但《八旗满洲氏族通谱》附载蒙古姓氏中却只有达喇明安氏一姓，通谱中未见有依克明安氏出现。直至四十三年后，在《钦定皇朝通志·氏族略》“附载蒙古八旗姓”中达喇明安氏与依克明安氏皆赫然在列。这说明依克明安氏融入八旗蒙古的时间段一定是在乾隆九年至乾隆五十二年之间，在这个时间段之前，本属卫拉特蒙古的依克明安部应该还在故乡塔尔巴哈台游牧。

3. 作为上文补充，《清实录》曾详细记载了准噶尔部依克明安台吉率部于乾隆十九年至乾隆二十二年东迁黑龙江并编旗的史实，而这个时候的明安图家族距离加入满洲蒙古牛录的时间至少已经过去了约150年。综上所述，明安图家族的姓氏，绝不可能是依克明安氏。

（三）达喇明安氏是明安图家族姓氏

关于蒙古达喇明安氏的历史，清代相关史料所载甚详。《八旗满洲氏族通谱》“八旗蒙古姓氏”载：达喇明安氏，世居鄂嫩果尔（即漠北斡难河地方）。《皇朝通志·氏族略》“附载蒙古八旗姓”记载：达喇明安氏，亦称达喇穆氏，蒙古八旗姓。该书又记其姓氏渊源：世居鄂嫩果尔、嫩江、海拉尔地方，后有满族引为姓氏者。后多冠汉姓为达氏、安氏、明氏等。考据以上两志书记载：

1. 志书所载达喇明安氏的原居住地，应在漠北斡难河流域无疑,而斡难河源便是成吉思汗的降生地和发祥地。成吉思汗逝世时曾将建于此地的大斡尔朵交由其幼子拖雷继承，按遗嘱，拖雷还继承了汗国全部精锐部队十二万九千人中的十万一千人，其中中军与左翼中的绝大部分归属于拖雷。

按波斯历史学家拉施特《史集》记载，左翼军统领木华黎属下军队六万二千人，大多为蒙古中东部的各个千户。考达喇明安姓氏：如果依克明安氏是世居蒙古西北部的“大千户部”，那么达喇明安氏就应是蒙古中东部的“第七十个千户部”，因为“达喇”明显是蒙古语数字“七十”无疑，由于时间的演变，达喇明安以部名氏也应无疑。按照拉施特《史集》把成吉思汗所编千户由西向东的排列秩序看，第七十个千户部应处于斡难河流域中下游的位置，这与上述两“氏族通谱”所载达喇明安氏“世居鄂嫩果尔地方“也基本吻合。

2. 按《皇朝通志·氏族略》“附载蒙古八旗姓”的记载，与《八旗满洲氏族通谱》略有不同的是，《皇朝通志·氏族略》记载更为详细，说达喇明安氏“世居鄂嫩果尔、嫩江、海拉尔。后有满族引为姓氏者”，这给我们传递了两个信息：

一是世居斡难河地方的达喇明安氏所部，最迟至乾隆年间已经完成了由漠北向东北满洲地区的迁徙，迁徙地有嫩江流域，也有海拉尔河地方。其迁徙时间、方式、路线应该与蒙古科尔沁部的南迁吉林长白等地大致相同，也与蒙古正白旗西鲁

特氏由今俄罗斯伯力地方南迁至今吉林、通辽等地方同步。

二是《皇朝通志·氏族略》说达喇明安氏"后有满族引为姓氏者"，也符合当时的历史事实，满族明安图氏所引姓氏应该就是源自达喇明安氏，虽然这是满蒙两个民族相互交融的结果，但其中仍有显著区别，即一个是满族姓氏，一个是蒙古族姓氏。

3. 依据达喇明安氏从世居地鄂嫩果尔迁徙东北满洲的事实来看，从科学考证的角度出发，该达喇明安姓氏究属蒙古何部尚不能遽下结论，但至少有一个方向可循：那就是达喇明安氏可能源于漠北喀尔喀部的一个分支，这主要是基于喀尔喀部世居蒙古三河之源的考虑，该部一支与嫩科尔沁部一样，沿斡难河下游逐渐迁徙至东北长白山地方游牧，后归顺努尔哈赤之后金。这一说法同时也有蒙古文史料的支持：据蒙古史书《金轮千辐》所言，蒙古达喇明安氏乃答延汗七子那力不赖的属部。

综上所述，明安图的姓氏应为满洲蒙古八旗的达喇明安氏，该姓氏应是满洲蒙古八旗之正白旗的著名姓氏，该姓氏历史上应为蒙古喀尔喀部的属部。

三、明安图所在旗分

关于明安图所在旗分，现今就有几种说法，有说是蒙古正白旗，有说是蒙古镶白旗，还有说是奉天正白旗。除奉天正白旗上文已作考证说明外，尚有蒙古正白旗与镶白旗两者归属的争论，也有是否为察哈尔八旗的争论。现将明安图旗分归属产生异议的由来及其所在旗分问题加以考证论述。

（一）关于明安图所在旗分争论的由来

明安图所在旗分问题，表面看似乎没有争论的必要，正如前文所言，清国史馆所纂《清史列传·明安图传》中已明确其所属旗分为"蒙古正白旗人"，这是有清一代官方提供的最为确凿的证据。但是互联网维基百科等一些媒体和有些研究者为什么要坚持明安图是“蒙古镶白旗常舒保佐领人”呢？细查清史资料，才知道这一说法也不是空穴来风，也有一定的历史依据。可惜的是这些人虽然找到了比较可靠线索，却没有深入研究下去，结果出现了以偏概全的错误，进而得出了一个不靠谱的结论。现在我们来追溯一下这些人出错的根源：

在明安图的人生履历中，有一个重要的节点，是他于乾隆十六年（1751）考取了辛未科翻译进士，这一年明安图大约是五十九岁，在钦天监任职已近四十年。之所以拿这一年明安图考取进士功名来说事，乃是源于清廷考后所颁之金榜。按清廷考试制度，凡当年科举取中进士者，皆登录进士题名金榜，并以皇帝“制诰”形式颁喻全国。另外还有一个殊荣，就是将该题名金榜及皇帝“制诰”制成碑刻立于京师国子监廊下，供学子及后人瞻仰。

查乾隆十六年辛未科翻译进士题名金榜，本科次共录取翻译进士十八名，其中满洲宁舞立等共十五名，蒙古达赖、明安图两名，汉军王承基一名。看此金榜，再按清廷规制，以上录取十八名翻译进士无论满、蒙、汉皆属八旗人物无疑。除此之外，金榜所列蒙古明安图其人是否即为本文考证之明安图？应该还是一个疑问。

为弄清此疑问，笔者借进京之际，专程瞻仰了清代最高学府国子监。果然，在国子监大成殿东廊下碑林第一排中发现了上述碑刻，这块碑刻现被国子监管理部门编顺序号为198号。该碑刻顶部碑额作双龙缠绕状，碑额上刻有“辛未科翻译进士题名碑”字样。在碑额下方碑身上刻有“制诰”一道，上题：“奉天承运皇帝制曰：乾隆十六年五月初十日，策试八旗满洲、蒙古、汉军贡士宁舞立等十八名，赐翻译进士出身，故兹诰示。乾隆十六年五月口日。”制诰之下，首列：“中式满洲翻译进士：第一名，宁舞立……”；次列：“中式翻译蒙古进士：（第一名略）；第二名，明安图，镶白旗蒙古常舒保佐领下，蒙古生员。”（注：因碑刻湮灭无法卒读，且无标点，以上全文引自中华书局2007年刊印之《清代进士题名录》）

至此，关于明安图所在旗分被称为镶白旗蒙古的根源应该已经找到，维基百科等所谓明安图为“镶白旗蒙古常舒保佐领下”的说法，应该就是源自此翻译进士题名金榜。应该说，此题名榜公布的信息也是清官方最具权威的信息。这样一来，

该题名榜与《清史列传》中明安图的旗分差异到底何者为正确？两者所列之明安图是否即为一人？为此疑问，围绕常舒保佐领其人和明安图的旗分归属两命题来研究这一题名金榜及碑刻，便成为了解明安图身世的一条捷径。

（二）关于常舒保佐领

由于有清一代有严格的科举考试制度，规定考生于考前除详细申报本人姓名、年龄、籍贯等信息外，还要如实提供考生上溯三代的基本情况，即曾祖父、祖父、父亲的姓名、职业、仕宦等真实信息，如果该人在旗籍的话，还要注明旗籍（注：应为祖上籍贯），列出本人所在佐领之佐领官的名称。这些信息经考生报名所在地官员汇总核实后，逐级上报上级政府和朝廷有关部门；同时考生在试卷之首，也要按官方要求真实填报上述内容。由于清廷规定进士以上试卷为国家机密，皆密封建档保存，因战乱与政权更替等原因，现今存世的试卷已属凤毛麟角，所以明安图当年试卷中所反映的详细信息至今已不可能看到，只能凭借乾隆辛未科进士题名金榜提供的简单信息来加以考证。

按清乾隆“辛未科翻译进士题名金榜”所列文字，证明明安图为在旗籍的、满洲蒙古八旗之蒙古生员无疑，但歧义就产生在“镶白旗蒙古常舒保佐领下”这句话中。按字面分析，常舒保应为蒙古镶白旗的佐领，如果他就是明安图所在佐领的佐领官，便无法解释《清史列传》所言明安图为“蒙古正白旗人”的定论，据此人们便可以怀疑此进士题名金榜所列之明安图与《清史列传》所载之曾任钦天监监正的明安图是否为一人。

开始笔者对此疑问也是百思不解，一度陷于彷徨之中。后经反复比对历史史料、深入了解清代学制规章，终于发现了此中纠结所在，原来问题竟然出现在今人对此题名金榜断句的理解上。众所周知，中国文言文字本无标点符号这一断句形式，就笔者所亲见国子监“辛未科翻译进士题名碑”所刻文字也是一贯到底，并无断句，清代刊刻的进士题名录之类书籍当然也无断句。由于现今清代此类史料难寻及碑刻部分湮灭诸原因，建国后编辑刊印此类史料时皆加以新式标点符号，就笔者看到的中华书局2007年版《清代进士题名录》便采取了上述断句形式。由于今人于研究中大多看到的是此类加标点的书籍，于是理所当然地认为常舒保为蒙古镶白旗佐领无疑。事实上应该是一些编辑者对该“辛未科翻译进士题名录”加标点时作了错误的断句，以致使人产生了误读。其实该题名录明安图条正确断句应如下：“第二名，明安图，镶白旗蒙古，常舒保佐领下，蒙古生员。”以上笔者断句与中华书局2007版《清代进士题名录》所作断句仅为一逗之差，即镶白旗蒙古后加以逗号，如此虽一逗之差却歧义顿消，试看如下分析：

前文讲到，清代考试制度规定需严格申报考生姓名、年龄、籍贯及上溯三代的基本情况，如按笔者所划句逗，则完全符合清廷考试规制，文中“镶白旗蒙古”一句，并不是说常舒保为蒙古镶白旗人，乃是指明安图祖上加入满洲八旗蒙古佐领时所在旗籍或为镶白旗蒙古，或其祖上有一段时间曾隶属于镶白旗蒙古，也就是按清制规定上报的上溯三代的籍贯，然而此籍贯却并不代表明安图本人出生、就学及考试时所在的旗分，所以上述所载镶白旗蒙古与常舒保其人并无关联。

按此断句划分，则进一步清晰了明安图一定是出于“常舒保佐领下”，也洗清了常舒保佐领就属“镶白旗蒙古”的嫌疑，从而给探索常舒保的身份扩大了空间。由于此问题在后文中尚要提及，这里不多论述。关于蒙古佐领常舒保的身份，经查阅清代有关史料，叙述如下：

察有清一代，官方主持编纂的记叙八旗历史的官方史书主要有两部，一为编成于乾隆五年（1739）的《八旗通志初集》，一为编成于嘉庆元年（1796）的《钦定八旗通志》，两书虽详略不同但内容基本一致，均为研究清代八旗制度和满洲历史的重要史籍。查《八旗通志初集·旗分志》卷十一，其中详列截止于乾隆初年八旗蒙古全部佐领共211个（注：皇太极初编蒙古八旗时蒙古佐领为129个）；该通志还详列八旗各佐领历任管理人共1323人次，其中有2人因间隔任管理人两次，故管理人实为1321人。以上管理人于通志中皆列姓名、任职顺序及亲属渊源。

再查与常舒保姓氏有关的蒙古镶白旗与蒙古正白旗各佐领：蒙古镶白旗，计有佐领凡31个，列历任管理人共194名。其中与常舒保姓氏有关联的管理人共有3人，

他们分别是镶白旗左参领第六佐领的管理人常禄，镶白旗左参领第九佐领的管理人长保，镶白旗右参领第十一佐领的管理人长青。细察此三人身份及三人所在佐领情况，除姓氏可能相似之外，当然不会是明安图所在佐领的管理人常舒保，可见蒙古镶白旗并无常舒保其人。

再看蒙古正白旗：该旗有佐领29个，其中右参领所属15佐领，左参领所属14参领；凡29个佐领列历任管理人共166名。其中与常舒保姓氏有关联的管理人也有三人，分别是右参领第一佐领管理人长积保，左参领第一佐领管理人长寿，左参领第十一佐领管理人常僧。查三人姓名、履历，长寿曾任内阁学士，常僧为前屯卫人丁，皆与常舒保无关，倒是长积保其人，与上述所考证的常舒保的身份完全相符，理由如下：

1. 姓名相通，音译有误。众所周知，清入关后北方民族的固有姓氏有了较大改变，如前文所言，这种改变主要是由北方少数民族化向汉化的发展，具体就是多音节的姓氏向单音节姓氏演变，在演变过程中多少带有些许的随意性。这表现在两个方面：一是姓氏的随意性。比如文中常舒保，他可以姓“常”，也可以用“长”姓替代，以上例子比比皆是，如上文所言满洲富尔察氏，于清初有军机大臣、大学士傅恒，其子亦为著名人物福康安。可见富尔察氏入关后演变为富姓、傅姓或是福姓等多种同音姓氏，这种现象直至清末才趋于统一。二是清初北方少数民族在姓与名演变上的不确定性，还表现在姓名翻译上的误读，如通志出现的常宝在汉语翻译上也可异读为长保。综上所言，《八旗通志初集》所载蒙古正白旗第一佐领管理人长积保，应该就是“辛未科翻译进士题名榜”上明安图所在佐领的管理人常舒保。

2.《八旗通志初集》中此长积保与明安图有关联。查《八旗通志初集·旗分志》，所载正白旗蒙古都统右参领所属十五佐领：“第一佐领，原系盛京初编蒙古牛录时，以其一与拜新墨尔根管理。续以巴都尔管理。续以伊麻图管理。续以伊尔海管理。续以昂阿岱管理。续以布达希礼管理。续以阿哈尼管理。续以阿哈尼之子瓦克善管理。续以瓦克善之弟索尔逊管理。续以瓦克善之子长积宝管理。长积保年老告退，以都统拉锡管理。续以头等侍卫巴雅思胡朗管理。”从上述记载可以看出，长积保确为蒙古正白旗右参领第一佐领的管理人，以其从管理人职务上“年老告退”的情况看，他的任管理人时间应该较长。

文中可以看出，该佐领应该属近亲属即家族式传承管理的佐领，即清史料所言之“世管佐领”；文中说该佐领“原系盛京初编蒙古牛录时”所编建之佐领，可见该佐领建立时间应早于皇太极1635年，即“国初”编建蒙古八旗的时间，查《满洲实录·太祖实录》，最早出现蒙古牛录（佐领）的时间应为努尔哈赤在位的1621年。当然，以上史料还不足以说明长积保即为明安图所在佐领的管理人，尚需更为强有力的佐证。

再查《八旗通志初集·旗分志》，载正白旗蒙古都统右参领所属十五佐领内：“第五佐领，原系第一佐领内人丁。康熙三十四年，长积保管佐领时，人丁滋盛，分编一佐领，以二等阿思哈尼哈番兼二等侍卫西积保管理。……。”以上为一条极有力的佐证，说明长积保就是明安图所在佐领的管理人。文中说该第五佐领原是长积保管理第一佐领时分编出来的一个佐领，其编置年分为康熙三十四年。再联系明安图的出生年份，应为1692年左右，即康熙三十一年，比长积保佐领分置出第五佐领的时间早了3年，毫无疑问，这时候明安图一定在长积保任管理人的蒙古正白旗右参领第一佐领下。

至此，我们可以明确地说，《八旗通志初集》所记长积保，与乾隆“辛未年进士题名榜”所记明安图所在佐领的管理人常舒保实为一人无疑，同时也间接证明了中华书局2007版《清代进士题名录》在明安图条断句上出现了错误。

3. 常舒保的籍贯。考蒙古常氏部族，最早加入满洲蒙古八旗的只有蒙古喀尔喀部常佳氏一族。《清朝通志·氏族略》蒙古八旗姓记：“蒙古族常佳氏，世居巴林（即伯力，今俄罗斯哈巴罗夫斯克），后有满族引为姓氏者，清人关后多冠汉姓为常氏。”由常佳氏不由联想到满洲蒙古正白旗的另一大姓氏西鲁特氏，该姓氏也是世居巴林但属嫩科尔沁部，该姓氏人众努尔哈赤时期被编为蒙古佐领，后为蒙古正白旗右参领第六佐领人丁；再联系明安图祖上所在的世居鄂嫩果尔的达喇明安部，他们都是从遥远的北方或东北方通过几乎相同的迁徙路线来到当时的满洲地区，

因地望接近长白山又被称为长白山蒙古。这些部族因较早被满族的努尔哈赤军事集团所兼并，先后加入满洲八旗，所以被称为“盛京初编之蒙古牛录”。

（三）关于明安图祖上曾隶属蒙古镶白旗的疑问

通过上文考证，明安图祖上旗籍有一段时间确曾隶属于满洲八旗蒙古镶白旗下，这也是今人质疑明安图旗分归属的关键所在。就此疑问，笔者查阅了有清一代的相关史料，终于弄清楚了其中的关联，原来明安图及祖上所在旗分的变更，乃是源于满洲八旗历史上两白旗的两次混编。

查清代八旗史料，八旗满洲与八旗蒙古、汉军本就密不可分，所谓八旗蒙古与汉军都是八旗满洲的附属，凡以上二十四旗都要受具有宗主性质的同色旗主的节制。于是在清朝初年便不断爆发旗主与旗主之间因争夺领导权而产生的激烈争斗，在争斗过程中，胜者一方可强行解除对方旗主所属旗分的领导权，或者将对方所属旗民强行变更旗籍据为己有，以加强和壮大自己的军政实力，历史上称此种手段为八旗满洲的“混编”，其中尤以正白、镶白两旗之遭遇为甚。历史上，正白、镶白两旗至少遭遇了两次规模较大的混编：

第一次混编。1626年，后金领袖努尔哈赤去世。经激烈的宫廷争斗，努尔哈赤第八子皇太极继位。继位时皇太极实力薄弱，为巩固自己的统治地位，于是对正白、镶白两旗采取分化办法，先是废掉阿济格（注：阿济格为努尔哈赤第十二子）白旗旗主之位，后于皇太极崇德二年（1637）又将正白、镶白两旗混编，分别由阿济格同母弟年幼的多尔衮与多铎分领两白旗，此为八旗历史上两白旗的第一次混编。

第二次混编。皇太极去世后的第二年，掌握军政大权的摄政王多尔衮推庄妃之子福临为帝，杀皇太极之子豪格，吞并了豪格所领正蓝旗，将该旗与自领正白旗混编为新的正白旗与镶白旗，至于原来的镶白旗则改编为正蓝旗，由多铎之子领旗。这一次的混编，距上一次两白旗的混编仅过去七年，即顺治元年（1644）。

以上重点介绍满洲两白旗的两次混编，完全可以作为明安图祖上旗分变更的重要历史依据。按时间来推算，努尔哈赤初建满洲八旗时间为1615—1621年，史料记载此时满洲八旗内已有独立蒙古牛录七十六个，同时还有一些蒙古人直接编入满洲牛录中。上文考证明安图祖上为“盛京初编之蒙古牛录”，这个时间段与努尔哈赤编建八旗的时间基本相同，距两白旗的两次混编已有三十余年的间隔，所以说明安图祖上所在之蒙古牛录编建之初曾隶属于镶白旗下应无疑问，三十年后由于受两次混编的波及，作为世管佐领的整个牛录被编入蒙古正白旗也完全有可能，也最接近历史事实。

回头再看明安图，比较确切的记载他是出生于康熙三十一年（1692），此时距两白旗的两次混编已经过去五十余年。按时间来推算，到明安图这一代应该已有三传，这就完全符合乾隆辛未年进士题名录中所列明安图之履历条件，即上溯三代的祖上籍贯应记为蒙古镶白旗。

涉及两白旗的历史，还有一点尚要提及，即整个八旗内部还有上三旗与下五旗之分：上三旗为正黄、镶黄及正白旗，属“皇帝自将”；其余五旗为下五旗，为宗室王及贝勒统领。于是便出现一种现象，即下五旗之旗民因功或皇帝“眷顾”，便可破例举家编入上三旗中，历史上称此举为“抬旗”。由于有抬旗现象存在，于是有人便有疑问，认为明安图祖上旗分变更乃是缘于抬旗之故，即从下五旗的镶白旗因功抬入上三旗的正白旗。

笔者却认为无此可能，细察八旗历史：在两白旗的第二次混编之后，多尔衮于顺治七年（1650）故去，因无亲子，顺治借机吞并了由多尔衮继子掌管的正白旗。不久后又宣布“天子自将”的正黄、镶黄、正白旗为上三旗，享有皇家给予的种种特权，其余五旗便为下五旗，并且“永为定制”，此后便有了八旗满洲及其附属的上下旗之分，可见抬旗制度的确立是在两次混编之后，始于顺治，这个时间应是在1650年之后。据此可以认为，明安图祖上旗分变更，乃是缘于清初历史上两白旗的混编。在两白旗的两次混编前后，明安图祖上所在的镶白旗或是正白旗本无高低上下之分，也不存在抬旗之说，所以说明安图祖上或因抬旗而进入正白旗的说法是没有历史根据的。

综合以上分析，关于明安图及祖上旗分归属问题，我们可以得出如下结论：

1. 明安图于乾隆辛未年(1751)考取翻译进士后,清廷刊刻的“辛未年翻译进士题名录”明白无误,也完全符合当时考试、录取及公示的诸项规制。至于后人在明安图籍贯的理解上产生偏差,乃是对该题名录及碑刻误读的缘故。

2. 综观明安图生平,也完全符合《清史列传·明安图传》记载,他是出生于八旗满洲所属蒙古正白旗内,并隶属该旗右参领第一佐领,佐领管理人为常舒保。由于史料记载中音转的差异,相关史料中也称其为长积保,其实两者实为一人。

3. 关于明安图祖上曾隶属蒙古镶白旗的问题。“乾隆辛未科进士题名录”公示无误,明安图上溯三代之祖籍确为蒙古镶白旗无疑:在1637年至1644年之间,由于两白旗的两次混编,使明安图祖上旗籍转隶蒙古正白旗。因其祖上加入满洲蒙古牛录时间较早,且管理人传承有序,时人称为“世管佐领”,所以明安图祖上旗分的变更应是整个佐领的变更。

四、明安图的官学生身分及求学经历

前文所述,明安图于乾隆十六年(1751)考中翻译进士时已近垂垂老年,距他参加钦天监工作时间也过去了四十余年。是什么原因造成明安图入仕虽早、考取功名却晚这一结果?明安图一生的求学经历又是怎样?明安图所学专业如何?这一切都需我们认真研究和探求,本专题试就以上问题加以论述。

(一)明安图的官学生身份

关于明安图的官学生身份,因相关史料证据确凿,无论过去与现在都毋庸置疑;对于清代官学生自身定义也毋庸置疑,因为这是有清朝以来特有的教学体制的产物,乃是专门针对八旗子弟这一特殊群体而言。由于明安图早年,特别是他少年时期学习经历的相关史料记载不详,我们只知道他早年学习过程中的一个大概。明安图早年求学经历史料有如下几种记载:

1. 关于明安图曾为生员、诸生的记载。清罗士琳于1839年在《割圆密率捷法后跋》中写道："案静庵先生名明安图，奉天正白旗蒙古生员。"1840年4月，罗士琳在《畴人传续编》为明安图立传时又明确写道："明安图字静庵，蒙古正白旗生员。官钦天监监正。授数学于圣祖仁皇帝，故其所学精奥异人。"诸生的说法见于清国史馆纂修《清史列传·明安图传》："明安图，字静庵，蒙古正白旗人，诸生。官钦天监监正。……"

2. 关于明安图曾为官生及官学生的记载。明安图的官生身份，清官方与半官方史料记载最多，如清代历朝刊刻的职官书籍《爵秩全览》、《缙绅全书》中多处有明确记载，涉及明安图职官履历时皆记他是"……蒙古正白旗人，官生"；明安图是官学生最具权威的记载见《清史稿·时宪志一》："（康熙）五十一年（1712）五月，驾幸避暑山庄。征梅文鼎之子梅珏成诣行在所。先是命苏州府教授陈厚耀，钦天监五官正何君赐之子何国柱、何国琮，官学生明安图，原任钦天监监副成德，皆扈从侍直。上亲临提命，许其问难，如师弟子。"

以上记载一说明安图曾为生员或诸生，一说他是官生及官学生出身。事实上两者之间到底是何关联，这尚需结合清代教育考试制度加以说明：按清廷教育规制，凡在府县应童生试并获得童生资格者，皆可在规定时间参加上一级的生员考试。生员考试称院试，由各省学政主持，取得生员资格者，即是所谓的秀才；与生员身份相似的，还有由不同渠道取得生员资格的人员，如恩生、荫生及官生等，于是把这些人员统称为诸生。

就明安图来说，史料中有的称其为生员或诸生，有的则称其为官生或官学生，乃是各有侧重的缘故：称明安图为生员、诸生，表明明氏为"正途"出身，突出他的学历身份，如"乾隆辛未年进士题名榜"中便称明安图为"蒙古生员"，这是考试登记制度的需要；在《爵秩全览》、《缙绅全书》等职官书籍中称明安图的官生及官学生身分，则是指明他的仕宦途径，也刻意显示他尊贵的旗人身份和官员子弟的出身，当然官生与官学生也理应归入生员之类。

应该说明的是，在清代官生与官学生是两个不同的概念，它们之间既有联系又有不同。所谓官生，清代有两种明确所指：一是按照清科举制度，凡大臣子侄应

乡试者称官生，其试卷称官卷。如《清会典例·礼部·贡举》载："各省官生，文庸倖者，不堪屈指数。"便是说当时一些大臣子侄庸劣不堪造就。《爵秩全览》、《缙绅全书》既指明安图为官生，那他一定是官员子侄无疑，而且是官员子侄中的佼佼者。

另一种说法便是特指官生为钦天监天文生，也有诸多史料为证：《清史稿·时宪志一》："（顺治元年）敕：旧法岁久自差，非官生推算之误，新法既密合天行，监局宜学习勿怠玩。"文中所指官生应是钦天监天文生无疑。又见《康熙会典》卷一百六十一，记顺治元年事：西洋人汤若望，进呈《西洋新法历书》，顺治帝旨："西洋新法，推验精密，见今定造时宪新历，悉以此法为准。……，令钦天监官生'肄习遵守'。"这一条史料，则进一步指证了顺治时钦天监官生正是康熙时的钦天监食俸天文生，而明安图恰恰是具备了官生与八旗官学生两种身份，方进入钦天监做食俸天文生。再有《乾隆会典则例》卷一百五十八记乾隆十年（1745）事："钦天监官生，三年考试一次，术业精通者，保提升用，不及者，停其升转，再加学习。"上述史料可以看出，直至乾隆十年，官方仍把钦天监食俸天文生称为官生；另外也可看出，天文生在钦天监是一边学习一边工作，但学习任务繁重，并涉及三年一次的考核升转，所以明安图后来的术业有成，是与他在钦天监艰苦勤奋的学习分不开的。

至于官学生，则属于国子监下，由八旗在各自驻地独立办学培养的学生。雍正前，其生源主要是满、蒙、汉八旗有一定官职的勋旧子弟，自雍正始，方始放宽，也可以允许八旗闲散爵秩及平民子弟入学。指明安图为官学生，乃是说他有旗人的特殊身份，就学时入读于京师八旗官学校之故。

由于明安图早年的生活、学习情况史料记载并不详细，从现在能见到的相关记载看，可以推断明安图应该是幼年即进入八旗官学学习。具体入学及学习过程，可以结合有清一代官学生教育制度加以考证：

清朝入关之前，从努尔哈赤时代起便极其重视旗人子弟的文化教育，征战之余仍不忘延师重教，早在天命六年（1621）便首设八旗学校，教授旗人子弟习满汉文。皇太极天聪五年（1631），下令诸贝勒大臣子弟"十五岁以下，八岁以上者，俱令读书”。顺治元年至顺治二年，清军刚刚入关之际，清廷便设立了专门培养旗人子弟的八旗官学，规定：“八旗官学生，由八旗选择俊秀子弟咨送，由国子监祭酒等挑取十八岁以下者，记名俟补。”（以上见《钦定国子监志·学志》卷十一）《钦定八旗通志·学校志》又记顺治二年学事：“先是，每佐领各取官学生一名，以十名学汉书，余习满书。至是，礼部奏请增额，命每佐领增取一名，于原额习汉书十名外加用十名，余俱满书。”

通过以上记载，再结合其他史料，我们可以对明安图少年时代学习过程作下列陈述。

（二）明安图早期的学习情况

关于明安图早期加入八旗官学的学习情况，可以依据清代关于八旗官学的相关制度、规章加以推定。现就明安图早年在八旗官学学习情况作如下考证：

1. 明安图的入学年龄及录取情况。明安图应是十岁左右入专为旗人子弟开设的八旗官学学习，此时大约为康熙四十年。这个时期的八旗教育已是日臻完善，拥有一套比较规范的举荐、考核及录取制度。据相关史料记载，可以大概勾勒出明安图入学时的八旗官学概况：明安图进入八旗官学的年代，仅限于官员子弟就学，当时的录取制度也比较宽泛，官学生的招录，主要由各旗所在佐领的佐领官推送即可。

这种局面直至雍正元年（1723）才被打破，方始规定：“官学生不可滥取，应于该佐领下无论官兵子弟，不许瞻徇情面。择其资质颖秀，可以读书上进者一人。该参领、佐领保送，该都统等验看。移送国子监肄业。”

又到雍正五年，八旗官学只招收官员子弟的规定才被正式打破，规定：“凡选择官学生，不必拘定门第，务择聪明俊秀子弟。佐领申送，本旗都统验看，然后交国子监当堂考录。”（以上见《八旗通志初集·学校志》卷四十七）

为了巩固满人统治根基，提高八旗子弟的文化素养，清廷在京师左近设立官学培养官学生，当时计有：由国子监管理的八旗官学，专门负责培养满、蒙、汉八旗子弟；由内务府管理的景山官学，专门负责培养内务府包衣旗下上三旗子弟（注：雍

正七年又设内务府管理的咸安宫官学，开始招收包衣下五旗官员子弟）；由宗人府管理的宗学与觉罗学，主要针对皇室子弟及觉罗氏后裔的教育。

从康熙四十年的教育现状来看，以上三类官学中宗学与觉罗学自不待言，其余八旗官学与培养上三旗包衣子弟的景山官学也大多以招收旗人官员子弟为主，至于进一步扩大学员的招收范围，乃是雍乾朝之后的事，与明安图入学年代无涉。据《钦定国子监则例》“八旗学务”记，顺治元年十一月，清廷下令“满洲文官三品以上各一子入国子监读满汉书”。又据《清会典事例·国子监》记康熙年间学事：“八旗满洲、蒙古、汉军，及以下五旗包衣文职五品，武职三品以上者，皆挑取官学生，入八旗官学。”

通过以上史料可以看出，正如前文所言，明安图入学八旗官学的年代，其官学生身份皆以八旗官员子弟为主，鲜有例外。由此可见，明安图的身份应为八旗蒙古的官员子弟，其祖上因投靠满人较久，应建有较卓著的文治武功，属八旗勋旧无疑。

2. 明安图入学时所在学馆。一般认为明安图所入学馆应属蒙古八旗官学馆，其实这是一种误解。按史料记载，清顺治、康熙年间八旗官学生主要选拔于官员子弟，直至雍正、乾隆时期范围才有所扩大，入学资格有所放宽。这一时期又陆续设立外三营官学及内务府管理的咸安宫官学。清廷于雍正元年始单独设立蒙古八旗官学，每旗一所，计八所，所以康熙四十年的八旗官学，乃是满洲八旗的建制，即同色三旗共设官学一座，下分满、蒙、汉三馆。明安图少年所入学馆，乃是八旗满洲正白旗官学下设的蒙古学馆。

3. 学馆在京师具体位置，按《八旗通志初集·营建制》卷二十三载：“世祖章皇帝（顺治）定都今京师，京城之内，八旗居址，列于八方。王公以下至官员兵丁，给以宅第房舍，并按八旗翼位宸居。其官司、学舍亦按旗分，罗列环拱。”即八旗官司、学舍皆按旗分列于皇城左近。由于八旗中镶黄、正白、镶白、正蓝四旗居左，称为左翼，其中正白、镶白旗按五行属木，故居于京城东方，驻防地在东直门、朝阳门内。故《八旗通志初集·营建志》载：“正白旗官学，坐落于东四牌楼南小街新香胡同内，坐南朝北，共有学舍二十五间。”由于该学舍下分满、蒙、汉三馆，明安图少年时期即于该学舍的蒙古馆学习无疑。

4. 明安图少年时在八旗官学的学业。按清廷规制，八旗官学始终在国子监管理之下，故八旗官学之规章、学务及考试考核皆出自国子监，或由国子监上报礼部实施。至于明安图入八旗官学时的初始学业，清学制有明确规定，《钦定国子监志》卷十二《学志·考校》于八旗官学生条曾记康熙三十三年（1694）喻内阁：“八旗官学生幼童，唯在训迪。苟加意教诲，未有不成者。骑射与文字，原宜并重，不可偏废。”可见清前期对八旗官学幼童的教育也是贯彻“兴文教，崇经术，以开太平”的教育理念和大力提倡“国语骑射”的教育原则。

关于学习内容，可见《清会典事例·礼部学校》：乾隆三年奏准，八旗官学生入学前三年“令其专读经书，每天讲解、考试”。三年后“择其材质聪颖，有志力学者，归汉文班分隶学习，令其专心讲诵。其年齿已长，愿学翻译者，归满文班分隶助学，令其专心翻译”。以上关于八旗官学学业的规定，虽是乾隆三年事，却也反映出明安图入八旗官学的学习过程，即入学的头三年应是专学启蒙的经书文字，三年后术业有所专攻，侧重于翻译课程的学习，这在《国子监则例·八旗课程》中可以得到印证：官学中，满馆教清书、翻译，汉馆教经书、文艺，蒙古馆教蒙古文、翻译，各班皆习骑射。分析以上八旗官学规制，可以大概勾勒出明安图初为官学生的学习经历，即十三岁前以学习启蒙的经书文字为主，十三岁以后则是专攻清书、蒙古文及翻译等科目。

（三）关于明安图所学翻译科

这是清廷为八旗子弟和官学生特设的科目，有满洲翻译和蒙古翻译的区别。按清学制，满洲翻译，满、蒙、汉军均可报考，蒙古翻译则只限蒙古人。由于翻译科与明安图的仕途有诸多交集，同时也是明氏科举考试的晋身之阶，所以弄清楚翻译科的来龙去脉，也是研究明安图生平的一条捷径。

《钦定国子监则例》卷三十七《八旗官学·学务》中规定：八旗官学生亦应参

加文科、翻译、武科之科举考试；雍正元年（1723）又议定：汉军官学生可与满洲、蒙古官学生一起参加翻译生员、举人、进士之考试。从以上八旗官学规制可以看出，明安图就学时代的官学生，参加翻译科的考试，与文、武科一样都是仕途的晋身之阶；当年明安图的科举之路，应该是按上述官学规制，经历了从翻译生员到翻译举人再到翻译进士的科举历程。再印证明安图于钦天监任职数十年，其间大部分时间任职时宪科五官正职务，而五官正主要职责如清《历代职官表》所载："凡时宪书之以国书、蒙古字译布者，满洲、蒙古五官正司之。"正是明安图"掌译布文字"的工作职能，使上述推测与明氏的科举经历基本吻合。

关于明安图考取乾隆辛未科翻译进士一事，史有明文记载，应毋庸置疑。关于明氏考取翻译举人的过程相关史料没有明确的记载，应是一件憾事。仔细分析，应有两种可能：

一是那一时期翻译举人的中试，当然比不上考取翻译进士那样为时人所重视，如考取翻译进士后，除中央教育机关建档外，还要刊印当年进士题名录以皇帝敕喻颁行全国，同时将该题名录刻制成碑立于国子监内供人瞻仰。正如前文所言，明安图当年考取翻译进士的题名碑刻，至今仍竖立于北京国子监内，但是翻译举人的考取，其名录除官方教育机构立档外，在全国范围内的传播应当很少。历经数百年的时间后，今人恐怕已难以见到，所以无法确认明氏考取翻译举人的具体时间与过程，当然也在情理之中。

再一种可能就是明安图另有一种较高层次的学历，又经清廷特许，可以替代翻译举人的身份，直接参加翻译进士的考试。这种说法的证据是：就目前所知，明安图起码有国子监优贡生（相当于举人副榜）、钦天监食俸天文生以及附设国子监算学生三种学历身份，再凭借明安图于钦天监任职时宪科五官正近三十五年的经历，经恩准后直接参加翻译进士的考试也不是没有可能。

（四）明安图天文及算学的学习经历

综观明安图的一生，基本贯穿了清前期康、雍、乾三个时代，那时候的清朝政府正处于帝国的鼎盛时期，在社会稳定、经济繁荣的同时，也促成了科学技术的进步。从顺治入关，定都北京时起，清朝政府便从政治、经济、军事的需要出发，高度重视自然科学的繁荣和发展，其中尤其重视天文历法、算学和地理测绘的学习和研究，在引进西方科技人才和培养本土人才方面都有很大成就和进步。明安图便是在这样的时代背景下，被培养、造就成为一个在天文历法、算学、地理学诸方面成就卓著的科学家。

按国子监及八旗官学则例，明安图于八旗官学蒙古馆就学期间至少学习了三年的基础课程，学习内容应是以启蒙经书与蒙古文字为主。十三岁后，天资聪颖的明安图想必很快就考取了生员资格。再之后的学业，参考《国子监则例》卷三十七“八旗课程”记载：国子监对十三岁以上学生“习满洲、蒙古文字者，面试满洲、蒙古翻译。其有出色者，记名，俟春秋季考时举优；如有气质庸劣，年岁过大，读书过少，难以成就，并无故不到者，即行咨回本旗。”

关于官学生的考试，“八旗课程”还有记载：凡八旗官学生，于春、秋二季共同考试各一次。顺治十七年礼部议准，官学生由“国子监按季考试，礼部年终考课”。通过上述记载可以知道：明安图十三岁后应该是通过刻苦努力，以优异成绩顺利通过国子监的春、秋季考，再以优异成绩顺利通过了国子监与礼部的年终岁考，仅仅用了将近三年时间便考取了生员中的最高等级即优贡生，也就是正式的国子监监生。然而优贡生的考取，却是百里挑一的事，明安图小小年纪便达到如此成就，也实属不易。

关于优贡生考试之艰难，在《钦定国子监则例》“八旗官学·学务”中有充分体现。乾隆三年规定：“凡八旗官学生，有考取文生员、翻译生员者，以考中之日为始，留学肄业十年。如再考中副榜、拔贡、优贡等项，复以考中之日为始，再展十年，俾得底于有成。”这一条史料说明，教育官方对考中翻译生员等学历的官学生，留学肄业的最高期限为十年；如果再考中优贡生等项，则再延展十年，这样算来前后便达二十年之久。明安图考取优贡生的年龄应该不会超过十六岁，这就是说，明安图从进入八旗官学到取得优贡生学历，仅仅用了将近六年的时间。这也说明，少年

明安图入学后一是学习刻苦，二是天资聪颖，所以才取得如此成就，同时也为他在今后的岁月成为一个著名的科学家打下了坚实基础。

之所以说明安图于十六岁左右考取优贡生后进入国子监，并以监生或官学生身份送入钦天监专习天文历法及算学，之后又转为食俸天文生，此中也有相当的史料支持：

按国子监是国家的最高学府，虽然设有各类教学部门，但首要以讲授中国传统的经诗子集为主，所谓天文历法、算学等自然科学方面的教育并不是国子监的长项；然而当时的钦天监在自然科学方面却是人才济济，不但汇集了中国本土在天文历法、算学、地理学方面卓有成就的大师，而且又从西洋，如日耳曼、法兰西诸国聘请了一批精于天文历法、算学、地理学等自然科学方面的专家学者来钦天监任职。由于当时中国国策，这些人只能凭借传教士的身份来华，其中绝大部分人是术业专精的学者。当时一些封建官吏、固执文人仍秉持大国沙文主义观念，故步自封，不能开眼看世界，不惜挑起事端，公然指斥这些人为“邪教”，称他们带来的西洋自然科学为“邪术”。在这种态势下，清初几代帝王都明确支持了这些西洋学者，安排他们到钦天监担任监正等要职。可以说，这些西洋学者对有清一代自然科学技术的繁荣发展，做出了重要的贡献。

明安图恰恰在这个时候进入钦天监学习，应该是他的幸运。此时的钦天监，乃是清中国的知识宝库，其中既有中国本土传统的，在天文历法、算学诸方面学有专精的知识精英，又有较著名的、给中国近代科学带来西方文明的西方科学家。在他们共同的教育熏陶下，明安图终成大器。应该说，他是中国近代科技界古为今用、洋为中用过程中受益较深的一个典型人物，也是清康雍乾时期开放政策的受益者。

明安图等人之所以能够进入钦天监学习，是与康熙皇帝的大力推动分不开的。据清初编年体史料汇编《东华录·康熙十》记载，康熙九年（1607）“九月戊午喻礼部：天文关系重大，必选择得人，令其专心学习，方能通晓精微。可选取官学生，令其与汉天文生一同学习，有精通者，俟钦天监员缺，考试补用。寻，礼部议于官学生内每旗选取十名，交钦天监分科学习。有精通者，俟满汉博士缺出补用。从之”。正是由于康熙这道喻令，此后八旗官学生得以进入钦天监学习天文、算学，之后又成为食俸天文生。这些天文、算学生虽在钦天监食俸、学习，其隶属关系应该还在国子监，属国子监学生无疑。

据清《历代职官表》记载，钦天监共有食俸天文生为：八旗满洲、蒙古共十六人，汉人二十四人，合计四十人。明安图应该就是其中满洲、蒙古十六名员额中的一个。至于明安图进入钦天监学习的时间，有人说是十八岁，也有人说是二十三岁。笔者却坚持认为他是十六岁即进入钦天监做算学生，那一年应该是康熙四十七年（1708）左右。除上文所做论述外，还有如下理由证明笔者的推断：

1. 白寿彝先生著《中国通史》“清时期学校与科举制度”篇讲到清算学馆：乾隆四年（1739），额设满、蒙、汉肄业生共六十人，学习五年期满，分授钦天监天文生及博士。可以看出，乾隆初算学馆已单独设立，其学制为五年，通过考试后可授为天文生。据此推断，明安图于康熙四十七年入钦天监学习算学，五年学成，遂又考取钦天监天文生应是最大可能。

还有史料为证，见《钦定国子监志》卷十六记：“算学生功课以《御制数理精蕴》分为线、面、体三部，每部各限一年通晓；七政共限二年。其初学者由线部按次肄业，……月有课，春秋有季考，岁终则算学会同钦天监大考，分别勤惰去留。”可见算学生的课程即线、面、体三部为三年，七政为二年，合为五年。又见《光绪会典》卷七十六：“（算学生）五年期满，管理算学大臣会同钦天监考取天文生。”至此已十分明了，明安图在钦天监学习算学共为五年，之后遂即考取了天文生，时年为康熙五十二年（1713）。

2.说明安图十六岁即入钦天监习算学，还有上文所举一例为证，即《清史稿·时宪志一》曾记：康熙皇帝于康熙五十七年（1712）五月驾幸避暑山庄。征官学生明安图等随驾赴热河，康熙曾“亲临提命，许其问难，如师弟子”。文中说明氏当时尚为官学生身份，当然是说此时他还是八旗官学拔出，并于钦天监学习算学的算学生，当时还不具有天文生的身份。文中即说“许其问难”，可见此时明氏已经学

业有成，有实力与康熙探讨算学疑难，因为这个时间段正是明安图习算学届满之际，在算学方面已具深厚功力。同时这也符合明安图弟子陈际新在《割圆密率捷法序》中说他“自童年亲受数学于圣祖仁皇帝，至老不倦”的说法。这又说明，明安图自十六岁进钦天监习算学，便得康熙皇帝的耳提面命，否则不会说他童年便亲受数学于康熙皇帝。

3. 有人说明安图于康熙五十二年即二十三岁方进入算学馆学习，乃是缘于对下面一条史料的误解。据《清朝文献通考·学校二》载：康熙五十二年（1713）“初设算学馆，选八旗世家子弟学习算法。以大臣官员精于数学者司其事，特命皇子亲王董之”。由于文中说康熙五十二年“初设算学馆”，于是一些人误解明安图此时方进算学馆学习算学，殊不知此算学馆乃是从钦天监算学发展而来。正如前文所言，早在康熙九年（1670），康熙帝便已喻令选取官学生赴钦天监学习算学。所以二十三岁时的明安图，应该已经是修完五年算学课程，考取了钦天监食俸天文生。

（五）明安图考取乾隆辛未科翻译进士始末

上文说明安图算学肄业便考取了钦天监食俸天文生，当时应该是二十三岁。按照有记载的史料，明氏自雍正二年（1724）便已经任职钦天监时宪科五官正，距他考取天文生的时间已过去十一年。按清《历代职官表》所记钦天监职务衔级来看，从天文生升职到时宪科五官正，需要经过五官监候，再经过五官灵台郎，再到时宪科五官正三个职级，可见明安图最多用了十年左右的时间，便完成了三个职级的升迁。

这样便出现了一个矛盾，即明安图的仕途走的是钦天监逐级升迁之路，直至钦天监监正止，但他求取功名之路走的却是从翻译生员到优贡生、举人副榜，再到翻译进士的科举之路。分析发生在明安图身上这两种不同经历，却折射出清前期教育、科举体制的深刻变革：

史记明安图于乾隆十六年（1751）考取辛未科翻译进士，该科录取八旗满洲、蒙古、汉军共十八名，其中八旗蒙古考生录取二名，明安图便是二者之一。可以说明安图能够考取蒙古翻译进士，完全是缘于时代的幸运，也缘于帝王乾隆的睿智之举。历史上，清入关建立政权之后，在教育体制上基本延习明朝旧制，科举方面只开两科，即文科与武科，后因培养八旗满洲子弟翻译人才的需要，许开翻译科的考试，但也只许满人子弟参考。具体到明安图，自幼年入八旗官学学习，除一个较短时间学习中国的经史子集之外，之后的岁月里主要专攻算学、天文、地理等自然科学方面的专业知识，如果让他与中国学子一样参加艺文科的大考，后果可想而知，从术业有专攻的角度讲，或许他的一生也与进士考试无缘。然而机会终于来临，《清朝文献通考》卷四十七记乾隆九年（1744）事："九年奉喻旨：看来蒙古旗下人能蒙古话及能以蒙古字翻译者甚少。如是相沿日久，蒙古文字并蒙古话必渐至废弃。宜令蒙古旗下人亦照考试满洲翻译生员举人进士之例，考取蒙古翻译生员举人进士，在理藩院补用。如有读习汉书，情愿考试文生员举人进士者，令照常考试，著在别部院补用。如此，则蒙古旗下人俱各奋发勤学蒙古文字并蒙古语，不至废弃，而理藩院亦收得人之效。著大学士会同理藩院议奏。遵旨议准八旗蒙古人等能翻译满洲、蒙古文字者，照考试满洲翻译之例，三年之内考取秀才二次、举人一次、进士一次。"正是康熙皇帝的这一次喻旨，使明安图的命运发生了根本改变。

喻旨颁行于乾隆十六年，有确切史料证明明安图此时正在钦天监任职时宪科五官正。按清《历代职官表》所列钦天监官制：时宪科满洲、蒙古五官正"掌译布文字，……凡时宪书之以国书，蒙古字译布者，满洲、蒙古五官正司之"。明安图于钦天监既任五官正的职务，翻译工作当然是他的主业，前文我们推测他当初考取生员便是翻译生员类，应该是比较可靠。《嘉庆会典事例》卷三十四更加印证了这一推测："满洲、汉军天文生缺，……于考试翻译中之监生、生员、官学生内各按旗分名次，归入月选与所出笔帖式一例掣签补用。"当然明安图是考取翻译生员后，又推送至钦天监习算学，与上述生员学习途径虽小有差异，但也属殊途同归。

至此，明安图何以仕途走的是从天文生直至任职钦天监监正，求取功名的科举之路却一直是翻译科，直至考取翻译科进士为止，其中的曲折便昭然若揭了。

五、明安图的简略生平

通过上述几章关于明安图生平的考证，可以概略地勾勒出明安图的简单人生历程。当然依据现有史料来做一份他的编年谱还是远远不够。为了使关注明安图的朋友对他的生平事迹有一个更加清晰的了解，现就目前能够查找到的相关史料，编辑出明安图的简略生平，以供大家参考。

公元1692年，即清康熙三十一年，此时距清军入关建立大清政权已过去四十八年，这一年明安图降生于今北京即清时京师顺天府。降生时明安图籍属京师八旗蒙古正白旗右参领之第一佐领，佐领官为常舒保。由于该佐领在八旗佐领中传承有序，当属八旗勋旧中的“世管佐领”。有可靠证据证明安图属八旗勋旧之官宦子弟。

明安图祖上世居鄂嫩果尔即斡难河中下游地方，应为漠北喀尔喀蒙古之达喇明安部。明安图祖上一支以部名氏，故称达喇明安氏，此姓氏为《八旗满洲氏族通谱》所载，属满洲八旗中的蒙古显姓。按《八旗通志》记载，八旗蒙古正白旗第一佐领为“盛京初建之蒙古佐领”，故明安图祖上之达喇明安氏族，应是较早投靠八旗满洲的蒙古氏族。

康熙四十一年（1702），十岁的明安图入京师八旗官学校的正白旗蒙古学馆（注：当时尚未有单独的八旗蒙古官学）学习，世称官学生。入学之初，课业以学习启蒙经书与蒙古文字为主。少年时的明安图聪颖好学，学业进步神速，很快便成为众多官学生中的佼佼者。

康熙四十四年（1705），十三岁的明安图以优异成绩顺利通过蒙古翻译生员考试，获得生员资格，之后课业主要以清书、蒙古文字及翻译课程为主。

康熙四十七年（1708），明安图十六岁。经过三年艰苦学习的明安图，又经过国子监严格的春、秋季考和更为严格的岁考，当年便考取了优贡生学历获得国子监监生的资格，此种学历相当于举人副榜。同年，十六岁的明安图被国子监派送至钦天监附设之算学馆学习算学及天文、历法。按算学馆学制，在该馆学习五年届满后，可直接考取钦天监食俸天文生。

康熙五十一年（1712），明安图时年二十岁。这一年在明安图身上发生了一件大事。《清史稿·时宪志一》记载：同年五月康熙皇帝驾幸避暑山庄。已在钦天监习算学四年之久的明安图被征随驾赴热河，明安图等人被康熙“亲临提命，许其问难，如师弟子”。这对明安图来讲应该是莫大的荣幸，也对他今后的科学事业产生了巨大影响。《清史列传·明安图传》说他“受数学于圣祖仁皇帝，精奥异人”。

康熙五十二年（1713），明安图二十二岁。这一年明安图顺利地结束算学生学业，考取了钦天监食俸天文生，留钦天监任职。按清廷官制，由优贡生考取的食俸天文生，补用时按正八品支俸。据《清朝文献通考》卷四十二记载：清初天文生“每月支银一两、米七斗”；另外“天文生每二年给布面羊裘一件、獾皮帽一顶、狐皮领一条。”同年十月，初为天文生的明安图即参加了清初科技巨著《御制律历渊源》的编撰工作。该书分三部，即《历象考成》、《律吕正义》、《数理精蕴》，全书共一百卷，是集古今中外天文、算学、律吕方面的知识大全。明安图参与该书的编撰工作前后达十年之久，至该书编成之日已是雍正元年九月。据《御制律历渊源》“奏议”条记载，（雍正二年五月十七日）奉旨开载纂修编校《律历渊源》诸臣职名：“承旨纂修：和硕庄亲王臣允禄；和硕诚亲王臣允祉。汇编：（略）；考测：……食员外郎俸钦天监五官正臣明安图。”可见明安图参与该书的“考测”工作竟长达十年之久。十年间，明安图已从一个年轻的食俸天文生升迁至钦天监食员外郎俸五官正职务，那一年明安图三十二岁。按清代官制，钦天监五官正为正六品。因此时明安图属“食员外郎俸”，所以他的职衔已经达到从五品。

雍正八年（1730），明安图时年三十八岁。按《清朝文献通考·象纬一》卷二百五十六记载：这一年钦天监根据《历象考成》“推算时宪七政，觉有微差”，于是提请将《历象考成》一书“敕选熟练人员详加校定修理”。于是奉敕由西洋人戴进贤主持，由钦天监五官正明安图等人参与编修《日缠月离表》一书。此事在《历象考成后编》“奏议篇”有明文记载：“查作此表者，系监正加礼部侍郎衔西洋人

戴进贤，能用此表者惟监副西洋人徐懋德，与食员外郎俸五官正明安图。除此三人外，别无解者。”上述史料可以看出，当时的明安图在钦天监已是举足轻重的人物，在相关科学知识方面足已具备与西洋人抗衡的实力。与前几年相比，编制《律历渊源》时明安图仅负责“考测”，然而此次编制《日缠月离表》时明安图已是负责全书的编修工作。

乾隆二年（1737），明安图四十五岁。在《日缠月离表》编成后的第七年，清协办吏部尚书顾琮其人又奏请乾隆皇帝增修《历象考成后编》一书，在给皇帝奏议中写道：“（编修此书时）可否令戴进贤为总裁，以徐懋德、明安图为副总裁，令其尽心考验，增补图说，务期可垂永久。如《历象考成》内倘有酌改之处，亦令其悉心改正。至推算、校对、缮写之人，于钦天监人员内酌量选用。”《历象考成后编》从乾隆二年五月开始撰修到乾隆七年四月编成，共历时五年。五年中明安图既为副总裁又负责全书汇编，可谓居功甚伟。如果说编制《日缠月离表》时明安图仅负责“编修”，那么在编修《历象考成后编》时，明安图已为副总裁和总汇编。至于他的职官经历，据乾隆七年四月十二日“奉旨开载撰修《历象考成后编》诸臣职名”载：“……食员外郎俸钦天监五官正加五级明安图。”与七年前相比，此时明安图的职衔已从食员外郎俸钦天监五官正又加了五级。按清代官制，职衔共为九品十八级，此时的明安图，其职衔应与钦天监监正不相上下。

乾隆九年（1744），明安图五十二岁。从他进入钦天监学习算学，再到考取钦天监食俸天文生已经过去三十五年了。当时的明安图已是钦天监在天文历象、算学方面的栋梁之材。从乾隆九年到乾隆十七年共八年的时间，他又投入著名历象大作《仪象考成》的编撰之中。乾隆十七年书成，当年明安图整整六十岁。据《钦定仪象考成》“仪象考成职名”所记参与编撰者：“总理：略；考测：略；推算：兵部郎中留钦天监五官正任臣明安图；钦天监天文生臣张肱；……钦天监天文生臣陈际新。”此中值得注意的是：该书编撰过程中明安图领衔最为繁复的“推算”工作，在长达八年的岁月中，明安图应为该书的编定做出了十分艰苦的努力。文中所记参与推算工作的两个天文生，一为张肱，一为陈际新，二人皆为明安图弟子，日后且都学业有成。明安图逝世后，二人遵师嘱，整理、出版了明安图遗作，即著名的《割圆密率捷法》。文中又记明安图乾隆十七年之职衔，当时已为兵部郎中留钦天监五官正。察清时郎中职务与钦天监监正职衔相当，皆为正五品。且明安图兼理兵部郎中衔，应该是又负责兵部军事上天文天象、地理舆图的工作。

综上所述，明安图从康熙五十二年到乾隆十七年大约四十年的时间，亲身参与、领导了清前期天文历象、算学及乐理等四部巨著的编撰工作，实属中华科技史的罕见之举，把明安图列为中国近代史著名科学家实在是实至名归。

乾隆十六年（1751），明安图五十九岁，这一年对明安图来讲有一件大事发生：得益于乾隆皇帝喻旨，允许八旗蒙古人参加翻译进士的考试。于是本以为科举无望的明安图，终于参加了此次乾隆辛未科翻译进士的考试，该科共录取翻译进士十八名，明安图为其中之一。有趣得是，清代历史上著名人物山东诸城人刘墉，亦于本年度考取艺文科进士第五名。

乾隆二十年（1755），明安图六十三岁。这一年正值国家的多事之秋，此时清廷正在全力平灭蒙古准噶尔部的叛乱，出于军事需要，清政府第一次派员赴西陲测绘准噶尔部地区的山川地理。据《清乾隆实录》卷四八五记载："（乾隆二十年乙亥三月），葵卯，喻大学士等，西师报捷，噶勒藏多尔济抒诚内附，西陲诸部，相率来归，愿入版图。其日出入昼夜节气时刻，宜载入时宽书，颁赐正朔，以昭远裔向化之盛。侍郎何国宗，素谙测量，著加尚书衔，带同五官正明安图、司务那海，前往各该处，测其北极高度，东西偏度，绘图呈览。所有坤舆全图，及所需仪器，著何国宗酌量带往。"以上可见明安图以六十三岁的年纪首次出塞西北，前往伊犁等地测量度数，绘制地舆图册。历尽风霜雨雪，此项工作于两年后完成，明安图功不可没。

乾隆二十二年（1757），明安图六十五岁。这一年，据记录清代职官的《满汉缙绅全书》记载："（明安图）食郎中俸留五官正任加二级明安图，蒙古正白旗人，官生。"与乾隆十七年比，明安图职衔又加二级，足见清廷对明安图工作的欣赏与重视。

乾隆二十四年（1759），明安图六十七岁。这一年清军又进剿新疆诸回部。出于

军事需要，清廷第二次派员赴新疆测绘详细山川道里舆图。此次测绘也是明安图带队前往。据《乾隆内府舆图御制诗》乾隆自注："己卯，诸回部悉隶版籍，复遣明安图等前往，按地以次厘定，上占辰朔，下列职方，备绘前图，永垂征信。"关于这件事，《续东华录》"乾隆四十九年"有记："五月庚辰朔，命明安图、傅作霖绘回部舆图。"此项工作于乾隆二十四年五月始，于次年四月完成。乾隆时对中国西北边疆的两次地理测绘，明安图全部参与并且主持其事。凭一个六十几岁的老人，两赴西陲，沿途路阻艰辛，一路风餐露宿，吃尽千辛万苦，由此可见明安图对事业的执著和对工作的认真态度。两次西陲之行，给明安图身体带来极大的损害，也为他不久后老病退休埋下了伏笔。

乾隆二十五年（1760），明安图六十八岁。本年初，明安图结束了西陲的地理勘测工作返回京师，旋即被朝廷任命为钦天监监正职务，这也是有清一朝第一个蒙古族钦天监正。

乾隆二十七年（1762），明安图七十岁。这一年春季，乾隆皇帝驾幸热河避暑山庄，喻令钦天监监正明安图随侍。史料不曾说明安图到底去过几次避暑山庄，但是五十年前的那一幕他一定是记忆犹新。那一年，他作为钦天监一个年轻的算学生，陪侍康熙皇帝赴热河。避暑山庄内，康熙皇帝与他谈论算学，并"许其问难，如师弟子"，应该给年轻的明安图留下了极其深刻的印象。五十年后他又陪侍乾隆皇帝重返故地，睹物思人，却物是人非，这在明安图心里一定是感慨万千。从一个年轻的算学生，经过五十年的艰苦奋斗，学业大成后，终于成为有清一代蒙古族中唯一的钦天监监正，这是何等荣耀。

乾隆二十八年（1763），明安图七十一岁。有史料记载这一年的十月末明安图遭朝廷"病革"，被解除了钦天监监正的职务，家居疗疾。"病革"期间，明安图整理、修订自己断断续续积累近三十年的算学手稿《割圆密率捷法》，然而天不从人愿，病入膏肓的明安图已经无力完成这部算学著作了。病榻前他召集季子明新与学生陈际新、张肱等人，嘱托他们一定完成他的遗愿，将该书手稿续补修订、付梓成书。此事《清史列传·明安图传》有记："书未成而疾革，授子新及门下士陈际新、张肱共续成之。”而罗士琳在《畴人传续编》“明安图·子明新传”中也记载：“……明新字景臻，安图之季子。习父业，充食俸生。时安图病且革，以所著捷法授之。新遵父命，与门下士共续成之。”明安图逝后，明新与安图学生陈际新、张肱等人遵遗嘱，将该书稿续补修订，“越数年，甲午始克成书”。按乾隆三十九年的甲午是1774年，距今已是四个甲子，即过去240年了。

乾隆三十年（1765），明安图病逝，时年七十三岁。说明安图这一年病逝，乃是推测之辞，因为有史料说明氏七十二岁时仍卧病在床，为尊者讳，将他逝去之年说成乾隆三十年还是恰当的。

附记

这篇《明安图考略》作完之后，颇有如释重负之感。因为在写作的过程中，为查找相关史料，确实很费了一些时间和精力，即便是这样仍虑得不到读者认可，心中颇为耿耿。文成之后，有些话还是感觉如骨骾在喉，不吐不快，却又不便写在正文里，因为一些问题掺杂有笔者的推测与猜想，缺乏可靠的史料支撑，所以用附记形式把它们写在后面，以供大家参考。

（一）关于明安图后裔的去向

明安图病逝之后，围绕着他的记载仅限于遗稿《割圆密率捷法》的编撰与成书。关于其后裔，史料最明确的记载是他的小儿子明新。前文曾记《清史列传》有明安图与子明新合传，其中有“明新字景臻，安图之季子。习父业，充食俸生”之语，但是这仍不能说明明安图有子女若干，据此只能推断明新身前有兄长二三人。

乾隆二十五年（1760），《满汉缙绅全书》有记明安图与子明新的衔级：“钦天监监正加二级明安图，蒙古正白旗人，官生。”记其子明新有：“钦天监食俸天文生，明新景臻，蒙古正白旗人。”同样记载还有乾隆三十六年（1771）的《大清职官迁除录》：“钦天监衙门，食俸天文生，蒙古正白旗明新。”可以看出，明新起码十一

年之后仍为食俸天文生，而其父明安图在十一年的时间里已经从食俸天文生升任钦天监食宪科五官正的要职。又过十一年，即乾隆四十七年(1782)，《缙绅全书》方载："钦天监五官灵台郎加一级明新景臻，蒙古正白旗人。"然而五官灵台郎仍是比五官正低一品的职级，可见明新于事业上并无大建树，与父相比差距甚大，这可能也是他后来史上无名的一个原因。

明新之后，从现有史料看，再无关于明安图家族的记载。那么明安图后裔到底去向何处？看来只有依据清中后期直至民国初年的社会现状来加以推测。

前文述及明安图家族乃属喀尔喀蒙古之达喇明安氏，在明中叶为避瓦剌之乱方从斡难河中下游迁徙至长白山脚下、嫩江之滨，故称长白山蒙古。可见明安氏族与嫩江流域的蒙古嫩科尔沁部大约是同一时期由漠北迁徙而来，之后又相继加入满洲八旗集团，被编为蒙古牛录。大约就在这一迁徙、演变过程中，蒙元时期原隶蒙古明安部的一部分女真族裔又分化出来，很快融入到满人之中，这就是满洲八旗姓氏中的明安图氏。

关于满族明安图姓氏，在《黑龙江志稿·氏族志》中有详细记载。而较早加入八旗满洲的达喇明安氏，正是因为与满族的明安图氏有这样一层渊源，入关后又亲身经历了清政府给予旗人的种种优渥待遇与特权。于是便产生了这样一种现象，即旗人中的一部分蒙古、汉军官员，为获得进身之阶，纷纷以加入满族姓氏为荣，而在清的中后期，清廷也对此持默许态度，故"抬旗"之外尚有种种优待。

由此笔者猜想，明安图家族何以在八旗蒙古姓氏中消失，有一种可能就是明安图家族在清的中后期加入了满族行列。上述猜想也有史料为旁证：

按清皇室宗族谱系记载，康熙之二兄裕亲王福全，有第一女，于康熙十年辛亥正月二十七日未时生，母为嫡福晋西鲁特氏，明安图之女。女康熙十四年乙卯九月卒，年五岁；同文还有：福全第三女，康熙十九年庚申九月初五日卯时生，母为嫡福晋西鲁特氏，明安图之女。与第一女同母，女康熙二十二年葵亥正月卒，年四岁。我们在感叹二女早夭的同时，也从中看出如下端倪：

1. 裕亲王福全之嫡福晋为西鲁特氏。而西鲁特氏乃是八旗蒙古中的著名姓氏，原隶蒙古正白旗右参领第六佐领。该嫡福晋即为康熙之嫂、裕亲王之正妻，其族属按例便可加入满洲籍。据此可以推想：蒙古西鲁特氏之一部于康熙朝之后已隶满洲籍。

2. 该嫡福晋之父亦称明安图，当然这纯属一种巧合，与文中考略之明安图不可混为一谈。但是可以引发人们的遐想，即八旗之内的蒙古明安氏于清中后期是否与满洲的明安图氏合而为一，已经加入了满族的行列。按《清朝通志·氏族略》附载“蒙古八旗姓”记：“达喇明安氏，……后有满族引为姓氏者。清中叶多冠汉姓为白氏、达氏、安氏、明氏、穆氏等。”据此，明安图后裔应从以上姓氏中寻找。

众所周知，清晚期之八旗已是极端腐败，1911年的辛亥革命又使腐朽的清王朝轰然倒塌，这对清时一直享有种种特权的旗人来说无疑是灭顶之灾。无论是京师之内的禁旅八旗还是京师外的驻防八旗，也无论是满洲籍旗人还是蒙古、汉军籍旗人，此时都经历了一场前所未有的灾难。

辛亥革命之后，民国政府取消了八旗人丁的特权，而旗人本身又大多缺乏谋生手段，致使他们的生计几陷绝境。史料记载：民国元年（1912），满族同进会会长熙彦就各地驻防旗人生计问题上呈文给大总统袁世凯，呈文称：“武昌首事以后，受祸最烈者，莫若起义各省。旗民惨杀之外，继以饷源断绝，衣食无措，投水悬梁之事，时有所闻，其幸而生存者，鸠形鹄面，亦属惨无人色。”

当时，有西安八省驻防代表，协领彬梁也上呈文给逊清小朝廷说：“驻防旗人死之过半，漏网余生，朝暮不保。”当时武昌、西安旗人惨状，英国传教士李提摩太在所著《亲历晚清四十五年》有所提及：“1911年10月22日，陕西省首府西安爆发了可怕的流血事件，一万五千名满族人（有男人、女人还有孩子）都被屠杀。”

以上是驻防八旗的情景，而京师八旗的状况则更为恶劣：据民国元年（1912）的统计，当时京师旗人共有户口十二万三千三百五十四户，人口三十八万八千七百九十口。时隔八年，即民国八年的旗人人口已锐减至十六万余口。史料记当年镶白旗满洲都统莫瑞丰曾上书民国政府说：“今财政部忽又欲减饷。际此时艰，加饷犹难以为生，何堪再减？是直使旗营兵士、家属十六万人口，将断未断

之生机而速断之，险象之来，实有不堪设想者。”由此可见，八年之间，京师八旗旗人人口减少了二十余万。

如前所述，明安图家族隶属京师八旗顺天府，那么辛亥之变对明氏家族有多大触及？京师旗人“消失”的那二十余万人口中是否也包括明安图家族？此中缘由相信读者是不言自明。至于民国初年京师那二十余万旗人的去向，下文也做一个分析与梳理。

辛亥革命之后，清帝退位，满人顿失所依，各地八旗旗下人也陷于生活无着、竟日彷徨之中。为寻生路，于是这些旗人纷纷“脱籍出旗”，或者举家迁移，隐瞒、更改了身份；或者脱离旗籍，径直加入汉籍。对于这种变更，当时的民国临时政府也持支持、默许的态度，在当年颁布的《关于满、蒙、回藏待遇条件》第六条中明确宣布：“从前营业居住等限制，一律蠲除，各州县许其自由入籍。”由于清朝政府执政时曾规定，旗民不得自由流动，不得自主择业，不得无故脱旗，现在民国政府废除了这些限制，使八旗满、蒙、汉旗人从自身生计考虑，大多脱离旗籍，加入了汉籍。

还有一条史料记载，辛亥革命后，驻防四川等地八旗汉军曾上书当局说：本身即为汉族，当年是“胁迫入旗”，现在要求“认祖归宗”云云。在上世纪的二三十年代，曾为八旗旗人的一部分蒙古族人也发起请愿，要求恢复蒙古族籍并“迁回草原”。此提议经关外蒙古王公联合会议明确拒绝，认为这些人先祖已加入清朝八旗三百余年，基本已满族化或汉化，所以不认同这些人的蒙古族身份，并直呼这些人为“蛮子”，故不许他们的回归请求。

巨大变动的后果，使满人人口锐减。直至新中国成立，实施各民族一律平等的少数民族政策之后，这种状况才得以改观。据1953年初北京市民政局的统计结果，这一年满族登记人口为71153人，而且这还是经过宣传动员以后的结果。

经过上述论证，关于明安图家族后裔的去向，应该有两种可能：①清朝的中后期，明安图家族确有加入满洲族的可能。即便将来再有新的证据说这种可能并不存在，但明安图家族的旗人身份应是确定不移。②经过辛亥革命的大变动，随着旗人身份的取消，明安图家族改籍汉族也是最大可能。

以上从历史角度分析了明安图家族后裔的去向，遗憾的是没有太多史料支撑，如欲获取更多证据，尚需来日。

（二）京师八旗与察哈尔游牧八旗的区别

所谓京师八旗与察哈尔游牧八旗的区别，如果回到清朝那个特定历史环境看本不是个问题，但时隔三百余年后，再以现实的眼光看过去的清朝社会，确有令人费解的地方。由于今人对清时的体制与制度缺乏必要的了解，于是在描述清代社会现象时，便采取了模棱两可的模糊态度。比如前文提到有媒体介绍明安图生平时，便把明氏籍贯蒙古正白旗后面加一个括号，括号内标明“今锡林郭勒盟南部”，殊不知这完全是画蛇添足之举，硬把风马牛不相及的两个概念迭加在一起，其后果是混淆了人们的视听，完全背离了当时的历史事实。其实在清代，如果提及蒙古正白旗，那就一定是八旗组织内八旗蒙古的旗分，人们也绝对不会联想到口外察哈尔八旗。因为在康熙十四年后，清人对口外察哈尔的称呼是固定的，或称察哈尔游牧八旗，或称察哈尔十二旗群，或称察哈尔八旗四群。如果单独称其中某旗，便一定被称为察哈尔某某旗。

历史上，八旗满洲与八旗蒙古、八旗汉军共二十四旗以八种旗色相区分，统称八旗，直接服务于清朝朝廷，是一个完整的军政社会组织形式，在清朝一朝同属特权阶层，在政治、经济、文化教育、科举仕途诸方面享有种种特权。除以上所言八旗满洲、蒙古、汉军外，出于政治、军事的需要，又陆续组建了察哈尔游牧八旗、索伦八旗、新巴尔虎八旗，以及驻藏大臣属下的达木蒙古八旗。后来又因渔猎的需要，在吉林乌拉和承德等地建立了“打牲”八旗。上述这些“八旗”组织与八旗满洲、蒙古、汉军相比较，除旗色相同外，两者具有本质上的区别。

察哈尔部八旗在清朝更属“羁縻旗”，其政治地位远低于属于外藩蒙古的扎萨克诸旗。按清理藩院则例，察哈尔游牧八旗不享有独立的司法审判权，属民不得参加关内的科举考试，不得在关内任重要军政官职，也不许八旗人众至关内居住、谋生和学习。就此察哈尔游牧八旗与八旗满洲、蒙古的区别，清人已有深刻剖析。清著名学者魏源在所著《国朝绥服蒙古记》中评价布尔尼之乱说：“当康熙十四年吴三桂之变，征其兵不至，旋煽奈曼等部，拥众同叛。诏不附逆各部蒙古，会兵讨之。六阅月，平空其故地，置牧厂，隶内务府太仆寺，而移其部众游牧于宣化、大同边外，共八旗，分东西二翼，其旗内官地，及与汉民互市、讼狱，治以四旗厅，及独石口、张家口、丰镇、宁远各厅。其本旗事务，辖以都统等官，而总隶于理藩院典属司。此八旗在蒙古四十九旗外，官不得世袭，事不得自专，与各扎萨克郡国子民者不同。”可见察哈尔游牧八旗之所以受到清廷的歧视与苛待，当然有深刻的历史、政治原因在里边。

以上在附记中研究了明安图家族后裔的去向，以及明安图所在蒙古镶白旗与察哈尔游牧八旗的区别。另外还有两个问题需要特别澄清一下。

1. 由于当代人对清朝政权在对待蒙古民族的政策、体制、制度方面缺乏全面的了解，况且清政权在八旗满洲、蒙古、汉军之外又单独组建了若干“八旗”，如察哈尔游牧八旗、索伦八旗、巴尔虎八旗、达木蒙古八旗，还有“打牲”八旗等，且旗色相同，所以极易造成混淆和产生误解，难免有张冠李戴的现象发生。在这种情况下，就需要全面、认真地阅读清代相关史料。特别是涉及方志方面的史料，更是不可或缺。比如在研究明安图、梦麟等人籍贯时，如果有人提出他们是察哈尔游牧八旗人，就需查找相关方志来解惑释疑，如乾隆二十三年编撰的《口北三厅志》和民国二十四年编撰的《察哈尔省通志》等。如明安图等名人在《清史列传》或《清史稿》中有传，按体例来讲，其在故乡传记中也应有传。如果没有，就应当作别样考虑。同样，今人给这些名人续传时，更要考虑历史上方志体例这个因素。

2. 关于明安图的官学生、官生以及翻译进士身份。前文所述，明安图学历与仕途有三种身份确定不疑，即官学生、官生和考取的翻译进士身份。以上三种身份既有区别又有联系。比如官学生与官生在清代绝不是一个概念，二者有严格区别。

所谓官学生，是指进入专为八旗子弟开设的学校学习的学生。顺治初年清廷始设八旗满洲官学，雍正元年始设八旗蒙古官学，以上皆为每旗一所。明安图所入官学乃是八旗满洲所设学堂，但内部应有蒙古教馆。按清廷教育规制，八旗官学不是有钱便能进入，而是只有具有“旗人”身份才可入学。入学时还要经过严格考核与遴选，因为每佐领每年入学指标只有一至两个。八旗官学其实就是如今所言八旗子弟学校。

所谓官生在有清一代是特指，就是指在八旗官学、国子监或所在地学校学习的官员子弟。《八旗通志初集》“学校制”曾记清廷恩诏：“满洲、蒙古三品等官以上，俱荫一子入监。部院衙门若考用之时，此等亦可选用。”可见即称“官生”，其父祖辈爵秩也不会太低，所以当时所谓官生其实就是如今所言“官二代”。

有清一代，为了培养八旗中的官宦人才，使八旗子弟有一个更好的晋升之阶，清廷专为八旗子弟设立了翻译秀才、举人、进士的应试。此种考试除清以外绝无仅有，遴选也极为严格，除有极少数八旗汉军人物中试外，其余皆为八旗满洲、蒙古子弟。其中翻译进士考试始于乾隆四年（1739），止于光绪三十年（1904），前后共考取翻译进士三百五十七名。以上这些中试人众，经考证皆为“旗人”子弟，尚无一例为例外。

3. 明安图虽为京师蒙古八旗旗人，但以当今社会来讲，这些八旗早已不复存在，存在的只有今锡林郭勒草原南部以八旗称呼的镶黄旗，正蓝旗，正白、镶白联合旗三旗而已。从这个意义来讲，明安图就是蒙古正镶白旗人无疑。所以正镶白旗旗众开展的各种对伟人明安图的祭祀、纪念活动完全是理所应当，无可置疑之举。

图为北京国子监廊下乾隆辛未年翻译进士题名碑

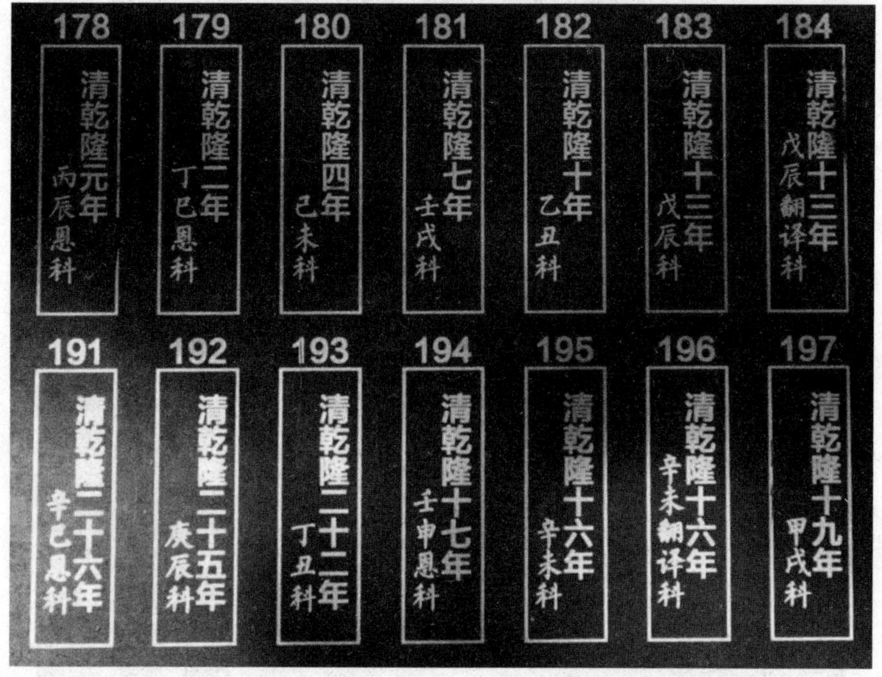

其中 196 号碑为清乾隆十六年辛未翻译科题名榜

蒙古林丹汗国溃灭前后察哈尔部众去向辨疑

追溯蒙古察哈尔的历史：该部本为成吉思汗直系汗统的亲军护卫，蒙元时称“怯薛”，至后蒙古时期即所谓的“北元时期”，逐渐演变为一松散的大部，一直追随于成吉思汗汗统大帐周围。

该部最早出现于蒙古史料中大约在蒙古达延汗的父祖辈。在《蒙古源流》、《蒙古黄金史纲》及《蒙古世系谱》中都记载了达延汗之父巴颜孟克降生时险遭卫剌特部贵族杀害，幸被察哈尔老媪相救的故事。《蒙古黄金史纲》在故事里讲道：“阿勒坦妣吉隐藏起孩子，偷换了家里使唤的察哈尔呼鲁巴特部之鄂台老媪的孩子，裹在摇车中。那人再来时，解开一看，确系女婴，遂覆命也先太师：‘实是个女孩子。’”文中（阿勒坦）妣吉为巴颜孟克生母，孕时被卫剌特虏来。通过文中描述可以知道，在达延汗之父出生时已有察哈尔呼鲁巴特部的存在。而在另一部蒙古族历史文献《黄史》里则直言呼鲁巴特部为“忽剌巴惕鄂托克”。可见在达延汗之前，察哈尔部所属大营，即所谓之“鄂托克”便已出现。故事还说察哈尔鄂台老媪是阿勒坦妣吉“家里使唤的”人，这更说明当时察哈尔诸部实为蒙古大汗家族担任贴身护卫与服务的部落。以上所引故事经考证发生在明景泰三年（1452）。

三十五年后，即明成化二十三年（1487），在蒙古境内已是成吉思汗直系后裔巴图蒙克继大汗位，蒙古史称达延汗。《蒙古黄金史纲》记这一年：达延汗遣郭尔罗特的托郭齐少师率众加兵于卫喇特之维吾特的伊斯满，杀死伊斯满，夺回被伊斯满掠走的达延汗生母锡吉尔太后。因挂念在卫喇特所生二子，锡吉尔太后不愿随行。文中讲道：“请锡吉尔太后上马，（太后）泣涕不允，托郭齐少师怒斥道：‘你的丈夫济农不好吗？你的儿子可汗不好吗？你的国家察哈尔不好吗？你却为何替他人哭泣?'按着环刀,拖上马,驮了回来。"这是蒙古史料中首次称察哈尔部为"国家"。又查蒙古史学者道润梯步先生所译《蒙古源流》,文中亦持此意,译道:"岂以汝国察哈尔部为恶乎!"再见《黄史》卷六,译者译为:"汝之邦国察哈尔万户歹乎?"以上史料可见,达延汗统治后蒙古的时代,国家可谓中兴。此时察哈尔部一定已编为万户,有时也称达延汗的汗统国家为察哈尔国。

皇太极天聪八年(1634),在后金强大军事压力下,蒙古最后的大汗林丹汗"走死青海大草滩",余部溃散,林丹子孔果尔额哲偕所部于第二年投降后金,至此,持续四个多世纪的蒙古成吉思汗汗统遂告终结,所谓蒙古"察哈尔国"也随之灭亡。

就在这个时期,即皇太极天聪八至九年,蒙古最后的汗所属之察哈尔部到底去哪儿了?这也是蒙古史学界颇具争议的一个问题。众所周知,在蒙古汗国的中后期,围绕察哈尔万户已经产生了下属之八个"鄂托克",即八大营。但是不能把这八个鄂托克简单地等同于察哈尔本部,其实这八个鄂托克在蒙古汗国覆灭之前早已是分崩离析:史料记察哈尔八鄂托克首次分裂始于1621年,这一年察哈尔八鄂托克之一兀鲁特部达尔罕巴图鲁等十台吉率部投后金;1627年奈曼、敖汗两部投后金;同年林丹汗迫于后金压力率主力鄂托克西迁;苏尼特、乌珠穆沁、浩济特三部因不满林丹压迫,北投喀尔喀,之后阿巴噶部也迁往喀尔喀游牧;时另一鄂托克阿喇克绰特部留旧牧地未随林丹西迁,后被后金破灭。可以看出,以上林丹所属各鄂托克,已不是当年达延汗统领察哈尔万户时属下八鄂托克的概念,只不过是一个松散的联盟而已。真正意义上的察哈尔本部,大约只是林丹汗驻帐亲统的直属部落,需要我们探查、研究的"察哈尔部",也就是这些人众。

依据历史的记载,皇太极天聪十年(1636),即崇德元年改国号为"清"。清朝初始,蒙古察哈尔部已经一分为二:其中一部分为林丹子孔果尔额哲亲统,投降清朝后属扎萨克亲王旗;另一部分"分隶八旗",或属八旗满洲,或属八旗蒙古。现将该两部分人众去向分述如下:

(一) 关于孔果尔额哲的扎萨克亲王旗

对于察哈尔余部投降清朝后曾编为扎萨克亲王旗一事，清官方史料如《清实录》、《清史稿》都没有明确记载，其具体原因有待进一步研究。但是从其他史料中可以获得有力证据，如嘉庆重修《大清一统志》记载察哈尔降清一事：“本朝天聪八年，太宗文皇帝统大军亲征，林丹汗走死，其子孔果尔额哲来降，即其部编旗，驻义州。”上文可以看出，孔果尔额哲降后，皇太极是将额哲直属察哈尔降部编成一旗安置于义州（即今辽宁义县左近）。

至于这一旗属于什么性质，在另一段史料中有所显现：《清时录·圣祖实录》记康熙十四年四月，为平布尔尼叛乱事，康熙敕谕曰：“昔额哲、阿布奈（额哲之弟）被俘，不没入旗下为奴，封额哲为亲王，所部人员亦加抚养，亡国苗裔无功而施大恩若此，古所稀有。阿布奈曾有大罪，又全其命，以其子布尔尼袭封亲王。布尔尼不思报效背恩叛逆，故命大将军信郡王率兵进讨。于是月二十一日大破之于达禄，尽歼其众。……故特赐晓谕。”上文可以看出，额哲家族两代人于倾覆前皆被清廷封为亲王，其所领之旗为亲王旗无疑。

还有一条史料更加证明该察哈尔旗不但是亲王所领之旗，而且是扎萨克亲王旗：清《满文老档》记康熙《为平定布尔尼之乱敕谕外藩蒙古各旗诏》中写道：“皇帝圣旨：敕谕外藩蒙古王、诺颜、和硕台吉、公、台吉、塔布囊等。察哈尔国覆亡溃散之时，我祖博格达太宗皇帝，遣兵收集额哲等来。虽为亡国之裔，未曾效力，仍不没入旗下为奴，使获殊恩，嫁固伦公主，封扎萨克亲王，位冠于扎萨克诸王之上，不使其属民分离，仍旧管理，爵秩最尊。”上文可以看出，孔果尔额哲投降后金时，其直属察哈尔部众并未分离，而是单独编为一旗，仍归额哲管领，确属扎萨克亲王旗无疑。

上述察哈尔亲王旗究竟于何时解体？其察哈尔部众究竟如何归宿？可以说是研究察哈尔问题的关键所在。现结合清相关权威史料的解读谈谈笔者看法。

崇德六年(1641),察哈尔固伦额驸、扎萨克亲王孔果尔额哲卒。其妻固伦公主下嫁额哲幼弟阿布鼐(奈),顺治五年阿布鼐袭封亲王,袭亲王前一直由固伦公主玛喀塔摄政。因察哈尔扎萨克旗属蒙古直系大汗之遗部,清廷一直对该部猜忌有加,故阿布鼐获罪也是预料之中的事:顺治十六年(1659),清廷寻衅阿布鼐"不遵例知会扎萨克别旗王贝勒等,擅自处斩"持刀伤人之部众,判"罚马千匹";康熙八年,清廷又定阿布鼐两罪:一为康熙皇帝即位后不来朝请;一为苛待固伦公主玛喀塔。阿布鼐削王爵后判终身监禁,被拘于盛京,爵位为其子布尔尼承袭。

康熙十四年布尔尼起兵叛清,名目自然是"救父、复国"两宗。布尔尼起兵支持者寡,仅察哈尔旧部奈曼部起兵响应。此次举兵旋被清廷联合蒙古科尔沁等部剿灭,布尔尼与弟罗布藏(注:罗布藏为沙律嫡亲妹夫)在逃亡途中被科尔沁土谢图亲王沙律"阵斩"。以布尔尼叛乱为由,清廷又杀拘于盛京的阿布鼐,阿布鼐幼子及布尔尼、罗布藏之子也一并于"军前正法"。至此,蒙古林丹汗国男性汗裔全部被杀绝,"其女悉没入官",至于成吉思汗直系汗裔一次被杀绝,这在蒙古历史上尚属首次。

至于布尔尼旗下部众去向,在清史料中也有详细记载:嘉庆《大清一统志》记此事:"康熙十四年布尔尼兄弟叛,讨诛之,迁部众驻宣化、大同城外,有前锋、佐领等员管辖。后从征噶尔丹有功,圣祖仁皇帝诏增给其军饷,复以来降之喀尔喀、厄鲁特部落编为佐领隶焉。其镶黄、正黄、正红、镶红四旗驻张家口外,正白、镶白、正蓝三旗驻独石口外,镶蓝一旗驻杀虎口外"。文中虽然没有明说布尔尼旗下部众迁往宣、大口外所编为何旗,但八旗所驻位置已一一列明,当属察哈尔游牧八旗无疑。

还有一条史料,更能说明问题:《钦定八旗通志续集》卷三十二"兵制"曾记:"康熙十四年设游牧察哈尔八旗,时以迁察哈尔部众于宣化府、大同府边外,编八旗如内制,三十八年增设总管,初隶蒙古八旗都统,后又增设都统驻张家口,乾隆

二十六年增设都统、副都统以下官职有差。”从上述两史料可以看出，康熙十四年初设边外察哈尔游牧八旗时，该八旗并无完整建制，仅设前锋、佐领等员管辖，决策权在清廷中枢理藩院，管理权在八旗满洲或八旗蒙古，当时的察哈尔八旗完全是被监视居住的性质。此种状况直至康熙三十八年才有所改观，因为各旗设了总管，但是仍归在京八旗蒙古都统管辖。从这个意义来说，真正具有完整建制的察哈尔游牧八旗是始于乾隆二十六年。

至此，宣、大边外察哈尔游牧八旗的部众来源问题已格外明了：其主体应是康熙十四年破灭孔果尔额哲旗所获之察哈尔人丁，之后才陆续补充了喀尔喀、厄鲁特、新巴尔虎等部的人众。当然，在孔果尔额哲旗溃灭之前也有别部人众编入该旗，《清实录·圣祖实录》便记康熙五年三月喀尔喀台吉滚布什希等率四部落五百九十人来归，清廷命隶于察哈尔和硕亲王阿布鼐旗下。

现今一些研究察哈尔历史的学者对察哈尔游牧八旗的旗众来源问题持有异议，认为察哈尔八旗在康熙十四年前即已存在，这里姑且称之为“旧八旗察哈尔”，所以康熙十四年后迁往宣化、大口外的察哈尔人众应是以旧八旗察哈尔人为主。至于孔果尔额哲旗遭破灭后的人丁家口，则已被解往京师编入满、蒙八旗为丁为奴。

就此问题，笔者认真查阅了《清实录》、《满文老档》等相关史料，认为《清史稿》、《大清一统志》、《平定察哈尔方略》等书所言非假，康熙十四年后迁设于宣、大口外的察哈尔游牧八旗主体应为孔果尔额哲扎萨克旗人众无疑，现叙述如下。至于康熙十四年前是否存在察哈尔八旗问题，后文另有专题论述。

布尔尼之乱平定之后，关于孔果尔额哲旗察哈尔人众安置问题，清廷颇费了一番心力。叛乱初平，康熙即喻议政大臣等：“昔察哈尔遭乱覆亡，太宗文皇帝收集豢养，编为整旗，历有年所。今布尔尼背恩作乱，实僧额浑津、噶尔马色冷辈匪类教之。其余官民毫无干涉，此皆太宗文皇帝抚育之人，朕甚悯焉。凡投归军前，或投入邻旗及溃散者，其令大将军鄂扎，副将军图海等速行收集，作何赡养，另书请旨。”以上见《清实录·圣祖实录》卷五十五。通过上文可见额哲察哈尔旗溃灭后，清廷马上把该旗部众的安置问题提上议事日程。

奉康熙旨意，《清实录·圣祖实录》卷五十五又记此事处置结果：“副将军图海疏言，臣按察哈尔十二佐领人丁家口，其来投军前者，丁凡一千一百六十六，口凡六千八百八十七。奉调出征人妻子家口，凡二千八百三十八人，俱随大兵相继入京。其投入外藩蒙古各旗者，丁凡五百十四，口凡三千六百三十八。布尔尼所属喇嘛、班第，丁凡一百十六，家人男女凡三百八十三，先经奉旨察取。但外藩各旗自去岁荒欠以迄今夏，人马皆饥，往来迎送，实为艰难，请俟蒙古马肥，再为移取。人数无多，取之自易。得旨，著暂停察取，仍令各旗王、贝勒等加意赡养。”

通过上文图海详细奏报，可以计算出：孔果尔额哲旗共有佐领十二，丁一千八百四十名，人口共计一万零八百零八人。其实在这份详细统计报告出来之前，对于额哲旗溃散人众的安置，清廷已有议案，《清实录·圣祖实录》卷五十五记：“丁丑，议政王大臣等奏，归附及掳来之察哈尔人等，应解京隶满洲八旗、蒙古佐领下披甲。其老弱人丁，赏给被伤官兵。从之。”按此记载，清廷本意是将破灭的额哲旗察哈尔人众全部解往京师等地，隶满洲八旗蒙古佐领下，或披甲，或为奴，同时这一方案也得到了康熙皇帝首肯。依据这些记载，后人在研究孔果尔额哲旗察哈尔人众去向时，便想当然地认为康熙十四年后迁往宣化、大口外的察哈尔人众并不是该旗溃散人众，因为这些人已被解往京师编入蒙古佐领。于是得出结论，认为康熙十四年后于宣化、大口外编建的察哈尔游牧八旗人众，乃是源于早年投靠满洲八旗的“旧八旗察哈尔”人。其实这是一个大大的误解，详述如下。

正如前文征察哈尔副将军图海疏言：溃散的额哲旗人众共分为四部分，一为“其来投军前者”，一为“奉调出征人妻子家口”，一为“其投入外藩蒙古各旗者”，一为“布尔尼所属喇嘛、班第”丁口。上述史料已经说明，当年随征布尔尼大军进京的察哈尔人众只有奉调出征人妻子家口共二千八百三十八人，其余三部分人并未随军解进京师。况且解京的这些人众也大部分为老弱妇孺，当然不会在满洲八旗蒙古佐领下为丁，极有可能分在内务府包衣旗或满洲各旗下为奴，或者“赏给被伤官兵”。

至于其余三部分人众的下落，在并未解京的前提下，按史料的记载，应该是聚拢后临时安置在义州、锦州等地。《清实录·圣祖实录》记康熙十四年九月事：“戊申，先是，因察哈尔布尔尼叛，命抚远大将军多罗信郡王鄂扎及副将军都统图海等讨灭之，其余党散附各部落颇多。至是，特遣理藩院侍郎博罗特等于义州、锦州等处安插。谕曰，今时届严冬，其逃散人丁户口加意移来安插，务令得所，以副朕柔远之意。”细察“实录”之意，此时清廷一定是改变了将察哈尔余众解往京师的初衷，而是将这部分人众收拢后临时安插在义州、锦州等地，等待下一步指令。当然，这指令正如前文所言，是将孔果尔额哲旗溃散的察哈尔人众集中安置在宣化、大口外，编建成了位于今锡林郭勒盟南部的察哈尔游牧八旗。

关于这一论断，也有史料作为旁证：天聪十年（1636），皇太极将女玛喀塔嫁予孔果尔额哲，当时曾举行盛大婚礼，陪嫁颇丰。其中即有从嫁至义州的满洲八旗人户数十户。孔果尔额哲旗溃灭之后，史料记这些人户的安置。《清实录·圣祖实录》记康熙十四年五月事：“议政王大臣等议，从嫁公主诸人经布尔尼之乱，产业荡尽，请量留数户守公主祠，其余悉令还京。内原隶八旗者，仍归本旗佐领。原隶内务府者，仍归内务府。得旨，义州为边陲要地，从嫁诸人停止回京，俱著披甲，著长史辛柱管辖镇守。”《清实录·圣祖实录》记康熙皇帝不从众大臣所请，谕旨这些人仍留驻义州。试问如果额哲旗察哈尔人众已经全部解送京师的话，这些人留驻义州何用？况长史辛柱亦为从嫁之人，却令其“管辖镇守”，可见康熙此时已有将额哲旗溃散的察哈尔人众于边外异地安置的成熟考虑。

综上所述，康熙十四年后于宣化、大同口外编建的察哈尔游牧八旗人众，应确定为孔果尔额哲亲王旗之溃散人众无疑。

（二）关于隶属八旗满洲、蒙古的察哈尔人众

努尔哈赤的后金政权建立之后，当务之急便是廓清处于战略后方的内蒙古各

部，以免进攻明朝的后顾之忧。经过近二十年的不懈努力，至皇太极的天聪十年（1636），中国北方草原上的内蒙古各部，其中也包括林丹的察哈尔汗国都已陆续臣服于清朝政权。蒙古各部尤其是内蒙古各部的被征服，不但免去了清朝政权的后顾之忧，更重要的是获得了一支强大的武装力量，足以与关内的明朝政权相抗衡。这其间，蒙古各部特别是林丹汗麾下之察哈尔部投入清朝旗下，是清朝政权之所以迅速推倒明朝统治，后来能够将清政权维持三百年的重要因素之一。

蒙古察哈尔汗国的最后溃败，虽然有多种因素在里面，其中林丹汗的统驭无方、内部的四分五裂是加速汗国败亡的主要原因，后金政权对察哈尔部连续数次大规模的武装征讨更加速了林丹汗国的灭亡。史料记载，最晚至后金天聪三年（1628），蒙古科尔沁等五部已陆续加入后金联盟。《满洲实录·太宗实录》卷五记："天聪三年春正月辛未，上颁敕喻于科尔沁、敖汉、奈曼、喀尔喀、喀喇沁五部落，令悉遵我朝制度。"

在此之后，后金便将战略目标指向林丹汗国，察哈尔部溃灭在即。《满洲实录·太宗实录》第四卷记察哈尔部首次有人众被收服并加入满洲八旗：首批仅有"察哈尔国男妇三十余人来归"，此次来归人数虽少，却预示着"察哈尔国"已难逃溃败命运。同年不久，便又有"察哈尔国五千人来归"。

第二批察哈尔人众来归的记载见于《八旗通志·旗分志》卷之一："天聪八年（1634）庚午，以和硕贝勒德格类、公吴纳格所获察哈尔国千余户，分给八旗。"由于当年尚没有八旗蒙古的建制，所谓分给八旗应该是分给八旗满洲。该书卷一又记："天聪九年春正月癸酉，以察哈尔国来归各官，并壮丁三千二百十有一人，均隶各旗。"关于这一批察哈尔降众，通志中说为正月所获，且"均隶各旗"，却未说所隶何旗，因为就在当年二月丁亥，皇太极便已编建成蒙古八旗，所以这些察哈尔人众也有直接编入八旗蒙古的可能。

第三批归降察哈尔人众便是前文所言林丹子孔果尔额哲所亲领，《满洲实录·太宗实录》记这些人众共一千五百户，约万人。但是这批察哈尔人众并未分给

八旗，而是安置于义州，设扎萨克亲王旗，由孔果尔额哲亲领。之后《八旗通志·旗分志》又记一事："天聪九年九月丙辰，以鄂尔多斯济农处所得察哈尔壮丁八百名，补各旗之缺少者。"当然这已经是在编建八旗蒙古之后。

综上所述，林丹汗国溃败前后其察哈尔部众陆续有近一万二千余人众散隶于满洲八旗。特别是皇太极已经于1636年改后金国号为大清，年号为崇德元年，此时的八旗建制也已日臻完善，而且八旗蒙古也已编建完成。在此种状况下，陆续分隶于八旗满洲的察哈尔部众究竟去向如何，也需加以认真研究：

（一）留在八旗满洲的察哈尔人众

在天聪九年（1635）二月之前，其时八旗蒙古尚未编建，后金招降及俘获的察哈尔人众当然是在八旗满洲内分配。按大致计算，察哈尔人众前后计入八旗满洲一万二千人左右（未计编入孔果尔额哲亲王旗的一万多人众）。在这些人众中，如按后金编旗时"三丁抽一"的规制计算，察哈尔约有四千人在八旗满洲中披甲，显然这是高估的数字，因为据史料记载，被后金降服、收容的这些蒙古人众中有相当一部分被满洲贵族占有、私分，成为这些人的"家内奴仆"或称"包衣"，即清史料中经常提到的"八旗户下人"。如上文所记孔果尔额哲旗察哈尔人众溃散后，便有"奉调出征人妻子家口二千八百三十八人随大军相继入京"，这些人众"其老弱人丁，赏给被伤官兵"。按清廷规制，这些人的命运只能是作为满洲贵族的"包衣"无疑。

按《清实录·太宗实录》的记载："崇德八年六月庚寅，谕户、兵二部曰：各固山下所有伊苏忒、喀喇车里克特部落之闲散蒙古，无得令其隐漏。户部宜清察人丁，编入牛录。兵部再加查核，俱令披甲。其现在满洲固山察哈尔、喀尔喀等部落蒙古，亦当察其壮丁增减，勿令隐匿。至于诸王贝勒贝子公等家下闲散蒙古，亦编为小旗，设壮大管辖之。"

这一条史料指明了两件史实：一是清初满洲各固山亦即各旗，隐瞒所俘获之蒙汉各族人众的事情极为普遍，文中说满洲各旗中既有依苏忒、喀喇车里克特等部的“闲散”蒙古，也有察哈尔、喀尔喀部的“隐匿”蒙古。由此可见，后金前后陆续归降或被俘获的察哈尔人众，其中除有一部分正式编入满洲八旗外，另外应该还有一部分人众成为“八旗户下人”，即所谓的“包衣”。二是皇太极谕旨中明确说要把这些“闲散”蒙古和“隐匿”蒙古“编为小旗”，设“壮大”管理。此中何者为“小旗”？颇令人寻味。细究此意：所谓小旗极可能是皇太极天聪九年（1635）编建八旗蒙古时另编的三个蒙古旗，这三个蒙古旗当然排除在八旗蒙古之外，而是隶属八旗满洲各旗主管理；当然也有另一种可能，即在八旗满洲旗下有蒙古佐领组成的蒙古参领数个，这些蒙古参领清初习惯上被称为“小旗”亦未可知，因为《清实录·太宗实录》就记天聪十年皇太极曾说“其附满洲牛录下蒙古贝勒之人及内外新编入牛录内者”这样的话。

以上史料证明，1635年八旗蒙古的建立，并不意味着八旗满洲中没有蒙古人众了，仅就察哈尔人众来说，在八旗满洲中就应当有相当数量存在，他们或被编在八旗满洲之内，或者成为“八旗户下人”即“包衣”。史料记载：直至清末，八旗满洲中仍有蒙古佐领三十五个另两个半个佐领。以上见《大清会典事例》卷之一。

另据《八旗通志初集》“旗分志”记截止乾隆四年察哈尔人众在八旗满洲的情况：正黄旗满洲第五参领所属第十三佐领，其中蒙古参领所属第九佐领；镶白旗满洲第五佐领所属第八佐领；正白旗满洲蒙古都统所属第六佐领；正红旗满洲蒙古都统所属第五佐领、第七佐领；镶红旗满洲蒙古头参领所属第四佐领。以上七个佐领皆为察哈尔人众独立编建的佐领。

（二）编在八旗蒙古的察哈尔人众

皇太极于天聪九年（1635）二月正式编建八旗蒙古之前，在相当长的一段时间里，后金集团内有蒙古左右翼两旗的存在，当时亦称蒙古“左营”与“右营”。此左右翼两旗蒙古于天聪六年前应该是独立于八旗满洲之外，据《清实录·太宗实录》

卷一载:“天聪八年三月己亥,大阅于沈阳城北郊,兵部贝勒岳托率满洲八旗、蒙古二旗、旧汉兵一旗共十一旗行营兵俱赴集。”可见在天聪九年以前蒙古独立的编制旗仅为两旗。

正式编建八旗蒙古是皇太极天聪九年(1635),这在清初的史料文献中有明确详细记载:“天聪九年二月丁亥,是日编审内外喀喇沁蒙古壮丁,共一万六千九百五十三名,分为十一旗。”此记载见于《清实录·太宗实录》卷之二。按其详细记载,此次编建的蒙古旗共为十一旗,其中有三个旗不是八旗蒙古,其隶属关系应该还在八旗满洲。从人员构成来看,这三旗人众身份单纯,全为内外喀喇沁壮丁,即由一万六千九百五十三名内外喀喇沁壮丁中的九千一百二十三名组成上述三旗,其中一旗以古鲁思辖布为固山额真(固山额真为满语,即后来的统领),辖众五千二百八十六名;另一旗以俄木布楚虎尔为固山额真,辖众一千八百二十六名;再一旗以耿格尔、单把同管固山额真事,辖众二千一十一名。由于这三旗人众皆为喀喇沁人,从这个意义上讲,这三旗都可称为“喀喇沁旗”。

另外编建的八个旗才是真正的八旗蒙古。这八旗蒙古的人众构成包括两个部分:第一部分就是此次参与编建蒙古旗的内外喀喇沁人众,除上述编为三旗的九、一二三名人众之外,所余七千八百三十名全被编入八旗蒙古。另一部分是早前编入满洲八旗或归八旗旗主统领的“旧蒙古”。《清实录·太宗实录》卷二记载:除上述三旗,“其余俱令旧蒙古固山兼辖:正黄旗津扎、多尔济、布崖、阿玉石、拜都、塔拜、巴布泰、浑齐、吴巴什等之壮丁及在内旧喀喇沁壮共一千二百五十六名,合旧蒙古为一旗,命阿代为固山额真,其下设梅勒章京、甲喇章京各二员;……因以下七旗与此编制基本相同,故不再录。由此可以看出:

1. 新编八旗蒙古人众中,除“在内旧喀喇沁壮丁”外,尚有“合旧蒙古为一旗”。此中“旧蒙古”当然是将很大一部分蒙古壮丁从满洲八旗中分离出来,编建在八旗蒙古之内,其人众构成也一定包括原在八旗满洲内的一部分察哈尔蒙古。

2. 文中说此八旗“俱令旧蒙古固山兼辖”,细察“兼辖”之意,这八个固山额真在八旗满洲内还应该各自统领着一部分蒙古人众，那么他们统领的人众是不是皇太极所称之“小旗”？如果是，这些人应该就是皇太极听说的“壮大”。由此可见，作为亲王贝勒的八旗满洲旗主，在清前期不但统领同色的八旗蒙古、汉军，更直接管辖各自旗内的蒙古“小旗”。

3. 文中还说，除固山额真外，“其下设梅勒章京、甲喇章京各二员”。此中“梅勒章京”职衔是副都统，“甲喇章京”职衔为参领，这说明此时编建的八旗蒙古，已经是编制完备、最少辖两个参领的建制旗。

综上所述，十一旗蒙古编建时，一定有察哈尔人众从满洲旗中析出，前后进入八旗蒙古的建制，之所以说前后进入，乃是缘于半年后又有“以鄂尔多斯济农处所的察哈尔壮丁八百名，補各旗之缺少者”这样的事情发生，这些人当然也有编入八旗蒙古的可能。

至于察哈尔人众在八旗蒙古中占有多少比重，确切的数字已不可考，但是依据相关史料可以作一个大致的推断。根据乾隆四年所编《八旗通志初集》卷十一“旗分志”所载八旗蒙古全部佐领的编制情况，在八旗蒙古内计有十七个参领；有二百一十一个佐领，其中有察哈尔佐领十五个，共存在于五个旗分内，分别是：镶黄旗有一个察哈尔佐领，属右参领十四个佐领中的第十三佐领；正黄旗有两个察哈尔佐领，属蒙古参领十二个佐领中的第九、第十佐领；正白旗有一个察哈尔佐领，属左参领十四个佐领中的第六佐领；正红旗有四个察哈尔佐领，分别隶属于左参领十一个佐领中的第五至第八佐领；存在于镶白旗的察哈尔佐领比较特殊，该旗内由七个察哈尔佐领另外组成了一个察哈尔参领，独立于左、右两个参领之外，在这个察哈尔参领内部，又有在京三个佐领和口外游牧地方四个佐领的区别。

以上就是乾隆四年八旗蒙古内部察哈尔佐领分布的详细情况。对上述史料再做以下详细分析：

1. 八旗蒙古中察哈尔各佐领编建的时间。按《八旗通志·旗分志》的记载，

八旗蒙古内部十五个察哈尔佐领编建时间前后差距很大，最早编建的察哈尔佐领是镶白旗察哈尔参领下的在京第二佐领，记该佐领“原系国初编设”的牛录。关于“国初”的概念，无疑应该缘起于努尔哈赤所建之“后金”，因为清史溯源皆以太祖努尔哈赤始，所以“国初”编建的牛录，便应是努尔哈赤天命年间编建并存在于八旗满洲的蒙古牛录。另外从“国初”便存在察哈尔牛录来看，似乎也改变了习惯认为直至1628年八旗满洲中才有察哈尔牛录的说法。

按时间顺序来看，察哈尔佐领的编建时间还有：天聪年间编建的镶白旗察哈尔参领下在京第三佐领，崇德元年编建的镶白旗察哈尔参领下口外游牧地方察哈尔第二佐领。从以上两个察哈尔佐领的编建时间来看，应该是皇太极1635年正式编建八旗蒙古的前后。

顺治年间编有两个察哈尔佐领：一为顺治九年编建的正黄旗蒙古参领下第九佐领，一为顺治十年编建的镶白旗察哈尔参领下在京第一佐领。

雍正二年编建的佐领为镶白旗察哈尔参领下口外游牧第一佐领。

康熙年间陆续编建有四个佐领：康熙二十三年编建的正黄旗蒙古参领下第十佐领，康熙三十四年编建的镶黄旗右参领下第十三佐领，康熙三十七年编建的镶白旗察哈尔参领下口外第四佐领，康熙三十八年编建的镶白旗察哈尔参领下第三佐领。其余几个佐领编建时间因史料不详无从考查。

2. 八旗蒙古中察哈尔各佐领人众结构。由于察哈尔部为蒙古林丹汗麾下直属之亲军部落，所以抵抗后金侵略也尤为激烈。在漠南蒙古中，察哈尔部为被后金最后一个降服的部落，察哈尔部的溃灭，同时也标志着蒙古林丹汗国的最后灭亡。从史料看，后金与清初数任统治者都对降清的察哈尔部怀有高度戒心，所以对察哈尔部采取了分散安置、监视居住的策略。于是清朝之初，在察哈尔归降的人众中，既有孔果尔额哲亲王旗的存在，也有编建在八旗满洲、八旗蒙古的察哈尔部众，当然也有投在满洲贵族名下的“八旗户下人”。由于察哈尔部众的分散安置，编建在八旗蒙古中的察哈尔人众并不是太多，按乾隆四年所编《八旗通志续集》《旗分志》

记载，也就是十五个察哈尔佐领存在于八旗蒙古之内。现就这十五个察哈尔佐领的人众结构作一个分析。

按照后金及清初编立牛录即佐领的规制，凡年富力强者都要编入牛录，皇太极1635年编建八旗蒙古时便曾规定：“此次编审（蒙古）壮丁时，谕令凡年六十以下十八以上，竝从本地方带来汉人，每家所有壮丁若干名，俱照例编审；其目不能视、足不能行、手不能持者，不入编审内。”以上见《清实录·太宗实录》卷之二。依据以上条件，后金编建牛录时一般是采取“三丁抽一”的办法，即三个人众中有一人进入牛录正式编制，或披甲或为壮丁，但其他人众仍隶于该牛录下。又根据《八旗通志初集》卷十二记载“人丁满百，因编为一整佐领”的相关规定，可以大致推断出：起码到乾隆四年的时候，编入八旗蒙古的察哈尔十五佐领人众，数量大概在四千五百人左右，其中正式为丁的人数约为一千五百人。

根据史料所推断出的八旗蒙古内察哈尔人众数量，当然有不实之处，因为这十五个察哈尔佐领内的人众并非全是察哈尔人，而且还有因“人丁滋盛”所繁衍出来的佐领在内。

《八旗通志》记载：八旗蒙古中正黄旗蒙古参领下的察哈尔第九佐领，原为顺治九年所编建，至康熙二十三年因人口繁衍，又在该参领下编成察哈尔第十佐领。

蒙古正白旗左参领下察哈尔第六佐领，却是“原系察哈尔地方缘事归旗之蒙古，初编为半个牛录，以乌格塞巴图鲁管理，后又将科尔沁土谢图亲王属下护卫诺木齐籍没人丁十一名，并萨勒图库伦地方蒙古七十八名，给乌格塞巴图鲁合为一整佐领”。可见该佐领察哈尔人众只有“半个牛录”，其余却由其他蒙古部众凑齐。

这种情况还有蒙古正红旗左参领下四个察哈尔佐领，其中第五佐领“原系察哈尔地方人丁，编为半个佐领。后人丁滋盛，始编为整佐领”。至康熙二十三年，又因人丁滋盛，再析出一个佐领即第六佐领；同样事情还发生在第七佐领，该佐领也系原察哈尔地方人丁编立之牛录，后因人丁滋盛又析出一个佐领即第

八佐领。

在这些察哈尔佐领中，镶白旗察哈尔参领所属七个佐领更具特色。其在京第一佐领“原系顺治十年以察哈尔十丁，鄂尔多斯一百丁，喀尔沁六十三丁，共编为一佐领”。这个佐领虽编为察哈尔佐领，但察哈尔人丁却占了极少数。外来人众逐渐渗入察哈尔佐领还见于察哈尔参领下的口外游牧佐领：“口外游牧地方察哈尔第三佐领，原系康熙三十八年将巴尔虎等蒙古合察哈尔蒙古人丁，共编为一佐领”；还有“口外游牧地方察哈尔第四佐领，原系康熙三十七年平定噶尔丹时，将来归之厄鲁特合察哈尔人丁，共编为一佐领”。从以上两个察哈尔佐领编入巴尔虎、厄鲁特人丁的情况来看，这次编建似乎与口外察哈尔游牧八旗同步，因为同一时间内察哈尔游牧八旗也接纳了不少巴尔虎、厄鲁特人众。

（三）被遣派往漠北蒙古等地的察哈尔人众

上世纪初，俄罗斯著名蒙古学学者波兹德涅耶夫著有《蒙古及蒙古人》两卷。该书主要记载了1892年至1893年他在蒙古高原内外蒙古的旅行见闻，颇具史料价值。在书中第一卷第七章“从科布多到库伦”中，他提到一件有关察哈尔部众的见闻，转录如下：

“10点钟，我们已经离开了库伦驿道，进入察罕登吉地方，并将在这里蹚过齐老图河。当地居民原籍是察哈尔人。他们对我说，萨伊特王旗有两个察哈尔苏木，还在雍正年间该旗的一位札萨克娶了一位公主，即皇帝的女儿。三百户察哈尔人被拨给她作为嫁妆，他们组成了两个独立的苏木。分给她们的游牧地从齐老图河畔起一直向东，到满达海岭。这两个苏木以塔斯山为界，东边是宗察哈尔苏木游牧地，西边是巴隆察哈尔苏木游牧地。每个苏木都有自己的寺院，宗苏木甚至有两座庙宇，巴隆苏木只有一座。”

根据以上记述，查阅相关史料，知道萨伊特王旗属漠北喀尔喀之三音诺颜部。该部蒙古王公策凌家族是漠北蒙古最为显赫的家族，策凌本人曾为乌里雅苏台定边左副将军，统率漠北蒙古之兵。策凌娶康熙之女纯悫公主，并于雍正年间晋封亲王，被清廷称为伊和札萨克。策凌之孙拉旺多尔济于乾隆年间袭札萨克亲王爵，并娶乾隆七女和静公主。比较这两个亲王，波兹德涅耶夫书中所言清廷于雍正年间所嫁公主事，应该就是策凌本人所娶纯悫公主。

纯悫公主一次带往漠北喀尔喀察哈尔人众三百户，达千人之多，这在察哈尔部来说，当时应属大事。除此之外，康熙时清廷又向河南、江宁等地遣派察哈尔人众若干；史有明确记载的还有乾隆时遣派往新疆的察哈尔人众。

（四）关于康熙十四年前有无察哈尔八旗的质疑

通过以上对蒙古林丹汗国溃灭前后察哈尔部众去向的考证，基本上搞清了原孔果尔额哲亲王旗、八旗满洲、八旗蒙古内部察哈尔部众的存在及安置情况。但是与此相关联的一些深层次问题还是众说纷纭，见解上也存在着比较尖锐的对立，所以有必要对康熙十四年前有无察哈尔八旗的问题再作进一步的说明。

关于康熙十四年之前察哈尔八旗的有无，近来也争论甚烈，有学者说：康熙十四年前察哈尔八旗早已有之，该八旗清初即已建立，应为蒙古林丹汗国溃败前后察哈尔人众大量来归时编建。按此种说法肯定与前述之相关史料记叙不符，如嘉庆重修《大清一统志》及清人所撰《平定察哈尔方略》等史书都说察哈尔游牧八旗始建于康熙十四年之后，是将孔果尔额哲旗破灭后，取消其建制，清空其地，迁部众于宣化、大口外之后建立的察哈尔游牧八旗。那么一些学者为什么说八旗察哈尔早已有之？而且言之凿凿。细察清代历史，方知这些学者所言也不是空穴来风，也有相当的历史依据。

坚持清初即有察哈尔八旗的学者利用了如下史料：《满文老档》有记皇太极崇德元年即1636年，郡王阿济格起兵征明，在奏报中除提到八旗满洲、蒙古、汉军之战果外，又单列了八旗察哈尔的俘获数字；清《内国史院档》曾记崇德七年十一月征明，于捡选官兵时，提到“蒙古察哈尔八旗阿礼哈超哈章京……”；《内国史院

档》又记顺治十年十二月，遣固山额真陈泰率八旗军官兵往荆州换防，提到“由各旗察哈尔委派一名甲喇章京带兵前往”；《内国史院档》还记顺治十一年十二月，清遣兵征郑成功，除列八旗满洲、蒙古、汉军外，同时记派有察哈尔兵，“由各旗察哈尔委派甲喇章京统领”。

根据上述线索，笔者也查阅了相关史料，证明学者们所言非虚，确有以上的证据存在。但是这些证据是否就能证明清初便有八旗察哈尔的存在？笔者对这一说法置疑，理由如下：

康熙十三年初，中国历史上出现了一件大事，即吴三桂在康熙“削藩”政策逼迫下举兵反清。为平定所谓“三藩之乱”，清朝朝廷派大军赴南方剿叛。《清实录·圣祖实录》记康熙十三年正月事：命副都统马哈达率兵协防兖州城，并“添发察哈尔前锋、护军、骁骑校兵往”。自此始，在八旗满洲、蒙古的察哈尔丁壮被频繁调动、换防。

《清·圣祖实录》又记康熙十四年三月辛未：因吴三桂旧部陕西提督王辅臣起兵叛清，故“命都统毕力克图为平逆将军，率师赴大同，调察哈尔兵入驻宣府、大同”。史载此次调动的察哈尔兵乃属左翼兵，而右翼察哈尔兵已于上年被征调驻防江宁。因不满清廷频繁调防，又因年初察哈尔故主布尔尼举兵反清事，于是这四旗察哈尔兵遂“毁边墙私遁”，径直投奔故主布尔尼。为安抚这些察哈尔人众，《清实录·圣祖实录》记载了康熙十四年四月所下一道著名的晓谕，因该晓谕较详细地回顾了察哈尔人众归附清朝的历史过程，故抄录如下：

“参领舒什兰疏报，奉调宣府左翼四旗察哈尔镇大同，众哗，毁边墙私遁。上命散秩大臣绰尔济、杜尔麻等率八旗章京、侍卫，赉敕抚之曰，昔察哈尔溃散时，尔等祖父来归，太宗文皇帝论次赐予世职，分隶八旗眷顾抚养，以迄于兹。吴三桂造乱，调尔驻守地方，今参领舒什兰奏尔等不请所司，遽行遁归，理应治罪。但先将尔八旗察哈尔调发，同官兵进征，今又尽征余兵，尔等或虑妻子、牲畜无人养育，马又羸瘦，难以从征，以此亡归，其情可恕。今特行宽宥，其各返故伍如常，毋生疑畏。……，故特此晓谕。”

对这些察哈尔人众，晓谕中说“特行宽宥，其各返故伍如常，毋生疑畏”等语，完全是欺骗之辞。事实是这些察哈尔兵丁被招抚后两个月，便被遣往河南驻防。《清·圣祖实录》记当年闰五月事：“乙巳，左翼四旗察哈尔兵，皆感皇恩，愿立功自效。上因命察哈尔兵赴河南府驻防，恐其难以钤束，复令每旗出骁骑五十人，副都统龚图统领前往。”

分析以上史料，可以获得丰富信息：首先看康熙的“晓谕”，文中说将察哈尔来归人众于太宗文皇帝时便“分隶八旗眷顾抚养，以迄于兹”。可见从皇太极到康熙时期这些察哈尔来归人众一直是分隶于八旗之内，这个时间段内，清廷也不会为察哈尔人众再立八旗。可是“晓谕”后文又有“将尔八旗察哈尔调发”的词语，这在文中作何理解？按理说皇帝谕旨必是严谨异常，事出有据，绝不会出现言语上的差错。据此分析：前文既说已将察哈尔人众分隶八旗，后文便不会再有单独的八旗察哈尔出现。于是可以得出一个结论：文中康熙所谓八旗察哈尔乃是就“隶属于八旗的察哈尔人众”而言，这在当时应该是一个习惯性的说法，并不是说在八旗之内或八旗之外再有一个察哈尔八旗。笔者这个结论也不是空穴来风，也有相当的史料支撑：

察清初历史，皇太极天聪年间本有左右两旗蒙古的存在，但是至天聪六年九月便被皇太极借口撤销，所部归入八旗满洲。《清实录·太宗实录》记当时皇太极谕令：“以归顺蒙古诸贝勒所行违背，不令别立一旗，令随各旗贝勒行走，所属人员拨与吴纳格、鄂本兑旗下管理。”由于解除了以上两蒙古旗贝勒的指挥权，两旗贝勒只能在八旗满洲内各自旗主属下行走，所有蒙古人众也纳入八旗满洲内的蒙古牛录，并没有像后来八旗蒙古那样拨出另立系统，故称为蒙古左右营。由于散处八旗满洲，习惯上也称为“八旗蒙古”，当然这与1635年所建八旗蒙古具有截然不同的性质。

为控制指挥权，皇太极于天聪八年发上谕规制此事，记载：天聪八年五月攻明

有上谕曰："凡随满洲旗蒙古贝勒所属牛录甲兵，令各该管甲喇章京率之以行。其蒙古贝勒，则各该固山额真率之以行。"根据这一史料记载，起码让我们明了：满洲旗内各蒙古牛录，凡出兵蒙古贝勒无权指挥，皆由各该管甲喇章京率之以行。所以皇太极、顺治时也都遵循了这一规制，即凡调动察哈尔兵员时，都要"由各旗察哈尔委派甲喇章京统领"。从这个意义上讲，当时所谓的"八旗察哈尔"，只能是满、蒙八旗中的牛录，或者最多是"甲喇"，即后来所称之参领。

再一个产生误解的原因：正如前文所言，《清实录》记崇德八年事，皇太极曾提到将蒙古余众"编为小旗，设壮大管辖之"。既然如此，当时或者在习惯上便将八旗满洲、蒙古所辖之察哈尔人众称为"小旗"，所谓"壮大"便是管理这些人众的甲喇额真即参领。

综上所述，所谓康熙十四年之前便有八旗察哈尔一事，完全是因误会所致，在当时八旗规制及特定语言环境下提及八旗察哈尔，乃是指八旗满洲、蒙古中的察哈尔人众之意；或者称当时在八旗中的察哈尔人众为"小旗"亦可，与八旗满洲、蒙古相比较，两者有本质区别，即组织形式不同，职官之品级、爵秩也更为不同。

“匈奴”辨

在浩瀚的历史长河中，中国北方蒙古高原上曾经繁衍、生息着一个无比强悍的草原游牧民族，他作为游牧民族的霸主，隔着黄河（注：后来是长城）与代表着农耕文明的汉民族雄峙了一个漫长的历史阶段。这个民族，就是我国秦以来所称之“匈奴”。

说起匈奴民族，是个极富悲情色彩的民族，他不但有传奇的民族历史，还有影响至深至远、现已被考古和历史研究所证明的高度发达的文明形态。就当时来讲，匈奴民族代表了北方游牧文明的最高成就，其历史作用和历史影响力并不逊于后来的突厥和蒙古民族。

由于没有本民族文字，而且族群本身也在特定历史条件下消亡，其功过是非只能任由后人评说，其中不乏不实之词和汉民族的一家之言，于是也给后人造成诸多疑惑不解。近日因翻查一些北方游牧民族的史料，重读了《史记》、《汉书》等关于匈奴民族的相关记载，有一些心得如骨鲠在喉、不吐不快，提出来供朋友们参考。

一、关于“匈奴”之称谓

多年来，每读及史书，都对匈奴民族这个名称疑惑不解，总以为一个好好的民族为什么称为“匈奴”？因为“奴”者，汉字古已有之，案商务印书馆《辞源》释义：“①古罪人、罪人子女，或被掠卖剥夺人身自由的都是奴；②对人的鄙称。”既然如此，匈奴之称是古之音译、抑或是对该民族的鄙称？这一疑惑一直在笔者胸中萦绕不得释怀。

前不久，看了法国历史学家雷纳·格鲁塞研究蒙古高原及中西亚草原游牧民族历史的两部专著《草原帝国》和《蒙古帝国史》。在两书中他都提到"匈人"这一称谓。特别是在《蒙古帝国史》中写道："根据语言学家的研究结果，人们常常将中国人称为'匈奴'而西方人则称为'匈人'的，认为是原始的突厥人，列为突厥语系的民族里面。"至于欧洲、中西亚把匈奴人称为匈人也常常见之于史端。

据欧洲史书记载，在公元4世纪的下半叶，有一支来自东方蒙古高原的游牧民族出现在多瑙河畔的欧洲草原。这支游牧民族自称匈人"Hung"，欧洲人恐惧地称他们为"上帝之鞭"。匈人强悍的骑兵在横扫了大半个欧洲和西亚后，因首领阿提拉的突然去世及内部纷争而陷于分裂，有一支匈人部族就定居于匈牙利地区。至今匈牙利的英文拼音Hungary仍然保留着"匈"的词根，意即"匈人的地方"。

对这一支匈人，中国史书也多有记载：公元91年，汉军出居延塞（今额吉纳旗境内），围北匈奴于金微山（阿尔泰山），北匈奴战败西迁，余众十万落依附鲜卑。至此北匈奴政权全部瓦解，从此退出漠北政治舞台。

内附之南匈奴又存在了三四百年，虽然也掀起不小的波澜，但对汉民族已构不成大的威胁。到南北朝时期这部分匈人也被汉民族同化。匈奴之名称逐渐在中国史书中消失，这也是匈人民族在北方中国历史大舞台上消失的具体反映。至于西迁的那一部分匈奴人，绝大多数学者都认为这就是欧洲及中西亚历史上所记载之匈人。

综上所述，"匈奴"这一民族称谓到底是西方所记载的匈人对呢，还是汉民族史称之匈奴对呢？哪个更接近于当时的历史事实？为此，笔者也曾翻阅了大量史籍资料，最后得出了一个结论：西方的记载更客观，更接近历史事实。中国史书把匈人民族称为"匈奴"，是汉民族在当时的历史环境下强加于匈人的一种侮辱性称谓，是鄙称。当时所谓之匈奴就如汉民族在不同历史时期称北方游牧民族为胡奴，称蒙古人、满洲人为鞑虏、胡虏。

分析这一现象，汉民族一族有独大、视少数民族为异类的"大国思维"，同时也因饱受少数民族特别是北方草原游牧民族侵扰之苦的情绪宣泄。现今我国随着社会文明的高度发达，这种特定历史时期的特定称谓除作为历史语言和文学语言外已基本消失，唯独"匈奴"这一称谓保留至今，主要原因是匈人在汉民族眼界中已消失一千几百年，从来也没有人替他们找这个后账，于是将错就错至今。

对这一观点，可能有读者要问，"匈奴"这一称谓在中国史籍《战国策》、《史记》、《汉书》中就已正式出现，延传至今没有人说匈奴这一称谓有什么不对，如今只凭几本外国人的专著就下这个结论是否过于武断？有鉴于此，笔者又下很大力气从中国古籍史料中翻查到诸多证据，并在语音、训诂方面做了一些比对和研究，足可佐证此说无误，现一一罗列供读者参考。

证据之一：史书记载，匈奴民族是最早与汉民族为邻的北方游牧民族。司马迁考证其为"夏后氏之苗裔"，但此说缺乏证据，姑且存疑。关于"匈奴"之称谓，《史记·匈奴列传》集解曰："尧时曰荤粥，周曰狂猃狁，秦曰匈奴。"此说当属可信。

从有历史记载起，汉匈两个民族就充斥着激烈的纷争。《史记·五帝本纪》载：黄帝曾"北逐荤粥（荤粥亦称荤允，古体为獯鬻），合符釜山。"至周代，民族纷争更加激烈，《诗经》多有记载，《小雅·六月》曰："薄伐猃狁至于太原。"通过以上记载可以看到，秦以前汉民族一直把匈人称为荤粥或猃允（注：期间也曾杂以鬼方、山戎、犬戎等称呼）。

所谓"匈奴"称谓的出现是秦中晚期的事。最早出现过匈奴称谓的《战国策》虽是一部记述战国时代的史料汇编，但原书已不可考，流传至今的乃是经西汉刘向整理的文本，所以不能作为战国时期就出现匈奴称谓的证据。即使到了汉代，史家仍然把荤粥、猃狁等与匈奴并称，《汉书·霍去病传》载："骠骑将军去病率师躬将所获荤狁之士……"以上可见，汉代的正式场合仍有称匈人为荤粥、猃狁的习惯。

如果从语音学和汉民族传统的文字学角度来分析荤粥（xūn yù）、猃狁(xiǎn yǔn)这两个称谓，明眼人不难看出，这是"匈"这一发音的音译，是古代文字史上尚不成熟的反切法的具体应用。（注：所谓反切，乃是上字取其声，下字取其韵调两相拼合的注音方法）分析荤粥、猃狁的声韵，都是一个与"匈"字相似的近音字，可以

读为"荤"(xūn)。

古人为什么把匈字标音为"荤"呢?开始笔者百思不得其解,继而想到语音的变化是否与地域及当时的语言环境有关,于是笔者将目光投向汉民族繁衍壮大的陕西关中及渭水流域。纵观华夏民族的大历史,这里记载下了无数与北方匈人民族密切接触的历史事实。当笔者就此"匈"与"荤"的读音问题请教两位陕西籍的朋友时,结果出人意料,他们竟然异口同声地告诉笔者:陕西关中及周边地区的方言从来就是把"匈"读为"荤",祖祖辈辈没有改变过!至此,笔者才由衷地相信,语言确实是见证历史的活化石。当时的人们用当时的语音给匈人民族标注了一个正确的读音。由此可见,古人在秦以前从未将匈人称为匈奴,所谓匈奴乃是秦以后史书对匈人侮辱性的称呼,是鄙称无疑。

证据之二:根据文献记载,两汉时匈人确曾有过自称为"匈奴"的现象。如《史记·匈奴列传》载:老上稽粥单于初立时,致汉帝文书曾倨傲其辞曰:"天地所生日月所置匈奴大单于敬问汉皇帝无恙。"不可否认,匈人自称为"匈奴",在汉民族史书中确曾有过记载,以至于到今天人们仍将匈人民族称为"匈奴"。其实这是一个错案,匈人史上从无文字,何来自称"匈奴"之说?所谓匈奴,只见于汉族史书的记载,而欧洲、中西亚乃至于古印度从无此说。

如果回顾一下当时的历史,根据文献记载,匈人同时自称为"胡"。《汉书·匈奴传》载:狐鹿姑单于致武帝文书云:"南有大汉,北有强胡。胡者,天之骄子也。"当时汉民族也明确知道匈人自称为"胡",所以在胡之后也同样冠以"奴"字。《史记·大宛列传》:"(张)骞以郎应募,使月氏,与堂邑氏胡奴甘夫俱出陇西。"至此,胡奴之称亦如匈奴,在中国历史上延传了很长时间,至魏晋南北朝尤胜。《晋书》刘曜载记:"(陈安)引军追(石)武曰:'叛逆胡奴!要当生缚此奴,然后斩刘贡!'"

据此,一些历史学家和语言学家认为"胡"与匈奴之"匈"可能就是一音之转,这也不失一家之言,但笔者认为此说在语音学角度尚缺乏可靠之证据。历史上胡、匈本就密不可分,胡、匈之别乃特指与泛指之关系,匈特指匈人本民族,胡应是泛指当时北方蒙古高原一般的游牧民族，匈人自称强胡乃是认为当时他们是游牧民的共主，可以代表北方的全部胡人。“匈”“胡”混称，又被汉民族全部冠以“奴”字，却是历史事实。

据《草原帝国》作者勒内·格鲁塞考证，被汉民族称作“匈奴”的民族，当时的罗马人和印度人却称他们为“浑”、“浑尼”或“胡那”。现在看来，“浑”肯定是胡的近音字，属音译之误。值得注意的是“浑尼”与“胡那”中“尼”和“那”这两个尾音的出现，它们究竟作何解释？开始笔者也不解，经翻查一些史料才明白，原来这是历史上北方游牧民族对族群本身从语音学角度把单数与复数形式加以区分的一种表现形式。如蒙古民族的“客列部”是其单数形式，如果以复数形式则称为“客列亦惕”；《蒙古秘史》中也常常将乞颜部的赤那氏族以复数形式称为“赤那思”；现今发现的突厥文鄂尔浑碑文记载中明确把契丹人称为“乞荅”，但提到契丹族群时则写为“乞荅惕”。

综上所述，前文“浑尼”与“胡那”一定是胡人的复数形式。当时的历史事实是“匈”与“胡”密不可分，匈可以被胡取代，所以匈人的复数形式肯定也是“匈尼”或“匈那”（注：“匈奴”与“匈那”当为近音字）。至此，我们完全可以明白，秦时汉民族把“匈尼”或“匈那”谐音译为“匈奴”完全是别有用心，是借汉语丰富的语音形式对匈人民族冠以侮辱性的称呼无疑。

证据之三：从中国北方蒙古高原的大历史看，不少北方游牧民族都依其繁衍生息的山水得名，或者是以族名命名山水。以山河之名命其部族者，北方民族古已有之，如依乌桓水（即黑龙江）以居的称乌桓族，依兴安岭大鲜卑山游牧的称鲜卑族。匈人也是这样，把他们驻牧地的一条河称作“匈河”，这件事史书多有记载。《史记·卫将军骠骑列传》：“将军赵破奴……后一岁，为匈河将军，攻胡至匈河水。”又见《史记·大宛列传》：“于是天子以故遣从骠侯破奴将属国骑及郡兵数万，至匈河水，欲以击胡。”查匈河水，资料注云：匈河水，亦称匈河、匈水，在今蒙古国杭爱山南麓。至今匈人民族是因河得名，或是以族名命名河水已不可考，不管怎么说，当时历史事实是绝无“匈奴”一说。

司马迁《史记》中本着汉民族崇敬山水的传统，并未将匈河冠以“匈奴河”。汉天子也将汉将军赵破奴任命为“匈河将军”，这是无可置疑的历史事实。至于《汉书》中有一处将匈河篡改为“匈奴河”那只能是作者体会到其中的破绽，欲盖弥彰而已。

证据之四：在中国古代文学史中，有一首词占有显著地位，这首词以其立意之深远，声调之铿锵，格律之工整一直为整个汉民族所称道，这首词就是抗金名将岳飞所作之《满江红》（注：也有一说此词根本不是岳飞所作）。其中有两句名句千古传颂，就是“壮志饥餐胡虏肉，笑谈渴饮匈奴血”。从文学角度讲，填词有严格的对仗，如果对仗不工，就绝不是一首好词。现在我们来分析该句式中对仗的“胡虏”与“匈奴”：所谓胡虏在该句式中明显是一个复合词或称复合词组，等于说“胡人这帮强盗”。我们再看看“匈奴”：如果我们按汉族史书记载称其为一个族名，那样他就和北方绝大多数少数民族的族名一样如“蒙古”、“乌桓”、“鲜卑”等，是一个不可拆分的联绵词或称单纯词，如果拿一个单纯词去和一个复合词来对仗，那么《满江红》这首词就出现一个大的漏洞，可以说对仗属于极为不工，稍有知识的词作者也不会犯这样低级的错误。所以说该词作者，肯定是把“匈奴”一词认作一个复合的词组，意思是说“匈人这些奴才”，这样才和上句有严格的对仗，符合填词的基本规则。通过对《满江红》这首词的分析，足可佐证笔者所说“匈奴”一语确是强加给匈人带有侮辱性质的称谓的观点。

通过以上佐证，笔者认为汉民族两千年来所称之“匈奴”完全不符合当时的历史事实，真实称谓应如西方所称之“匈”族，其复数形式应是“匈尼”或“匈那”。何以一错至今？正如上文所言，一是匈人无文字，二是族群已消失，三是汉民族史书的歪曲记载。这样的例子，在史书中屡见不鲜。如《汉书》就记载王莽曾将“匈奴单于”刻意篡改为“降奴服于”，后来竟然又篡改为“恭奴善于”。

笔者为“匈奴”一词做如此繁琐的考证，其本意倒也不是要推翻两千年来一个约定俗成的民族称谓，不过是还原一下历史的真相而已。匈人已逝，但基因尚存，说不定我们哪一个人的血管里就流淌着匈人的血。前两年热播的电视剧《汉武大

帝》中有这样一个镜头：匈人大单于伊稚斜在族人誓师大会上振臂高呼我“大匈奴”如何如何……，这就等于说咱们匈人这帮奴才如何如何……。匈人自己作践自己，历史上真有这样的事吗？

历史上“白登解围”之谜

时间是公元前200年的隆冬，汉高祖刘邦北击“匈奴”。当时的刘邦很是志得意满，他于公元前202年战胜了他的竞争对手西楚霸王项羽，结束了长达五年的楚汉之争，并于当年即天子位，正式建立了大汉王朝。刘邦本不是个文化人，肚子里墨水也不多，后来他却做了一首《大风歌》：“大风起兮云飞扬，威加海内兮归故乡，安得猛士兮守四方。”至今仍被世人传唱不绝。就是这样一个久经战阵、英雄盖世的人物，却在公元前200年的冬天里栽了大跟头，被匈人首领冒顿单于收拾得灰头土脸，颜面丢尽，史称“白登之围”或“平城之围”。（注：平城乃汉县治，在今大同市东北；白登，山名，在平城东）对此事件详情，历代汉民族史书都“为尊者讳”，记载中或语焉不详，或拐弯抹角，使整个事件显得扑朔迷离，颇多神秘色彩。

关于“白登之围”，《史记·高祖本记》有一个简单记载：“七年（前200），匈奴攻韩王信马邑，信因与谋反太原。高祖自往击之。会天寒，士卒堕指者什二三，遂至平城。匈奴围我平城，七日而后罢去。”又查《汉书·高帝记》，仍是不得要领，只记到：“上自晋阳（今太原市西南）连战，乘胜逐北，至楼烦（今山西省宁武县山区），会大寒，士率堕指者二三，遂至平城，为匈奴所围，七日，用陈平秘计得出。”

通过以上简短记载，我们仍然获得许多信息，可以窥见整个事件的大致轮廓，但其中两个疑点在笔者胸中萦绕。首先，连战连胜的汉军因何却又被匈人骑兵包围于白登山上？其次，什么秘计如此神奇，使被围汉军得以脱困，匈人骑兵竟然也放弃胜利罢围而去？

带着这些问题，笔者开始翻查历史。其结果却是出人意料，所有这一切，包括影响历史至深至远的“白登之围”，却是由一个人导演和策划的，并最终取得了军事上和政治上的巨大胜利，他就是当时匈人民族的冒顿单于（冒顿音墨毒）。关于发生这一事件的来龙去脉，我们还要还原当时匈人民族在蒙古高原的大历史。

史书记载，冒顿于公元前209年在一场政变中杀其父头曼自立为大单于。“是时汉兵与项羽相距，中国罢（罢通“疲”）于兵革，以故冒顿得自强，控弦之士三十余万。”以上见《史记·匈奴列传》。当时的冒顿，在蒙古高原上展开了一场统一北方的军事行动。在东方，他袭破强大的东胡；在西方，又赶走了月氏；南面，收复了秦将蒙恬夺去的“河南地”（今内蒙古河套以南地区）；北方降服浑庾、屈射、丁零、鬲昆、薪犁之国。至此，其势力范围东至辽河，西越葱岭，北抵贝加尔湖，南达汉长城。在北方草原游牧民族历史上第一次形成空前统一的部落军事联盟的大格局。然而，刚刚完成统一大业，建立了大汉王朝的高祖刘邦，也绝不会容忍北方游牧民族的壮大及一再侵扰，于是借讨伐投降匈人的韩王信的名义，和北方的匈人民族展开了一场势均力敌的战争。据史书记载，此役汉军投入兵力三十二万（注：其中多步兵或兵车），匈人投入骑兵四十万（注：有说三十万）。双方投入兵力之多，在汉民族与北方游牧民族的战争史上当属第一次。在这一场战争中，年轻的冒顿单于显示了非凡的军事才能，其神奇的军事指挥艺术，可以说令人叹为观止。

公元前200年冬十月，刘邦北讨匈奴，屯军于晋阳，以观匈人虚实。此时的冒顿，采取了诱敌深入的战略。首先他派出了手下最得力的左右贤王率领万余骑兵担任诱敌任务。军队南下越过句注山（在今山西省代县西北之雁门山），屯兵于广武（今山西代县西南），直逼晋阳城下，邀汉军决战。史载“高帝自将兵往击之”。遂“大破之，追至于离石”（今山西省离石县）。在离石，左右贤王又摆开阵势，与汉军决战，仍被汉军“复破之”。左右贤王于是又北走楼烦，聚集兵力与汉军再战，“汉令车骑击破匈奴”。

由于左右贤王三战皆“败”，于是把骄横的汉军北诱至汉匈边塞。至此：“匈奴常败走，汉乘胜追北。”以上见《史记·韩信卢绾列传》及《史记·匈奴列传》。当然，老谋深算、有过多年战争经验的刘邦对匈人的连败也不是没有警觉。他多次派人出使匈奴，窥探匈人虚实。

这时的冒顿单于竟然又采取了一个出人意料的举动，《史记·匈奴列传》载：

“冒顿匿其精兵，见（通“现”，显现、出示）其羸弱。。《史记·刘敬叔孙通列传》载：“匈奴匿其壮士，肥牛马，但见老弱及羸畜。”于是“使者十辈来，皆言匈奴可击”。至此，刘邦终于中了冒顿单于的诱兵之计。真以为匈人军队不堪一击，遂轻率地纵兵冒进至冒顿事先布好地陷阱——平城。

《史记·匈奴列传》载：“于是汉悉兵——多步兵——三十二万，北逐之。高帝先至平城，步兵未尽到，冒顿纵精兵四十万骑围高帝于白登。”冒顿单于此时终于露出了他的庐山真面目，强大的骑兵军阵把刘邦之众团团围困在白登山上。对此，《史记·匈奴列传》有绘声绘色地描写：匈奴的骑兵，西方全骑白马，东方全骑雪青马，北方全骑黑马，南方全骑红马。而被困于白登山上的刘邦，前后七天，得不到粮食的接济，士兵饥寒交迫，战斗力全无，加之突围无望，已经难逃被歼的命运。

综观北役，聪明的冒顿单于以其卓越的军事才能，占尽了天时地利。通过一败、再败、三败，在运动中把汉军由晋阳诱至平城，距离达数百里之遥，最终在白登山一举成围，使汉军遭遇了灭顶之灾。史书记载：此役之后，天下歌之曰“平城之下亦诚苦，七日不食，不能彀弩”。综观如此成功之战例，在我国历史上也属罕见。笔者感觉此役比之战国时著名军事家孙膑之“马陵之战”有异曲同工之妙。

军事上取得巨大胜利的冒顿单于，此时又显示了他政治上的大气与成熟。至于后来刘邦在白登山上戏剧性地脱困，一些史书记载说刘邦依陈平秘计，派使者暗中赠厚礼予单于阏氏（单于之妻），于是阏氏向冒顿求情说：“两主不相困，今得汉地，而单于终非能居之也；且汉王亦有神。单于察之。”以上见《史记·匈奴列传》。于是单于解围一角，刘邦得以脱困而出云云。以上见《史记·匈奴列传》。

事实果真如此吗？细察历史，才知道这完全是掩饰之辞。我们看《汉书·陈平传》：“其明年，平从击韩王信于代。至平城，为匈奴围，七日不得食。高帝用平奇计，使单于阏氏解，围得以开。高帝即出，其计秘，世莫得闻。”上述记载，我们可以得到两条信息：

其一，陈平奇计是通过阏氏渠道上达冒顿单于予以化解应属不假，但是说阏氏在其中起到了决定作用，这不是事实。史载冒顿之为人刚愎自用、冷酷无情，有独立主张，他的这种性格史书多有记载：冒顿单于为了训练部属无条件效忠于他，曾经“以鸣镝自射其爱妻”；他也曾为了麻痹东胡“遂取所爱阏氏予东胡”。以上见《史记·匈奴列传》。这样一个精明的政治家，如果被一个妇人女子用小儿科的语言所左右，轻易纵走刘邦，笔者是无论如何也不相信。

其二，既然上文已说因“其计秘，世莫得闻”。可见这一秘计一定是损及汉王朝的体面，汉之史书不愿说也不想说的一件难以启齿的事，以至于汉武帝北伐匈人的时候还拿高祖刘邦“白登之围”说事，称为“平城之辱”。所以说刘邦之脱困绝不是阏氏几句话就可以化解的。那么，陈平到底拿出了一条什么样的“秘计”，竟使汉军轻脱困?

就此事两千年来一些学者也曾做过考证，但都不得要领。宋元之际著名史学家胡三省针对此事说：“秘计者，以其失中国之礼，故秘而不传。”就此历史疑案，笔者不想作烦琐的考证，但是我们可以跳出传统窠臼做换位思考，还原一下历史，想一想匈人民族的冒顿单于当时正在想些什么，他应该做些什么。

此时的冒顿单于，踌躇满志。他刚刚征服了北方草原上众多的游牧民族，在蒙古高原上形成了空前的大一统局面。对内，他需要巩固自己至高无上的权力，用强力维持族内及游牧民族之间的安定局面；对外，特别是针对中原的汉族政权，他的首要任务是制止和结束近千年来汉民族对北方游牧民的蚕食和扩张，求得最大的生存空间。他需要的是一个“南有大汉，北有强胡”的主权局面，同时他还需要汉民族先进的生产力资源。至于消灭刘邦，这不是他的目的，因为他知道消灭一个刘邦将有另一个“刘邦”出现。于是他要拿汉朝皇帝作为筹码，达到他政治上的需求，这就是他的本意!

聪明的陈平，看透了当时的形势，也摸透了冒顿单于的心理。于是他提出了一条让当时人羞于启齿的“秘计”。至此，大多数读者都会明白，这秘计主要内容就是——求和，与匈人订立屈辱的“城下之盟”。同时笔者也断定，“城下之盟”的基本内容应该是：①和亲；②岁奉贡献；③开关市互通贸易。至于这一协议是如何签署，采取了何种形式，于今已不可考，但笔者叙述的一定是历史事实。

有史为证：《史记·匈奴列传》载：“……而冒顿遂引兵而去，汉亦引兵而罢，遂结和亲。”《史记·酷吏列传》也曾记博士狄山语于武帝曰：“高帝欲伐匈奴，大困平城，乃遂结和亲。”史书又记载：此役不久，“高帝乃使刘敬奉宗室女公主为单于阏氏，岁奉匈奴絮缯酒米食物各有数，约为兄弟以和亲”。以上见《史记·匈奴列传》。

至此，冒顿单于以完美的军事行动，终于迫使汉朝屈服，签订了有利于匈人的城下之盟，达到了自己的政治目的，从而实现了汉匈边塞几十年的和平。此举不但造福于汉匈两族民众，同时客观上也成就了汉朝举世闻名的“文景之治”。汉之史书，对汉匈此役后形成的和平局面坦承不讳，积极评价匈奴说：“终孝景时，时小入盗边，无大寇。”直至武帝即位初期，仍然“明和亲约束，厚遇，通关市，饶给之。匈奴自单于以下皆亲汉，往来长城下”。见《史记·匈奴列传》。

时光已经流逝了两千多年，我们回顾这一段历史，主要是试图还原当时历史之真相，给匈人大单于冒顿一个更为客观的评价，所以才称为此役为大气的“白登解围”。所谓大气，乃是说冒顿单于由于政治上的远见卓识，军事上的过人才能，终于通过白登解围，促成了汉匈两族人民数十年的和平局面，使两族人民得以休养生息。

不管怎么说，和平发展永远是各族人民的衷心期盼，而分裂和对立永远不会是历史的主流。所以，笔者用著名历史学家翦伯赞先生在《内蒙访古》中的一段话作为本文结语：“……所有这些矛盾在今天看来，都是一系列民族不幸事件。因为不论谁胜谁负，对双方人民来说都是一种灾难，一种悲剧。”

感悟《史记》

记得是“文革”间，第一次读到了司马迁的《史记》。那套书好像是中华书局出版的，有标点，注释少。由于手头没有可用的工具书，就硬是凭着一本现代汉语词典连蒙带猜，把一套《史记》读了个如醉如痴。当时是挑着读，书、表不看，专读列传、本纪和世家，像其中的《项羽本纪》、《高祖本纪》、《淮阴侯列传》、《刺客列传》等名篇更是反复诵读，读到兴处，便做白日梦，让想象飞。既向往霸王项羽的乌骓大戟决壘破壁，也悲伤他的兵围垓下自刎乌江，又倾慕那些刺客游侠舍生取义视死如归。

自那以后，便与《史记》结下了不解之缘，在以后的工作和生活中，每逢闲暇，都会拿出来读上一两篇，既愉悦了身心，也增长了知识。近两年来，因为淡出了工作，有更多的时间来读书，于是便将《史记》重新精读一遍，以了多年的心愿。在阅读中随时作了一些笔记，也积累了颇多感悟，现将这些感悟整理如下，与朋友们共勉。

感悟之一：那是一九八五年的秋季，笔者兼职在教育学院讲授了两个学期的《文学概论》。当时年纪尚轻，也不知天高地厚，仗着有一定的文学功底，在课堂上倒也侃侃而谈，今日想来却是汗颜。比如，《文学概论》中一个基本的命题是文学艺术的起源问题。当时那个年代，所有的教科书都强调文学艺术起源于人类的生产劳动,起因是辩证唯物主义理论说劳动创造了人类，当然也就随之产生了文学艺术。

为了论证这一命题，多数教材都举《淮南子·道应训》中所载“今夫举大木者，前呼邪许，后亦应之。此举重劝力之歌也”为例说明文学艺术起源于劳动。另一个重要例证是现代文学的泰山北斗鲁迅先生提出来的，他说：“我们的祖先原始

人，原是连话也不会说的，为了共同劳作，必需发表意见，才渐渐地练出复杂的声音来。假如那时大家抬木头，都觉得吃力了，却想不到发表，其中有一个叫道‘杭育杭育’，那么，这就是创作；……这就是文学，他当然就是作家，也是文学家，是‘杭育杭育派’。”以上见《鲁迅全集·门外文谈》。依据这一理论，笔者在授课时也便照本宣科大讲劳动创造了文学艺术。

当然今天看来也不为错，劳动创造文学艺术的理论，至今仍是文艺理论界的主流理论。错就错在由于当时自己知识浅薄，无法与同学们开拓一片除“劳动创造论”之外的新天地。如今再读《史记》，看到过去不愿看的《礼乐篇》，才知道司马迁老先生关于文学艺术起源的论述竟然如此之精辟，抚案叹息之余，油然而生相见恨晚的感觉，也惭愧自己当年的少不更事，看来读书不求甚解真是害人不浅。

司马迁在《史记·乐书》中是这样评价文学艺术的（注：因原文古涩，故以下译为今文），他说：“凡是音乐都是内心意念活动的反映，声音则是音乐的具体形象，而文章节奏则是声音的优美装饰；凡是音乐都是由于人心有所感而发。当人的内在情感因外部事物的感应而起波动时，自然会以口唇之间所发出的声音来表达，因此痛苦的境遇有感于心的时候，其声音的表达一定是急剧而短促的；如果欢乐的境遇有感于心时，那么声音的表现一定是宽舒而缓慢的；如果是喜悦的境遇有感于心时，那么声音一定是轻快而流畅的；如果是令人愤怒的境遇有感于心时，那么声音的表现一定是粗犷而暴烈的；如果是令人肃然起敬的境遇有感于心时，那么声音的表现一定是刚直而有棱角的；如果是令人爱慕的境遇有感于心时，那么声音的表现一定是温和而柔美的。以上六种情感的表现，并不是人的本性所固有的，可以说全都是有感于外物的影响而萌发的。”

司马迁著述《史记》至今已有两千余年，今天看来，他的关于文学艺术起源的精辟论述仍然令人耳目一新。且不管它是唯物还是唯心，仅是他提出文学艺术起源于社会生活中的情感表达这一基本命题就足以震聋发愦了。而这一理论在西方的出现，却是19世纪的事，代表人物是英国诗人雪莱，代表作品是《为诗辩护》。如果时光还能来过，相信在课堂上一定是另一种讲法，能让受教者学到更多的知识。

（注：《乐书》一篇，时人评乃司马迁摄取于《礼记·乐记》，不置可否）

感悟之二：读《史记》卷之七《项羽本纪》，最精彩的部分当属脍炙人口的鸿门宴了。此篇曾被选入中学课本，想必朋友们都很熟悉。其中有刘邦璧与玉斗事。篇幅不长，择录于下：刘邦逃出大帐，立返灞上。行前对张良说："我持白璧一双，欲献项王，玉斗一双，欲与亚夫，会其怒，不敢献。公为我献之。"张良献璧与斗。"项王则受璧，置之坐上。亚父受玉斗，置之地，拔剑撞而破之，曰：'唉！竖子不足与谋。夺项王天下者，必沛公也，吾属必为之虏矣。'"

笔者之所以择录这段文字，乃是因为文中出现了一种不同寻常的酒具曰"玉斗"。为了弄清楚这种器物的来龙去脉，笔者不惜小题大做，翻查了诸多史料，竟然颇有心得，同时也了却了一件萦绕心头多年的公案。所谓玉斗，它应该是玉制斗形的酒器，口沿长方、倒梯形、平底无足无疑，倒是它的形制大小、容量多少后人却很少论及。

今人谈到唐代大诗人李白，都引杜甫诗"李白斗酒诗百篇"来标榜他的豪情与才气。谈到其中的斗，不管教科书中还是唐诗相关注释中都反复强调其大，如山东大学选注的《杜甫诗选》中说："斗，是一种大的酒器。"笔者案头88年版《史记》注释"玉斗"说："玉斗，玉制的大酒杯。"于是，人们在诠释李白的斗酒百篇时，都强调他的酒量之豪，喝到一斗酒的时候还能才思泉涌，写出大量优美的诗篇来。

对待这一历史疑团，如果认真研读《史记》鸿门宴一折，当能判明史书所载玉斗的真相。

首先，文中载刘邦率百余轻骑赴项王鸿门宴，随身携带了玉璧与玉斗各一双，当刘邦逃出大帐后又将随身所携之礼物转交张良，嘱其入帐献与项王与范增。由此可见这两件礼物都不是很大，否则也不会随身携带。

其次，玉器乃汉民族一贯奉为至宝的重器，因其原料搜求不易，何况当时条件下雕琢也很困难，所以很难求大玉雕大器，文中刘邦献与项王礼物仅玉璧一双，他所赠与项王麾下谋士范增的礼物也绝不会超过项王，所以这个物件应不是很大。

再次，项王接受刘邦所献玉璧，放在身边；范增接过玉斗却随手抛在地上，并

且拔剑撞破了它，可见这只玉斗既轻且薄也不大。通过以上分析，可见秦汉时所用玉斗体积、容量都不会很大，和当时酒器尊、爵等体积、容量不会有太大差距。所谓玉斗，只是说它形似斗而已，与它的容量没有必然关系。

若说大的酒器，鸿门宴中也有记载，那就是“卮”，或称“斗卮”。文中载樊哙闯入项王大帐。项王曰：“壮士，赐之卮酒，则与斗卮酒。”分析文中之意，项王因樊哙豪勇，故命武士拿给樊哙一卮酒，武士领会项王之意，为了折辱樊哙，竟然给他端来“斗卮”，直译成现代语就是：像粮食斗那样大的卮，即大号卮。认真分析，斗卮之斗却与玉斗之斗截然不同，前者是形容其大，后者是表现其形。据考古文献载，长沙马王堆汉墓出土一漆卮，其容量为2100毫升。

由此再说李白斗酒诗百篇那件公案。查杜甫《饮中八仙歌》，其中李白一篇曰：“李白一斗诗百篇，长安市上酒家眠。天子呼来不上船，自称臣是酒中仙。”原来流传已久的李白“斗酒”却是李白“一斗”之误。

至此，笔者感悟：一斗酒并不多，按现在计量算，不会超过今之一市斤，况且当时没有高度酒，酒精度最高不会超过十几度，杜甫文中之意，乃是说李白酒量不大却文思敏捷，刚刚喝了一斗酒却写出那么多好文章来。这就是李白一斗诗百篇的原意，主要是说李白出手之快，而不是说他酒量之豪，另外就是褒贬他的一喝就醉 。

按文中之意，从杜甫《酒中八仙诗 》中说布衣焦遂“五斗方卓然，高谈雄辩惊四筵”来看，焦遂五斗尚且微醉，可见“斗”在当时并不是大的酒器。所以今人领会李白之豪饮乃是大大的错案。

感悟之三：《史记·循吏列传》（读第五十九），是司马迁开史书之先河，首次将循吏入传。自《循吏列传》始，历代史书皆为循吏立传。何谓循吏？循吏就是奉公守法、重农宣教、清正廉洁、人民爱戴的官吏，说白了，就是好官、清官。

列传中列循吏五名，其中有战国时鲁人公仪休。他曾任鲁国的博士官，因德才兼备、政绩优良，被鲁穆公任命为宰相。在他身上发生了一件小事使人永世不忘。《循吏列传》讲述如下：客有馈相鱼者，相不受。客曰：“闻君嗜鱼，馈君鱼何故不受也？”相曰：“以嗜鱼，故不受也。今为相，能自给鱼；今受鱼 而免，谁复给我鱼者？吾故不受也。”为使读者更清楚这件事情的含意，故将以上文字用现代汉语直译如下：有客人送给公仪休宰相一些鱼，宰相却不肯接受。客人说：“听说您特别爱吃鱼，所以特意送些鱼给您，您是什么原因不肯接受呢？”宰相说：“正因为我爱吃鱼，所以才不肯接受。现在我做宰相，自己买得起鱼。如果因为接受了你的鱼却被免去了宰相职务，以后谁再送鱼给我呢？所以我不能接受。”

读罢此文，笔者思绪万千。想想战国时期的一代贤相，却能够见微知著，思虑长远，所言也语重心长，真是让人敬佩。想想我们这些公务员，在当今社会中比上不足比下有余，也是个令社会大众羡慕的行当。如果乐天知命，抱着“达则兼济天下，穷则独善其身”的态度，也能落一个善始善终问心无愧。无奈一些人欲念太重，心魔附体。从“受鱼”开始，最终连鱼也吃不上，却去吃牢饭，岂不得不偿失？所以，希望大家都来读一读这个“拒鱼”的故事，修身养性，真正做到勿以善小而不为，勿以恶小而为之。

反复诵读《史记》，感悟颇多，感悟之余。再说著者司马迁，众所周知，司马迁以残缺之身，忍受着巨大的耻辱与痛苦，用毕生的心血与精力，方著成这部伟大的不朽名著，可以说是前无古人后无来者。成书后又遭武帝忌恨，不得已“藏之名山”，死后六十余年才得以传世。

读罢《史记》，最大感悟就是此书通篇都散发着巨大的人性光芒，人本主义在这部书里得到充分体现。项羽是一个失败的英雄，司马迁却把他列入《本纪》，享受帝王才有的尊荣；陈胜是一个农民起义英雄，司马迁把他列入《世家》，与先师孔子平起平坐；荆轲、聂政是出身草莽的刺客游侠，司马迁却给他们单独立传，以此宣扬一种平民的气节。难怪《汉书》著者班固批评《史记》说：“是非颇谬于圣人。”

司马迁还是一个和平主义者。世人皆说司马迁遭受武帝酷刑乃是因于他为降将李陵的辩护，这是管窥之见。只要认真研读《史记》，你就会明白：司马迁一贯反对汉匈之间的战争，一贯主张因循文景时的和平政策，从不认为“和亲”是一件丢脸的事。对因战争给汉匈两族人民带来的苦难，给以深深的同情。这种例子在《史

记》的字里行间比比皆是。再看《匈奴列传》篇尾的“太史公曰”，他对匈奴问题是这样评价的：“世俗那些议论如何对付匈奴的谋士们，他们所犯的毛病是只想求得天子的宠辛，于是就讲一些谄媚言论，以便于兜售片面的意见，却不认真地思考匈奴与中国的利害关系。那些征讨匈奴的将帅们，只凭借中国的广大，便胆大妄为，天子便以此而决定政策，因此建立的功业并不牢固。所以想要发扬圣王的传统，就在于谨慎地选择将相啊！”

正因为司马迁一贯坚持汉匈和平的政策，反对武帝的穷兵黩武，所以才遭到汉武帝的惨烈报复，使他生不如死。所谓“李陵事件”乃是武帝借口，是矛盾爆发的导火索而已。

文章结束之际，笔者以切身经历告诉大家，少年人定力不足，对是非的判断也缺乏准确性，所以《史记》还是晚读几年为好。《史记》通篇散发着强烈的个人英雄主义气息，对英雄侠士的褒扬也失之偏颇，这可能与作者的经历有关。书中还隐隐散发着一股“戾气”，实在不宜少年人阅读。记得笔者当年阅读《刺客列传》，又联想起鲁迅《故事新编》笔下那个刺客“眉间尺”，于是那几天连续做噩梦，梦中总是那三颗在汤锅里上下翻滚、相互撕咬，却仍然带着狞笑的人头。

赏析《史记》中的三首歌

每读《史记》，都会被书中所记的三首歌所震撼。三首歌者，一是汉高祖刘邦所唱“大风歌”，此歌见于《史记·高祖本纪》，之后《汉书》等也有记载；二是西楚霸王项羽所唱之“垓下之歌”，歌见于《史记·项羽本纪》，此歌无名，因项羽唱于垓下地方，故称之为“垓下之歌”；另一首歌，我们姑且称之为“易水之歌”，见于《史记·刺客列传》，是为燕赵游侠荆轲行刺秦王嬴政之前，于易水河畔送别时所唱的一首歌。

围绕着这三首歌，司马迁刻画了三位英雄的心路里程，或悲喜交集，或英雄末路，或慷慨赴死，三股英雄气皆发于作者的笔端，凝聚成千古绝唱，使三篇人物传记虽历经两千余年，至今仍然前无古人后无来者。

司马迁的这三首歌，今人一般都当做诗来读，严格地说，还是歌的成分更大一点，它和《诗经》等歌曲集一样，都是用来唱的，是当时流行的楚歌体抒情短歌形式。从文学与社会的角度看，应该是有什么样的社会便有什么样的文风，于是司马迁便遵循先秦文学风骨，忠实记录下这三首悲壮豪放、气势磅礴、壮怀激烈的短歌。

一、刘邦的歌

公元前196年，刘邦已经战胜劲敌项羽多年，初步巩固了大汉政权。在平定了淮南王黥布的叛乱之后，自感来日无多的他顺路回了一趟老家沛县。《史记·高祖本纪》记：“高祖，沛丰邑中阳里人。”这里所说的沛乃为郡治，丰邑（即丰县）中阳里才是刘邦故乡。所以说，他是生于丰县，工作在沛郡。他在沛郡举兵抗秦时，似乎

丰县人没怎么配合他，于是刘邦忌恨，回老家时不到丰县却直接到了沛。

回到家乡后，刘邦大宴乡亲父老，酒酣之际，悲从中来，感慨良多。于是起舞放歌，歌曰："大风起兮云飞扬，威加海内兮归故乡，安得猛士兮守四方。"这里刘邦仅用三句话便概括了他波澜壮阔的人生。先是说国之大乱，宇内风起云飞；再说群雄竞逐，终至获鹿；最后又联想到自己老之将至，来日无多，隐隐透露出对大汉前途未卜的焦灼与忧虑。

《高祖本纪》说他此时"慷慨伤怀，泣数行下"。自己唱还不算，他又"令一百二十少年和而歌之"，于是这一唱便一发不可收拾。史载从此这一百二十人的合唱团便成为沛县的保留项目，遇缺补缺，还给每个歌者发生活费。

《大风歌》在汉时亦称《三候之章》，有《史记·乐书》为证："高祖过沛，诗《三候之章》，令小儿歌之。"学者司马贞在《史记》索隐中说："过沛诗即《大风歌》也，……候，语辞也。诗曰'候其祎也'者是也"。于是笔者推断，先人所言之候应该就是吼的意思。刘邦的《大风歌》只有三句，如每句有一个高潮，则正合三吼之意。据说陕人至今仍将唱秦腔称为吼秦腔，当代也有歌词说"石油工人一声吼，地球也要抖三抖"，可见《三候之章》当时唱起来一定是惊天动地、声遏云天，更何况是一百二十个大小伙子的合唱团！

沛人为纪念如此盛事，曾于刘邦起舞放歌之地建起"歌风台"一座，后此台屡毁屡建，据说至今在沛县仍有旧址。唐诗人陈陶曾写过一首诗，诗名便叫《歌风台》，诗曰："蒿棘空存百尺基，酒酣曾唱大风歌。莫言马上得天下，自古英雄尽解诗。"意思是说，刘邦虽出身草莽，但顺应了历史潮流，时势造就英雄，虽短歌也显得大气磅礴、威武雄壮。所以清代大文学家袁枚也评价刘邦的短歌说"马上归来句亦工"。

无独有偶，史载刘邦还写过另一首歌：高祖十二年，欲废太子，未遂，遂赋《鸿鹄歌》，令戚夫人楚舞，自己则借酒击筑放歌。《史记·留侯世家》这样说："上曰：'为我楚舞，吾为若楚歌。'歌曰：'鸿鹄高飞，一举千里。羽翮已就，横绝四海。横绝四海，当可奈何！虽有矰矢，尚所安施。'"这里所提戚夫人乃刘邦妃子，和刘邦

是半个老乡，江苏下邳人。因下邳与沛郡战国时皆为楚地，所以刘邦才说“为我楚舞，吾为若楚歌”。楚歌凄切，楚舞婀娜，楚歌伴楚舞，把一首“鸿鹄”演绎得荡气回肠！

这首《鸿鹄歌》读来情真意切，其比喻之精巧，颇有楚辞遗风，如果联系史实去读，更感觉其中魅力无穷。（注：刘邦死后，戚夫人下场悲惨，被吕后整治得死无葬身之地，也就是史上所谓的“人彘”事件）如果拿《大风歌》与《鸿鹄歌》来比较，前者是直抒胸臆，后者则比兴不言，可谓各擅其妙。

二、项羽的歌

如果说刘邦是胜利的英雄，那项羽就应该算是失败的英雄。司马迁给了他足够的尊重，在《史记》中把他列入帝王的地位，也给予他极高的评价。认真地说，《史记·项羽本纪》是文学不是史学，说它是中国传记文学的顶峰一点也不过分。司马迁用他如椽之笔描绘了一个有血有肉、有情有义，虽处绝境却宁死不屈的英雄形象。

秦汉以前，中国历史上这样的悲情英雄一共有两个，其中一个是上古的刑天。刑天的故事见于《山海经·海外西经》，其中有云：“刑天与帝（黄帝）争神，帝断其首，葬于常羊之野。乃以乳为目，以脐为口，操干戚（盾与斧）以舞。”文中刑天是炎帝的部落之长。炎帝与黄帝战，败于阪泉之野，避居南方。刑天却屡败屡战，联合蚩尤部落与黄帝再战，兵败后被黄帝砍下头颅。失去头颅的刑天仍不服气，于是出现了前文的以乳为目，以脐为口，操干戚而舞的场景。

除了刑天，另一个悲情英雄便是项羽。项羽名藉，楚地下相（今江苏宿迁）人，是秦末起义推翻暴秦的第一位大英雄（注：陈胜、吴广为首义者，但居功至伟者仍属项羽）。司马迁评价项羽：“起陇亩中，三年，遂将五诸侯灭秦，分裂天下，而封王侯，政由羽出，号为“霸王”，位虽不终，自古以来未尝有之也。”

司马迁在《史记·项羽本纪》中，用绘声绘色的语言讲述了项羽自二十四岁起

兵抗秦，至三十一岁败亡乌江的短暂而又波澜壮阔的人生。《史记·项羽本纪》记他败亡之际：“项王军壁垓下，兵少食尽，汉军及诸侯兵围之数重。夜闻汉军四面皆楚歌，项王乃大惊曰：‘汉皆已得楚乎？是何楚人之多也！’”从此，在中国文学史册上便多了“四面楚歌”的成语，以及由此衍生的凄婉而又动人的“霸王别姬”的故事。

《史记》又说：“项王皆夜起，饮帐中。有美人名虞，常幸从；骏马名骓，常骑之。于是项王乃悲歌慷慨，自为诗曰：‘力拔山兮气盖世，时不利兮骓不逝。骓不逝兮可奈何，虞兮虞兮奈若何。’歌数阕，美人和之。项王泣数行下，左右皆泣，莫能仰视。”这一年是汉纪年五年，即公元前202年的12月。

文中之事，除《史记》外，《汉书·项藉传》也记载颇详。项羽所唱“垓下之歌”被后人录于《乐府诗集·琴曲歌辞》之中。至于虞姬去向，《史记》未录，但其他史书却说虞姬当即自杀以殉。

项羽的这一首“垓下之歌”与刘邦的“大风歌”一样，都是楚国短歌形式。两者相较，同样是慷慨放歌，一个是表达胜利者的万丈豪情，另一个却是失败者穷途末路的悲歌。垓下歌中首句项羽自诩“力拔山兮气盖世”确是不假，《史记》说“藉长八尺余，力能扛鼎，才气过人，虽吴中子弟皆已惮藉矣。”

项羽超人的勇力自不待言，前人之述备矣，这里单说他的“气”。古汉语中“力气”是分开讲的，力是指身体的层面，气则是指精神的范畴，即所谓的气势或气魄。项羽的气到底有多强，《史记》中有详细的记载：项羽未起兵前，适逢始皇帝巡游会稽，目睹车驾，他竟脱口而出：“彼可取而代也！”另一位英雄几乎在同一个时间也说了相似的话，他就是刘邦。当他看到始皇车驾时也是脱口而出：“大丈夫当如是！”都是一句话，同一种意思，却反映了两人的性格与志向：项羽直白、阳刚；刘邦含蓄、阴柔。

项羽杀卿子冠军宋义，楚国震撼，威名遍播于诸侯。于是遣军赴巨鹿救赵，《史记》记：“项羽乃悉引兵渡河，皆沉船，破釜甑，烧庐舍，持三日粮，以示士卒必死，无一还心。”这就是项羽“破釜沉舟”的气势！

于是楚军"与秦军遇，九战，绝其甬道，大破之。"《史记》讲，巨鹿一战，各路诸侯兵皆作壁上观，独楚军将士勇猛无前，无不以一当十，楚军战时，呼喊叱咤，声震天宇，诸侯军虽在壁上观望，无不惶恐畏惧，惊骇万分。《史记》又讲："于是已破秦军，项羽召见诸侯将，入辕门，无不膝行而前，莫敢仰视。"当然，这也是气势。

至此，司马迁笔下一个乌骓大戟、决垒破壁的英雄形象已经跃然纸上，项羽自诩"力拔山兮气盖世"果然是实至名归，毫厘不谬。然而歌锋一变，项羽却又唱出了英雄处于末路的悲歌，开始担忧他身后骏马怎么办？美人怎么办？于是英雄气短与儿女情长便交相辉映，上演了一场悲怆哀伤的千古绝唱！

就是处于这样生离死别的境地，项羽还是保持着英雄最后的尊严，歌里还是高唱"时不利兮骓不逝"，特别强调自身败亡乃是天意。《史记·项羽本纪》记他此时说："吾起兵至今八岁矣，身七十余战，所当者破，所击者服，未尝败北，遂霸有天下。然今卒困于此，此天之亡我，非战之罪也。"于是在乌江可渡之际，他还说："天之亡我，我何渡为！"

项羽的这首歌，采用重叠的修辞、感叹的语调、悲歌的情怀，淋漓尽致地展现了秦汉之交文学的悲剧美，实为千古之绝唱。鲁迅曾说："悲剧是将人生的有价值的东西毁灭给人看，喜剧是将那无价值的撕破给人看。"项羽的这一首歌，咏叹了英雄、美人及骏马的殒灭，正是在悲剧的环境氛围中成就了悲剧性的人物，在感叹涕嘘、呜咽悲歌之际，使读者体会到了秦汉之交、楚汉相争期间那一段可歌可泣、风云激荡的大历史。

三、荆轲的歌

时光上溯至秦灭六国之际。那是公元前的227年，大概是深秋季节，由燕国的太子丹牵头，在燕国南境的易水河畔搞了一个小型的送别仪式。可别小看了这次送别，这就是中国历史上著名的"易水送别"，也是一次真正意义上的生离死别！被送者一个是燕赵游侠荆轲，另一个是燕国勇士秦舞阳。二人此行目的只有一个，那

就是行刺强秦之王嬴政；最后结果也只有一个，那就是行刺成功与否，二人都必须面临死亡。

《史记·刺客列传》记那一天："太子及宾客知其事者，皆白衣冠以送之。"这天天低云暗，秋风萧瑟，易水泛寒。《史记》说众人"至易水之上，既祖（注：祭祀神灵），取道，高渐离击筑，荆轲和而歌，为变徵之声，士皆垂泪涕泣。"文中说临别上路之际，由高渐离击筑，荆轲和而为歌，众皆垂泪，场面感人。

其实荆轲与高渐离是老朋友，司马迁在"荆轲传"的开头就作过交代：荆轲是卫国人，即今河南鹤壁人，喜爱读书、击剑，后游历到燕国，与一个杀狗的屠夫，以及一个善于击筑的高渐离交好。荆轲爱喝酒，天天同屠夫与高渐离在燕国的街市上畅饮。喝到半醉，由高渐离击筑，荆轲便在街市上和着唱歌。彼此看看，相当快乐；可是一会儿的工夫就相对哭泣起来，好像旁边没有别人一样。

这个高渐离也不一般，既是个侠士又是个击筑的大师。荆轲之后，他还曾以瞽目之身，用灌铅之筑，企图扑杀始皇，不中，终被始皇杀害。关于筑，笔者也查阅过一些资料，资料上说是一种弹拨乐器，形似筝，十三弦。演奏时左手按弦，右手以竹尺击筑发音。

《史记·刺客列传》接着写道："（荆轲）又前而为歌曰：'风萧萧兮易水寒，壮士一去兮不复还。'复为羽声忼慨，士皆瞋目，发尽上指冠。于是荆轲就车而去，终已不顾。"

还是反复吟唱的短歌，还是那么直白、并不繁复的歌辞，何以产生如此强烈的震撼力?竟然能使众人"皆瞋目，发尽上指冠"？笔者冥思苦想之际，终大彻大悟：司马迁笔下的易水送别，乃是心与血的迸发，是在情、景与歌巧妙交融下，于特定环境、特定条件中产生的特殊效果。司马迁笔下的易水送别，乃是天与人相互感应的产物，是一场预演的活祭，是秋风呜咽下的招魂！

研判司马迁的《史记·刺客列传》，易水之歌显然只记了半阕。前半部分司马迁未记，只说高渐离击筑，荆轲和而歌，音是变徵之音，词却未记。只把流传下来的后两句作了记载，即"风萧萧兮易水寒，壮士一去兮不复还"，并说在配乐下此声已变羽声。深究起来这也不怪司马迁，因为司马迁所撰之“荆轲传”，几乎照抄了《战国策·燕策》中关于荆轲的记载，只是内容略有增减而已，《战国策·燕策》所录也仅此两句。

此歌之所以感人，与高渐离所奏之乐及荆轲所唱之歌的音调也有关系。乐书称文中的“变徵”之声就是当今音乐的f调，此音调再配以古乐器，所发之音苍凉沉郁，适宜悲歌；至于羽声，则相当于a调，此调高亢，其声激昂慷慨，能表达悲愤高昂的情绪。

读史至此，感慨良多。唐代大诗人韩愈有句名言说“燕赵多慷慨悲歌之士”，古老的燕赵大地成就了世代相传的燕赵侠风。《隋书·地理志》说燕赵之地“俗重气侠，自古言勇敢者，皆出幽燕”，宋文豪苏东坡也说“幽燕之地，自古号多豪杰，名于图史者往往皆是”，其中侠风之最者便是舍身博命、勇刺暴秦的侠士荆轲。

笔者反对今人以偏概全的一种理论，说是强秦的吞并六国乃是中华之伟业，所以过程的血腥暴虐也是在所难免，于是始皇堪称千古一帝。究其实质，国家的分裂统一，朝代的交相更替，族群的蜕变整合，都属历史的必然，乃是规律所致，个人的作用有限。今人可以点评其后果意义，却无法拿今天的结果来规范古人，否则便无法解释陈吴刘项的推翻暴秦、民族英雄岳飞的抗击金军，当然还有文天祥、史可法等人面对异族入侵所表现出来的浩然正气。

谁能说，公元前227年某一天荆轲向秦王嬴政的一刺，不是公平正义向强横与暴力的挑战？血溅五尺的场面，乃是极弱者面对强秦凌侵无奈的最后抗争，其间迸发的是涵养于天地间的浩然正气，也是中华民族的血脉所系。延续的结果，是两千多年后的一天，于易水河畔、狼牙山巅，抗日五壮士悲壮的纵身一跳！这就是“风萧萧兮易水寒，壮士一去兮不复还”的感召力所在。

赏析《史记》中的三首歌，体味歌中的无穷魅力，深深体会到鲁迅所言《史记》是“史家之绝唱，无韵之《离骚》”的深刻含意。东汉大家班固也说“文章则司马迁、相如”。班固将两司马相提并论并无不当，但司马迁《史记》文中表现出来的文学性、史学性、思想性却远远超出司马相如的作品。

本文所述三首歌，是司马迁《高祖本纪》、《项羽本纪》及《刺客列传·荆轲篇》的点睛之笔，也是他在史学、文学创作中独特审美观的具体表露。说他独特，是他那无处不在的英雄情结和悲剧情怀。司马迁笔下的英雄，大部分是悲剧氛围下的悲剧英雄，当然这与他自身经历与所处环境不无关系。人说男儿有泪不轻弹，司马迁却用英雄豪杰的泪水来打动读者的心扉，使读者与司马迁笔下人物产生强烈的共鸣。文中既写了刘邦悲喜交集的哭泣，也写了项羽处于英雄末路的泣啼，还写了荆轲赴死之前的长歌当哭，真正体现了文中人物英雄气短、儿女情长的悲剧情怀。司马迁笔下的英雄，之所以具有如此动人的感召力量，不仅仅在于他们的悲剧性，还在于这些人物的典型性。因涉及文艺理论中典型环境与典型人物的塑造问题，非本文之义，故不多述。